Johnny Cash: DER MANN IN SCHWARZ

JOHNNY CASH

Der Mann in Schwarz

EINE SCHONUNGSLOSE
SELBSTBIOGRAPHIE

VERLAG HERMANN SCHULTE WETZLAR

Die amerikanische Originalausgabe erschien unter dem Titel
»Man in Black« im Verlag Zondervan, Grand Rapids
© 1975 by Johnny Cash
© der deutschen Ausgabe 1975 beim
Verlag Hermann Schulte Wetzlar
Aus dem Amerikanischen von Johannes Jourdan unter Mitwirkung
von Barbara Jourdan, Friedolf Jötter und Ludwig Jäger

ISBN 3-87739-275-X
1. Auflage 1975
Gesamtherstellung: Cicero Presse, Hamburg 20
Printed in Germany

INHALT

Ein persönliches Wort zuvor	7
Auf Reisen	9
Jesus war unser Retter – die Baumwolle unser König	19
So wie ich bin	35
An der Weggabelung	39
Das Mittagsprogramm im Radio	49
Lumpige alte Fahne	65
Ich gehe meinen Weg	79
Der Dämon Selbsttäuschung	93
Unheimliche Stimmen	105
Die Taschen voller Pillen	121
Sieben Nächte im Gefängnis	139
Splitter, Dornen und Würmer	153
Das Lied des Gefangenen	161
Brief an einen Freund	171
Die Hunde der Hölle	185
Eine bessere Seifenblase	195
Wer hütete die Schafe	221
Der Film „Gospel Road"	231
Alter Graubart	245
Ein kleines Fleckchen Grün	267

Ein persönliches Wort zuvor

Dieses Buch möchte ich am liebsten als »geistliche Odyssee« bezeichnen. Ich meine, das kommt der Wahrheit am nächsten.

Die weltliche Presse in den USA berichtete meistens nur über die Höhen, die Tiefen und die Veränderungen in meinem Privatleben und meinem Auftreten als Sänger.

Die christliche Presse in den USA hat sich ebenfalls beeilt, meine Erlebnisse zu schildern und Aussprüche aus Interviews abzudrucken, die ich oft gern ausführlicher erklärt hätte, um verständlich zu machen, was ich eigentlich meine.

In 9 Monaten schrieb ich fast das ganze Buch eigenhändig auf Notizzettel. Beinahe täglich versenkte ich mich in meine Erinnerungen, um aufzuzeichnen, was ich während der guten und schlechten Zeiten meines nun fast 43jährigen Lebens getan, gesagt und empfunden habe.

Mein besonderer Dank gilt Peter E. Gillquist, der viele Tage damit verbrachte, mit mir über mein Leben zu sprechen. Er half mir, Erinnerungen hervorzuholen, stellte Fragen und beriet mich. Schließlich teilte er das Manuskript in Kapitel ein und machte es druckreif.

Mein Dank gilt auch Marjorie Dold, die sich durch meine Handschrift hindurcharbeitete und das erste Manuskript tippte. Er gilt auch Irene Gibbs, die es sechsmal ins reine schrieb, sooft ich es änderte und ergänzte.

>   Freunde und Fans meiner Musik in aller Welt!
>   Mein Dank gilt Euch! Ihr seid mitbeteiligt an dieser Geschichte.
>   Ihr Suchenden!
>   Wenn nur einer vor dem Drogentod gerettet werden kann; wenn nur einer durch die Geschichte, die ich erzähle, zu Gott findet, so hat sich die Arbeit gelohnt.
>   Ihr Brüder und Schwestern in Christus, die Ihr
>   versagt habt und verzagt seid,
>   dieses Buch wird Euch zeigen, daß es auch für Versager Hoffnung gibt!

Hendersonville (Tennessee)　　　　　　　　　　*Johnny Cash*
im Mai 1975

1

Auf Reisen

»Wann werden wir wohl ankommen?« fragte June.
»Es dauert nicht mehr lange«, antwortete ich.
Wir hatten ein Konzert in Laramie vor uns und näherten uns dem Ort von Denver aus. Eben durchquerten wir eine eindrucksvolle Gebirgslandschaft. Die Sonne ging strahlend am Horizont unter. Es war wundervoll.
»Das ist der richtige Augenblick zum Liedermachen«, meinte June.
»Ich weiß nicht, ob die Zeit dazu reicht«, sagte ich. »Nach der Landschaft zu schließen, liegt Laramie gleich hinter den Bergen.«
»Da hast du ja schon dein Lied!« lachte sie. »Warum sollte es nicht heißen: ›Gleich hinter den Bergen sind wir zu Haus‹?«
Und dabei blieben wir.

»Seh das Land ich vor uns liegen,
kann die Ahnung mich nicht trügen:

Gleich hinter den Bergen sind wir zu Haus.
Eng und grad' ist diese Straße,
die ich keinen Schritt verlasse,
denn hinter den Bergen sind wir zu Haus.

Aus der Schrift hab' ich vernommen:
Jesus wird bald wiederkommen,
denn die Zeichen weisen ihn schon aus.
Auch in Träumen kann man lesen:
Bald wird uns der Herr erlösen.
Gleich hinter den Bergen sind wir zu Haus*.«

Ich schätze, in den letzten 20 Jahren habe ich an die 1000 Lieder geschrieben. Ich habe mich dabei nicht auf eine bestimmte Liedgattung beschränkt. Es waren Liebeslieder, Lieder aus der Arbeitswelt, Lieder über Menschen, die es wirklich gibt, Lieder über erdachte Personen und Dinge, ernste Lieder und Gospelsongs. In den letzten paar Jahren allerdings habe ich vorwiegend Gospelsongs geschrieben.

Wir sind dreimal in Israel gewesen, um das Leben und die Worte Jesu zu studieren. Beim drittenmal drehten wir einen Film über Jesus. Unter dem Eindruck seiner Worte schrieb ich eine Reihe von Liedern. Dies ist eines davon:

»Ich hörte im Radio: Ein Krieg steht bevor,
und das Volk wird mobilisiert.
Alle Welt ist voll Rumor.
Ich hörte, daß die Erde wie die Totenglocke bebt.
Das sind die Zeichen der Zeit, in der man lebt.
Das verkündigte Gericht klopft an die Tür,

---

* »Over the Next Hill, we'll be Home« von John R. Cash © 1973 House of Cash, Inc.

und es wird unheimlich schwer, was uns jetzt blüht.
Das verkündigte Gericht klopft an die Tür,
daß man schon den Jüngsten Tag vor Augen sieht*.«

Als wir uns in dieser Nacht Laramie näherten, sprachen June und ich über die Lieder, die ich geschrieben hatte.
»Es sind nicht gerade Verkaufsschlager«, bemerkte ich.
»Das macht nichts«, meinte sie. »Sie haben eine Botschaft – etwas, was den Leuten viel bedeuten wird.«
»Ich habe den Eindruck, meine Plattenfirma hätte es lieber, ich säße im Gefängnis statt in der Kirche«, sagte ich. (Einige dieser Lieder riefen nicht allzuviel Begeisterung hervor, als sie veröffentlicht wurden.)
»Laß ihnen ein bißchen Zeit«, ermutigte mich June. »Wenn sie erst sehen, daß dein Glaube dich zu dem Mann macht, der du bist, wird sie diese Seite an dir ein wenig mehr interessieren.«
»Es geht doch nur ums Geld«, erwiderte ich. »Wie beim Roulette. Für diese Leute ist es weniger wichtig, welchen Inhalt ein Lied hat, wenn es sich nur gut verkaufen läßt. Trotzdem werde ich genauso weitermachen wie bisher. Ich bin, was ich bin. Und dazu stehe ich.«
Als ich an diesem Abend in Laramie June Carter dem Publikum vorstellte, empfand ich den besonderen Zauber, der von ihr ausging. Ihre faszinierende Persönlichkeit und ihr feines Lächeln richteten mich an der Stelle des Konzerts wieder auf, an der ich normalerweise müde wurde.
Als wir dann »Jackson« sangen, unser erstes Duett, spürte ich noch stärker, wieviel sie mir bedeutete. Abgesehen von all den ernsthaften Gesprächen, die ich mit ihr führen konnte, hatte ich auch täglich meine Freude durch sie, und es gab stets etwas zu lachen. Lächelnd sang sie die Worte:

---

* »I heard on the Radio« von John R. Cash, © 1973 House of Cash, Inc.

»Ja, geh nur nach Jackson.
Du gibst ganz schön an.
Hinter dem Fächer aus Japan
erwarte ich dich dann.«

Ihr Augenzwinkern, ihr Lächeln und die kleine Grimasse wirkten Wunder auf mich.

»Lacht man dich dann aus in Jackson
auf dem Ponyfest beim Tanz,
führ ich dich herum wie einen geprügelten Hund
mit eingezogenem Schwanz*.«

Anschließend sangen wir ein Liebeslied, und der Blick, den sie mir dabei zuwarf, gab mir zu verstehen: »Was ich singe, empfinde ich für dich.«
Alle Anwesenden waren Zeugen dieser Liebeserklärung auf der Bühne.
Wenn ich heute auf der Bühne stehe und mich wohl und stark fühle, eilen meine Gedanken manchmal mitten in einem Lied um acht bis zehn Jahre zurück. Ich erinnere mich dann an Zeiten, in denen ich dasselbe Lied gesungen habe, aber voller Angst; Angst vor dem Publikum, weil es sagen könnte, mit mir sei nicht alles in Ordnung.
Oft verschluckte ich Worte oder ließ eins aus. Dann versuchte ich zu lächeln, aber ein nervöses Zucken in meinem Gesicht ließ kein Lächeln aufkommen. Schon nach zehn Minuten war ich in Schweiß gebadet. Schnell zum nächsten Lied, ohne Ansagen, nur ein starkes Räuspern zwischen den Liedern, mit dem ich etwas vertreiben wollte, was gar nicht da war. Meine Kehle war ausgedörrt von Amphetaminen (Aufpeitschungsmittel) und Zigaretten.
Meine Augen suchten immer wieder die Uhr, und als die

---

* »Yeah, Go to Jackson« von G. Rodgers und Rilly E. Wheeler, © 1963 und 1968 von Quartet Music, Inc. und Bexhill Music Corp.

Show vorüber war, hatte ich mich total verausgabt. Ich bestand nur noch aus Muskeln und Knochen. Wenigstens dachte ich das bei mir. Trotzdem fühlte ich mich noch immer stark, so wenig auch von mir übriggeblieben war. Heute weiß ich, daß ich total verkrampft war. Wenn die Wirkung des Alkohols nachließ, überbrückte ich das Tief mit einer neuen Dosis Amphetamine.

Sobald die Show vorüber war, raste ich in meine Garderobe, zerstampfte voller Wut meine Gitarre oder schlug mit der bloßen Faust ein Loch in die Tür, nur um irgend etwas zu zerstören.

Wenn ich dann allein mit dem Bier und den Amphetaminen war, lief ich die ganze Nacht in meinem Zimmer auf und ab, um all die Dämonen abzuschütteln, die sich an meine Fersen geheftet hatten.

Bei Tagesanbruch nahm ich ein Schlafmittel, aber wenn ich dann gerade hätte einschlafen können, wurde es Zeit, meine Sachen zu packen und in die nächste Stadt zum nächsten Konzert aufzubrechen.

Dort fing alles wieder von vorn an.

Im Oktober 1967 wog ich ganze 145 Pfund. Dabei bin ich 1,85 Meter groß. Ich hatte 30 Pfund Untergewicht; das kam nicht etwa daher, daß ich mir nichts zu essen leisten konnte. Ich war tablettensüchtig. Ich hatte mich nicht an Tabletten »gewöhnt«, wie man leichtfertig sagt, um den Ernst einer solchen Angewohnheit zu verschleiern. Ich war richtiggehend süchtig.

Es gab nichts, was ich nicht versuchte, um an die Pillen heranzukommen, sobald mein Vorrat zur Neige ging. Ich kannte eine Menge Leute, die mir dabei helfen konnten, und in den Jahren 1966 bzw. 1967 ging ich dann tatsächlich so weit, daß ich versuchte, in Apotheken einzubrechen, um mir einen ausreichenden Vorrat zu beschaffen.

Ich litt an Wahnvorstellungen und trug stets eine Pistole bei mir. Ich dachte, alle hätten sich gegen mich verschworen. Ich traute keinem Menschen mehr. Meine Autos fuhr ich mehrmals zu Schrott, weil ich vor irgend jemandem davonraste, obwohl mich niemand verfolgte. Nachdem ich einige Male im Gefängnis gesessen hatte, sagte ich mir, die Polizei sei mein größter Feind. Sobald ich einen Polizeistreifenwagen sah, tauchte ich in einer Seitenstraße unter, fuhr wie ein Verrückter durch Wohnviertel, haarscharf an nichtsahnenden Fußgängern vorbei. Wie es kam, daß ich dabei niemanden überfahren habe, weiß ich heute nicht mehr – oder vielleicht weiß ich es doch.

Von Zeit zu Zeit sprachen June und viele andere mit mir über meinen Zustand und zeigten mir ihre Anteilnahme. Im allgemeinen ging ich gleichgültig über solche Gespräche hinweg. Ich sagte ihnen, daß ich mich zu gegebener Zeit schon ändern würde.

In diesem qualvollen Zustand, in den ich durch eigene Schuld hineingeraten war, lernte ich das Leid kennen. Ich lernte aber auch Toleranz und Anteilnahme an den Problemen anderer Menschen; ich lernte sie in ihrer Verschiedenartigkeit und mit ihren Fehlern verstehen. Aber die größte Lektion, die ich lernte, war: Gott ist Liebe.

Heute sehe ich alles als Teil des göttlichen Planes für mein Leben. Manche Leute meinen, ich sei damals zäh und draufgängerisch gewesen und heute lahm und weich. Das Gegenteil ist der Fall! Damals war ich schwächer und verletzbarer als heute, und ich war unberechenbar, ja unzugänglich für die meisten. Viele von denen, die während dieser sieben Jahre mit mir Umgang hatten, rechneten jeden Tag mit meinem Tod. Die meisten Freunde und Bekannten gaben mich mehr als einmal auf. Aber ich wußte, daß ich nicht sterben würde. Ich rannte weg von Gott und von allem, was ich nach seinem Willen hätte tun sollen. Dennoch war mir klar, ich würde ermüden, bevor er müde würde, und ich würde mich ändern, bevor er mich aufgab. In Wirklichkeit gab er mich keinen Augenblick lang auf. Deshalb gab ich nach, streckte die Hand nach ihm aus, und er zog mich aus dem Sumpf. Die Wandlung, die dann eintrat, war heilsam für meinen Geist und für meinen Körper. Mit ihr zog Friede, Vertrauen, Glauben und Verstehen in mein Herz. Als ich mich kürzlich untersuchen ließ, sagte der Arzt zu mir: »Wenn ich es nicht besser wüßte, würde ich sagen, Sie sind ungefähr 25.«

»Ich bin es, Herr Doktor«, sagte ich.

In all den Jahren gab es eine Gruppe von Leuten, die mein Freund Vince Matthews gern als »Johnny-Cash-Leibwächter« bezeichnete. Es sind Freunde und Geschäftspartner, die mit mir und meiner Musik in den Fünfziger und Sechziger Jahren heranwuchsen und die jetzt gern davon sprechen, daß mit mir neuerdings etwas nicht in Ordnung sei. Zu diesen Leuten zählen Produzenten, Verleger, Veranstalter, Liedermacher und Künstler, die in der letzten Zeit wegen der Veränderung, die mit mir vorgegangen ist, ein wenig enttäuscht sind und die diese Veränderung nicht verstehen oder billigen. Sie hätten mich lieber so, wie ich früher war. Sie wollen mich wieder fluchen hören, hätten gern, daß ich einen schwarzen Hut trage und mein Auto zu Schrott fahre und es nicht schaffe, bei Konzerten auf der Bühne zu erscheinen. Was diese Leute jedoch nicht verstehen wollen oder können, ist, daß ich heute ohne diese Wandlung gar nicht mehr unter den Lebenden wäre. Ich beachte meine »Leibwächter« kaum, schätze jedoch nach wie vor ihr Interesse an mir, ja sogar ihre Kritik. Sie ist sogar sehr wichtig für mich, und ich werte sie immer aus, ob sie gut ist oder schlecht. Mittlerweile haben sie aufgehört, die jeweils neuesten Johnny-Cash-Anekdoten in den Bums-Lokalen und Clubs von Nashville zu erzählen. Die alten Untaten, die den Klatsch in Gang hielten, haben aufgehört. An ihre Stelle traten Zielstrebigkeit, Ausrichtung auf das Wesentliche und Freude. Ja wirklich, ich bin ein froher Mensch geworden. Manche sagen: »Johnny Cash ist fromm geworden.« Damit ordnen sie mich in eine bestimmte Kategorie ein, die ihnen zu hoch ist. Sie tun so, als versteckten sie ihren Whisky und ihr Marihuana, wenn ich in eine Garderobe oder in ein Studio komme, und dann machen sie sich lustig darüber. Die

Wahrheit ist hart. Wenn man Christ wird, muß man mit einigen Veränderungen rechnen. Man wird einige alte Freunde verlieren – nicht etwa, weil man das möchte, sondern weil man das muß. Man kann keine Kompromisse mehr schließen. Da muß man täglich eine klare Linie ziehen, eine Linie zwischen dem, was man einmal war, und dem, was man ist und zu leben versucht. Sonst verliert man vollends die Achtung dieser Menschen.

Jahrelang betete June täglich, Gott möge mir Weisheit schenken. Eines Tages, kurz nach dem Tischgebet beim Abendessen, sagte ich: »Ich danke dir für dein Gebet, June, aber anscheinend werde ich nicht klüger dadurch. Im Gegenteil, es scheint, als würde ich immer schlechter und dümmer.«

Sie entgegnete: »Es gibt eine Sammlung von Aussprüchen der klügsten Männer, die je auf der Erde gelebt haben. Du findest sie in der Bibel.«

So las ich die Sprüche Salomos noch einmal. Dadurch gewann ich wieder mehr Sicherheit. Da ich mich danach sehnte, die Weisheit und Wahrheit der Bibel besser zu verstehen, aber niemanden hatte, der mich in meinen Studien anleiten konnte, meldete ich mich zu einem Bibelkorrespondenzkurs an einer Bibelschule an. Ungefähr 20 Leute der Gemeinde, zu der ich gehöre, nehmen an diesem Kursus teil und treffen sich jeden Montagabend, um die Lektionen durchzusprechen. An vielen Stunden kann ich leider nicht teilnehmen, weil ich viel unterwegs bin, aber ich nehme meine Lektionen mit und schicke sie alle zwei Wochen ausgearbeitet zurück. Es ist oft schwierig, die Antworten allein zu finden, aber es kommt auch mehr dabei heraus. Dabei erschließen sich die großen geistlichen Wahrheiten wie von selbst, so daß ich nur staunen kann. Es gibt viele Gründe für meine biblischen und theologischen Studien. Einer davon ist mein Bedürfnis nach einem besseren Verständnis und einer tieferen Erkenntnis Gottes und nach einem Leben in enger Gemeinschaft mit ihm. Ein weiterer Grund ist meine Liebe zur Geschichte, besonders zur Geschichte der Juden, nachdem ich dreimal in Israel war. Vor allem aber sind diese Studien für mein geistliches Wachstum unerläßlich. Ich habe es erlebt, daß, sobald man auf Gottes Seite steht, die Weisheit, die er uns durch sein Wort vermittelt, zur Waffe wird, die man täglich braucht – ob man nun Prediger oder Gitarrenzupfer ist. Wenn die Freude und Bereicherung, die ich beim Lesen und Studieren der Bibel empfange, ein Zeichen dafür sind, daß ich auch in der Erkenntnis kleine Fortschritte mache, dann hätten Junes Gebete Erhörung gefunden, denn meine Lebensgeschichte hat viel mit Gott zu tun, sehr viel sogar.

2

Jesus war unser Retter – die Baumwolle unser König

Ich glaube, daß kaum ein Mann schwerer gearbeitet hat, um seine Familie zu ernähren, als mein Vater Ray Cash.

Es sind Berichte über mich verfaßt worden, in denen die Schreiber versucht haben, meine Herkunft nach dem Motto zu beschreiben: Vom Habenichts zum reichen Mann, vom Mangel zum Überfluß. Aber damit haben sie kein genaues Bild von der wirtschaftlichen Situation unserer Familie in den Dreißiger Jahren vermittelt. Diese Geschichten haben meine Eltern sehr verletzt und ihren heftigen Zorn erregt. Sie waren niemals auf die Wohlfahrt oder auf Almosen angewiesen und hätten sie auch gar nicht angenommen, nicht einmal während der Wirtschaftskrise. Bei jeder Mahlzeit dankten sie Gott dafür, daß er ihnen die Kraft gegeben habe, das Geld für diese Mahlzeit zu verdienen. Nie war das ein Gewohnheitsgebet, es war immer ein demütig dargebrachtes Dankgebet.

Als die Wirtschaftskrise im Jahre 1929 einsetzte, war

mein Vater einer der wenigen Männer in Cleveland County, Arkansas, der fast immer irgendeine Arbeit fand. Er arbeitete in Sägewerken und bei der Eisenbahn; er verdiente auf alle erdenkliche Art und Weise seinen Lebensunterhalt, der zusammen mit dem, was er anbaute, und dem Vieh, das er hielt, nicht nur für uns, sondern auch noch für einige bedürftige Nachbarn reichte.

Als sich im Jahre 1935 die Lage noch immer nicht gebessert hatte und wir von einer neuartigen »Farmer-Genossenschaft« hörten, die im flachen schwarzen Deltaland im nördlichen Arkansas entstanden war, zogen wir in ein nagelneues weißes Haus mit fünf Zimmern. Es lag an einem Kiesweg, 4 Kilometer von Dyess, Arkansas, entfernt. Die Gemeinde Dyess, die ein fast 6000 Hektar großes Baumwollgebiet besitzt, hatte damals nur numerierte Straßen, 16 Straßen im ganzen. Wir wohnten in der dritten Straße. Die erste Straße führte von Osten nach Westen aus dem Stadtzentrum heraus, sie war flankiert von Geschäftshäusern, einem Kaufhaus, einer Tankstelle und einem Kino. Es gab eine Bank, die jedoch 1936 abbrannte. Niemand hielt es für notwendig, sie wieder aufzubauen. Noch heute zeigen einige Einwohner, wo die Bank einmal gestanden hat. Außerdem gab es noch ein Café.

Ich glaube, in der Gründungszeit gab es dort nicht einmal eine Kirche. Dyess gehörte zu den Sanierungsprojekten des Präsidenten Roosevelt und wurde vom Staat verwaltet. Genau genommen könnte man dieses Projekt als eine sozialistische Einrichtung mit einem Konsumgeschäft und einer genossenschaftlichen Baumwollentkörnungsmaschine bezeichnen. Der Sinn dieser Einrichtung war, die Farmer am Gewinn, der durch den Laden und die Maschine erzielt wurde, zu beteiligen. Beinahe hätte ich die Konservenfabrik vergessen, in der die landwirtschaftlichen Erzeugnisse und besonders die Gemüseernte verarbeitet wurden. In der Konservenfabrik wurde alles angenommen, was man brachte. Dort wurde es gekocht, in Dosen gefüllt, und dann bekam man jeweils acht von zehn Dosen zum persönlichen Gebrauch zurück. Jeweils zwei Dosen wurden zur Finanzierung des Fabrikationsbetriebes einbehalten. Wenn am Ende des Jahres Geld übriggeblieben war, bekamen es die Farmer ebenfalls zurück.

Die Gemeinde aus der »Road Fifteen Church of God« versammelte sich in einem alten Schulhaus. Ich habe keine angenehmen Erinnerungen an diese Gottesdienste, zu denen mich meine Mutter als kleiner Junge mitnahm. Meine Mutter gehörte nicht dieser Gemeinde an. Sie war Methodistin. Aber sie nahm gern an diesen Versammlungen teil. Am deutlichsten erinnere ich mich noch daran, daß ich in diesen Gottesdiensten Angst hatte. Ich wußte nicht, was ein »Gottesdienst« war. Ich wußte eigentlich nur, daß dies ein Ort war, an den mich meine Mutter mitnahm. Der Prediger flößte mir Furcht ein. Er schrie, weinte und japste. Je länger er predigte, desto lauter wurde er, und desto mehr schnappte er nach Luft.

Er war ein junger Mann mit einem alten, braunen Tweedanzug und einer Krawatte, die ihn anscheinend fast erwürgte, denn er konnte immer nur drei oder vier Worte zwischen zwei Atemzügen sagen. Ich zählte sie. Wenn er schließlich nur noch zwei Worte zwischen den Atemzügen ausstoßen konnte, rechnete ich damit, er würde jeden Augenblick tot umfallen – oder explodieren. Aber die Leute wurden von seinem Feuer ergriffen. Der Prediger lief in die Gemeinde hinein, riß jemanden von seinem Stuhl hoch und schrie: »Komm zu Gott! Tue Buße!« Dann führte er die Leute zum Altar, wo sie auf ihre Knie fielen. Immer mehr kamen nach vorn, bis der Altarraum voll Menschen war, meistens Frauen, die weinten, beteten und mit erhobenen Händen zu Gott riefen. Wenn sie sich dann auf dem Boden krümmten, jammerten, zitterten und in Zuckungen gerieten, fürchtete ich mich noch mehr. Einmal stand der Prediger über eine auf dem Boden liegende Frau gebeugt und schrie: »Halleluja! Preist den Herrn! Preist den Herrn!« Ich erinnere mich noch an seine Tränen, wie er dann sagte: »Sie hat den Heiligen Geist empfangen.« Meine Finger wurden weiß, so fest umklammerte ich den Sitz vor mir, während ich dies alles beobachtete. Es war mir unmöglich, dem, was sie da taten, irgendeine Freude abzuspüren. Ich konnte mir nicht vorstellen, daß Weinen eine andere Ursache als Schmerz haben könnte.

Doch ich weiß noch genau, wie glücklich und froh meine Mutter jedesmal aussah, wenn wir den Gemeindesaal verließen. Und als ich dann fünf oder sechs Jahre alt war, ging ich freiwillig in den Gottesdienst. Meine anfängliche Furcht vor diesem fremden Erleben hatte sich gelegt. In der »Church of God« waren alle möglichen Musikinstrumente für den gottesdienstlichen Gebrauch erlaubt. Es gab Gitarren, Mandolinen und Banjos, die den Gesang begleiteten. Mehr und mehr fand ich Gefallen an den Liedern, die gesungen wurden, doch von mir aus hätte der Gottesdienst nach dem Singen zu Ende sein können.

Zu dieser Zeit etwa kaufte mein Vater ein Transistorradio, und ich entdeckte, daß die gleichen Lieder, die ich im Gottesdienst gehört hatte, auch im Radio gespielt wurden.

Die Woche über hörten wir die Programme mit den Country Songs und am Sonntag die religiösen Sendungen. Wir hörten die Sender WLM, Cincinnati; WJJD, Chicago; WSM, Nashville; WWVA, Wheeling, West Virginia und XERL, Del Rio, Texas.

Ich hatte das Gefühl, diese Lieder würden nur für mich gespielt, und hing mit dem Ohr an unserem Radio. Sie sangen Lieder wie:

> »Dreh dein Radio an und lausch auf die Musik,
> die um dich tönt.
> Dreh dein Radio an, aus dem der Jubel strömt.
> Dreh das Licht ganz klein
> und stell dir Gottes Sender ein.

Such Verbindung mit Gott.
Stell dein Radio ein*.«

Ich spürte, daß ich hier mit etwas Wunderbarem in Berührung kam. Wenn es auch nur Gitarre, Baß und Schlagzeug oder Gitarre, Baß und Banjo war, so war es für mich doch eine wunderbare Musik. Ich erinnere mich noch lebhaft an Lieder wie »Vacation in Heaven« (Urlaub im Himmel). Diese Lieder trugen mich weit weg. Sie waren für mich ein Vorgeschmack des Himmels.

Wir gingen auch in die »Gemeinde Gottes« in der ersten Straße. Der Prediger dort erschreckte mich nicht weniger als der andere. Es wurde mir damals nicht bewußt, aber diese Prediger flößten mir jene gesunde Furcht vor Gott ein, die zu kennen für einen Menschen mehr als wichtig ist. Ich hörte das Evangelium, und das Wort Gottes wirkte an meinem Herzen. Ich war damals zehn oder elf Jahre alt, und obwohl man in diesem Alter noch nicht verantwortungsbewußt lebt, war mir klar, daß es zwei sehr verschiedene Wege gibt, die man im Leben gehen kann. Ich sah, daß die Leute, die mit Gott in Ordnung waren, anders waren als die, die während der Gottesdienstzeit drüben an der Tankstelle Karten spielten.

Eines Abends, nach einer Predigt über die Hölle, das ewige Feuer und die Verdammnis, ging ich auf einem dunklen Kiesweg nach Hause. Es war Herbst, also eine Zeit, in der das Gras besonders trocken ist. Gras- und Waldbrände waren deshalb bei uns in Arkansas keine Seltenheit. An diesem Abend sah ich den leuchtendroten Schein eines Waldbrandes und dachte: Das ist bestimmt die Hölle, von der ich gehört habe! Ich erinnere mich, daß ich schreckliche Angst hatte. Ich weiß auch noch, wie ich ein anderes Mal mitten in der Nacht erwachte. Als ich aus dem Fenster schaute, sah ich

---

* »Turn your Radio on« von Albert E. Brumley, © 1938 Stamps- Baxter Music Co. © erneuert 1966 Stamps-Baxter Music and Printing Co.

den Schein eines Waldbrandes. Ich zitterte vor Furcht, daß das die Hölle sein könnte. Mit der Zeit verlor ich aber meine Angst, und zwar in dem Maße, in dem mir klar wurde, daß ich bald eine Entscheidung für Jesus treffen würde. Ich spürte, daß ich gemeint war und Gott etwas mit mir vorhatte. Schon damals wußte ich, welche Richtung mein Leben einmal nehmen würde. Ich wollte Gott folgen und für ihn da sein.

Eine besondere Art, mit Gott in Verbindung zu treten, war für mich als kleiner Junge – und auch heute noch oft – ein Lied. So faszinierte mich damals das Lied »Das Himmelstelefon«.

»Da ist eine Stelle
stets für dich bereit,
an die du dich wenden kannst
in Freud und Leid.
Gottes Herz ist offen.
Darum ruf ihn an,
weil nur er dir in der Not
wirklich helfen kann.

Du kannst Gott erreichen,
denn sein Wort ist wahr,
und wenn du ihn anrufst,
hilft er wunderbar.
Jesus selbst verbindet dich
mit Gottes Thron.
Du kannst mit ihm sprechen
durch das Himmelstelefon*.«

---

* »Telephone to Heaven« von F. M. Lehmann, © 1919

Auf diese Weise litt ich nicht unter dem Mangel, den manche Leute mit den Worten ausdrücken: Ich weiß nicht, wie ich beten soll. Ich nahm einfach die Lieder, um mit Gott zu sprechen. Welch wunderbaren Geist atmen viele dieser Lieder! Der Mann, der »Ich flieg zu ihm« geschrieben hat, wußte, wohin er eines Tages fliegen würde. Das kann man den Worten seines Liedes nachempfinden:

>»Kommt der Abschied, werde ich mich freun.
>Ich flieg zu Ihm
>in die Heimat dort in Gottes Reich.
>Ich flieg zu Ihm, o glory!
>Kommt der Tod, Lob sei Gott, Lob sei Gott.
>Ich flieg zu Ihm*.«

Für mich waren diese Lieder das Telefon zum Himmel. Meine Verbindung dorthin wurde durch sie immer besser.

*

Ich bin schottischer Abstammung. William Cash, ein schottischer Seemann, kam im Jahre 1673 nach Westmoreland County in Virginia. Dort lebte die Familie Cash etwa hundert Jahre lang. Die Cashs ließen sich in derselben Gegend nieder, in der sechzig Jahre später ein Mann namens George Washington geboren werden sollte. Zwei oder drei Generationen lang lebten sie in Amherst und Bedfort County in Virginia als Pflanzer und als Soldaten während der amerikanischen Revolution. Im Jahre 1810 war Moses Cash einer der ersten Siedler in Henry County in Georgia. Das alte Anwesen der Familie Cash ist dort heute noch zu sehen. Seit dem Bürgerkrieg ist es allerdings völlig verfallen.

Nach dem Brand von Atlanta und den Plünderungen in

---

* »I'll fly away« von Albert E. Brumley, © 1932 aus »Wonderful Message«, Hartford Music Co., Eigentümer. © 1960 erneuert Albert E. Brumley und Söhne. Alle Rechte vorbehalten.

den Plantagen dieser Gegend packte Ruben Cash seine Familie auf einen Ochsenwagen und ließ sich schließlich im Jahre 1866 in Arkansas nieder. Ruben hatte einen Sohn, der William Henry Cash hieß, so genannt nach jenem ersten William Cash in Henry County, Georgia. Dieser war mein Großvater und diente als Baptistenprediger. Seine Frau Rebekka gebar ihm 12 Kinder. Das jüngste von ihnen war mein Vater, Ray Cash.

Das Interessanteste an dieser Familiengeschichte sind für mich die Abschriften der Testamente bis hin zu William Cash. Am Anfang und am Ende eines jeden Testaments wird Gott erwähnt. Sie beginnen mit den Worten »Im Namen Gottes, Amen: Ich, William Cash, vermache hiermit ...«, und sie enden alle mit den Worten »und in der Hoffnung und im Glauben an die Auferstehung unseres Herrn und Heilandes drücke ich, William Cash, hiermit mein Siegel auf«.

Ich erinnere mich noch gut an das, was mein Vater sagte, als ich noch ein kleiner Junge war. Ich hielt ihn immer für den besten Mann der Welt, und noch heute denke ich so. Mein Vater war Veteran des Ersten Weltkriegs, und ich erinnere mich, wie oft er meinen Bruder Ted, meine Schwester Rebekka und mich auf den Schoß nahm und uns von seinen Kriegserlebnissen im Jahre 1918 in Frankreich erzählte. Dazu sang er uns Lieder vor wie »Over there« (Da drüben) und eines von dem Maultier einer Armee mit dem Namen »Simon Slicker«. Dabei lachte er und schubste uns auf den Boden, und wir kletterten auf ihm herum. Er hatte einen Rasierpinsel, den er von den »Kolumbus-Rittern« in Paris bekommen hatte. Wenn er sich rasierte, durfte ich ihm manchmal das Gesicht einseifen.

Vater hatte für jeden, den er liebte, einen Kosenamen. Meiner war »Shoo-Doo«. Er nennt mich heute noch manchmal so, und ich finde das in Ordnung, denn es versetzt mich um 35 Jahre zurück. Ob die sogenannten guten alten Zeiten nun wirklich so gut waren oder nicht, sei dahingestellt; es ist jedenfalls schön, sich an jene Zeit zu erinnern.

Dann war da die Sache mit der Wildkatze. Es war im Winter des Jahres 1937. Unser Land war noch zur Hälfte Urwald, als eine Wildkatze jede Nacht hinter unseren Hühnern her war. Mein Vater legte sich im Hühnerhaus schlafen, und ungefähr um Mitternacht wachten wir alle vom Knall eines Gewehrschusses auf. Reba war drei, ich fünf und Jack sieben Jahre alt, und sechs kleine Füße sprangen gleichzeitig aus dem Bett. Mutter hatte schon die Kerosinlampe angezündet, und wir rannten gemeinsam zur hinteren Haustür, wo Vater die Wildkatze hingeschleppt hatte.

»Die wird keines unserer Hühner mehr fressen«, sagte Vater, und die große schwarze Katze grinste uns mit ihren scharfen Zähnen immer noch böse an.

Eine Zeitlang war Vaters Tat »das« Gesprächsthema im gesamten Umkreis. Die Leute kamen, um zu sehen, wie Reba, Jack und ich nebeneinander auf dem Fell der großen Wildkatze lagen.

Vater brachte uns viele Dinge bei; die wichtigste Lektion aber war die, daß harte Arbeit dem Menschen guttut.

Im Alter von vier Jahren brachte ich Vater, meinem älteren Bruder Roy und meiner Schwester Louise Wasser, wenn sie auf den Baumwollfeldern arbeiteten. Mit zehn Jahren arbeitete ich bereits mit auf dem Feld, und Reba brachte uns das Wasser.

Wir lernten bald, daß es nicht nur unsere Pflicht, sondern ein Vorrecht war, auf den Baumwollfeldern mitzuhelfen. Wir arbeiteten auch auf den Maisfeldern und im Gemüsegarten. Wir fütterten die Tiere, die beiden Pflugmaultiere, die Kuh und die Schweine, und ich kann mich nicht erinnern, daß sich irgendeiner von uns jemals beklagt hätte.

Die Zeit, auf die wir uns das ganze Jahr über freuten, war die Erntezeit. Wir wurden für das Baumwollpflücken bezahlt; deshalb war die Ernte die einzige Zeit des Jahres, in der wir bares Geld in der Hand hatten.

»Dort im Flachland kam die Erntezeit.
Die Frucht reifte bestens, und ich kam ganz schön weit.
Für mein Weib und die Kinder zu Haus
suchte ich schon neue Schuhe aus.

Man sieht sehr schlecht bei Petroleumlicht,
und ich drehe schon früh die Funzel dicht,
denn wie schnell geht da ein Zehner drauf;
aber in der Ernte bleib ich lange auf.

Am Sonntagmorgen ging der Hut herum.
Man sah nicht hin und stellte sich einfach dumm.
Doch der Pastor lächelt sehr gescheit:
Der Herr hat bis nach der Ernte Zeit*.«

Ich bin der Überzeugung, daß sich selten in einer Familie zwei Brüder so nahe standen und sich so liebten wie mein Bruder Jack und ich.

Als ich etwa elf Jahre alt war, teilte uns Jack, der bereits 13 war, eines Tages mit, er sei zum Prediger bestimmt. Ein Jahr zuvor hatte er sich zu Jesus bekehrt und hatte dann das ganze Jahr damit verbracht, die Bibel zu studieren. Ich erinnere mich noch sehr gut an Jacks Bibel. Es war ein winziges, klein gedrucktes Ding, aber vollständig. Jack hatte sie fast völlig zerlesen. Er nahm sie überall mit hin, in die Schule, zur Arbeit, in die Kirche und las darin bei jeder sich bietenden Gelegenheit. Er blieb nachts auf und beschäftigte sich mit der Bibel, solange Vater es zuließ, während ich noch wach lag und Radio hörte. Vater ging regelmäßig fünf Minuten nach acht Uhr zu Bett, sobald die Achtuhr-Nachrichten vorüber waren. Jack und ich bekamen die Erlaubnis, noch eine Stunde aufzubleiben, manchmal sogar noch ein bißchen länger. Jack saß dann mit seiner Bibel am Tisch im Eßzim-

---

* »I Got Cotton« von John R. Cash, © 1958 Southwind Music, Inc. Alle Rechte bei Hill und Range Songs, Inc.

mer, und ich saß neben dem Radio im Wohnzimmer. Je später es wurde, desto leiser stellte ich das Radio, denn Vater sollte ja nicht wissen, daß ich immer noch auf war. Wir hatten noch keinen elektrischen Strom; deshalb gab es auch keine Lampen, die das Haus erleuchteten. Wenn es überhaupt ein Licht gab, war es die Kerosinlampe auf dem Tisch, an dem Jack saß.

Ich kann mich erinnern, wie mein Vater aus dem Schlafzimmer rief: »Okay, Jungs, es ist Zeit, ins Bett zu gehen, sonst habt ihr morgen keine Lust zum Aufstehen. Blast das Licht aus. (Er sagte nicht: »Schaltet das Licht aus«, sondern »blast das Licht aus«.) John, schalte das Radio aus!« Ich drehte es noch ein wenig leiser und hielt mein Ohr dicht daran. Ich mußte diese Lieder einfach hören! Es gab nichts auf der Welt, was mir so wichtig war wie diese Lieder. Sie hoben mich heraus aus dem Schlamm, aus der Arbeit und aus der heißen Sonne.

Vater hatte nichts gegen mein Radiohören und noch weniger gegen Jacks Bibellesen, denn mein Vater war von Kindheit an durch die Predigten seines Vaters und seines Onkels mit dem Evangelium vertraut. Er wußte, wie wichtig die Bibel für Jack war, und Jack wurde dadurch angespornt, sich fleißig mit der Bibel zu beschäftigen. Unsere Eltern waren stolz auf ihn, und noch heute erzählen ältere Leute in Dyess Begebenheiten, in die Jack wegen seiner Glaubenshaltung verwickelt war.

So gingen Jack und ich eines Tages in den Konsumladen. Dieser Laden wurde von einem Mann namens Steele geführt. Herr Steele war Mitglied einer Sekte, deren Anhänger fest behaupteten, sie allein hätten den wahren Glauben. Nur wer ihrer Organisation angehöre, käme in den Himmel. (Solchen Leuten sind Sie sicher auch schon begegnet!) Jack hatte Herrn Steeles Überzeugung immer in gewisser Weise toleriert und deshalb versucht, jeder Diskussion und jedem Streit auszuweichen. An jenem Tage stand Herr Steele gerade hinter der Fleischtheke. Wie aus heiterem Himmel sagte er: »Jack, du weißt ja, wenn du meiner Kirche nicht angehörst, wirst du in die Hölle fahren.«

Ich werde in meinem ganzen Leben nicht vergessen, wie Jack daraufhin Herrn Steele lächelnd ansah und zu singen anfing:

> »Ist getilgt die Sünde, bist du heil und neu?
> Bist du rein durch das Heilandes Blut?
> Bist du neu geboren, von der Knechtschaft frei?
> Bist du rein durch des Heilandes Blut?«

Herrn Steeles Gesicht lief rot an. Als wäre er übergeschnappt, warf er plötzlich sein Fleischmesser weg und drehte sich auf dem Absatz um.

Jack und ich gingen hinaus, und Jack überließ ihn einfach den vier Zeilen dieses Liedes.

Bis zum heutigen Tag habe ich mich nicht viel mit den Unterschieden zwischen den verschiedenen Konfessionen befaßt noch mich bemüht, sie zu verstehen. Der Prediger, der sich mit kleinlichen Lehrfragen beschäftigt, kann meine Aufmerksamkeit nicht lange auf sich ziehen. Auf meinen Reisen nach Europa, Asien und Australien habe ich mich oft an diese Begebenheit erinnert, und ich habe erkannt, daß das Evangelium die einzige Botschaft ist, auf die es wirklich ankommt und die für alle Menschen gilt.

Ich bin überzeugt, daß die einzelnen Glaubensrichtungen wichtig sind, um jeweils eine Schar von Gläubigen zusammenzuführen, zu stärken und zu motivieren. Wenn aber die eine oder andere Gruppe glaubt oder, was noch schlimmer ist, lehrt, ihre besondere Art, die Schrift auszulegen, sei das einzige Tor zum Himmel, dann finde ich das äußerst gefährlich.

Zugegeben, solche Predigten werden immer eine Gruppe von Menschen überzeugen und gewinnen, aber wie viele Außenstehende werden dadurch verunsichert und davon abgehalten, sich näher mit Gott zu beschäftigen. Es ist richtig, daß es zu unserem Glaubensleben gehört, anderen Menschen Jesus zu bezeugen, aber unser Leben spricht immer lauter als unsere Reden. Das Evangelium von Jesus Christus muß immer eine offene Tür sein mit einem Willkommensschild für alle.

Jack war Zeitungsjunge in Dyess. Er lud jeden Tag seine Zeitungen, die der »Memphis Press Scimitar«, in seinen Fahrradkorb und brachte jedem in der Stadt ein Exemplar. Außer seinem Korb hatte er noch einen Sack voll Zeitungen auf dem Rücken, wenn er seine Tour begann. Er lernte jeden Bewohner der Stadt kennen, und jeder hatte ihn gern. Jack war äußerst zuverlässig und betrachtete es als persönliche Verpflichtung und als Ehrensache, den Abonnenten ihre Zeitung zu bringen – ganz gleich, wie das Wetter war. Jack war nicht nur der ganzen Gemeinde ein Vorbild, sondern er war auch für mich in den späteren Jahren wie ein Leuchtturm, an dem ich mich orientieren konnte. Wenn es um irgendeine moralische oder sittliche Entscheidung ging, versetzte ich mich in das Jahr 1943 und überlegte: Was hätte Jack in dieser Situation getan? Es gibt Zeiten, in denen ich mich frage: Was würde Billy Graham darüber denken? Aber gewöhnlich frage ich mich: Was würde mein Bruder Jack jetzt tun? Er würde sich genauso verhalten wie damals im Laden von Herrn Steele, als er diesen Mann durch die Zeilen seines Liedes fragte, ob er mit dem Blute Jesu reingewaschen sei. Fröhlich hatte er dagestanden, als er die vier Zeilen des Liedes vortrug. Und welche Liebe hatte aus seinen Augen gesprochen! Jack war innerlich fest geblieben, nicht so aber Herr Steele. Jack verließ frohen Herzens den Laden, nicht weil er einen Mann besiegt hatte, der ihn zu ärgern versuchte, sondern weil er ihm das Evangelium hatte sagen können.

Jacks Hobby war die Bibel, meines waren die Lieder. In einer Welt der Baumwollfelder mit Durst und Hitze beflügelten die Gospelsongs meinen Geist. Ich glaube, daß ich manches von dem, was Jack aus der Bibel erfuhr, aus diesen

Liedern lernte. Es war dieselbe gute Botschaft, nur kam sie zu mir auf einem anderen Weg.

Jack war mein Beschützer. Ich war der schmächtigere, und er paßte auf mich auf. Wir waren immer zusammen und hatten viel Freude miteinander. Er brachte mir all die Dinge bei, die ein großer Bruder seinem kleineren Bruder beibringt, wenn er ihn liebt. Für mich gab es keinen Menschen auf der Welt, der so gut, so klug und so stark war wie mein Bruder Jack.

Nur ein einziges Mal fiel Jack in meinen Augen von seinem Podest, und das war wahrscheinlich eine der wichtigsten Lehren, die mir je erteilt worden sind, nämlich: Alle Menschen sind unvollkommen, alle Menschen sündigen, alle Menschen bleiben hin und wieder hinter den Erwartungen zurück, die man in sie setzt.

Die Farmen von Dyess waren von Entwässerungsgräben durchzogen und abgegrenzt. Diese Gräben waren immer mit etwas Wasser gefüllt, sogar mitten im Sommer. Krebse, Aale, sogar Fische und eine giftige Schlangenart, die Wassermokassinschlange, tummelten sich darin. In der heißen Sommersonne kletterten diese Schlangen auf die Weidenzäune, die über die Gräben hängen, um sich zu sonnen und zu schlafen. Unser Lieblingssport war dann, eine lange Weidenrute zu schneiden und damit leise durch die Büsche zu schleichen, bis wir in Reichweite einer Schlange waren, dann die Rute auf und nieder zu schwingen und damit die Schlange zu treffen, bevor sie ins Wasser gleiten konnte.

An einem heißen Samstagnachmittag waren wir bis auf etwa drei Meter an eine der größten Wassermokassinschlangen, die ich je gesehen hatte, herangepirscht. Jack hatte die Rute in der Hand. Ich flüsterte: »Es ist eine besonders große, Jack. Schlag fest zu!«

Jack richtete sich langsam auf, und im selben Augenblick erhob er die Rute und schlug damit kräftig auf den Rücken der Schlange. Die Spannung dieses Augenblicks ließ mein Herz bis zum Halse schlagen. Die Größe des Tieres machte uns noch aufgeregter als gewöhnlich, und als Jack die Schlange getroffen hatte, rief er wütend: »Stirb, du verdammtes Biest!«

Die Schlange starb tatsächlich, und ich dachte, ich müßte auch sterben. Entsetzt starrte ich Jack an. »Du hast geflucht!« flüsterte ich. »Ich hätte nie geglaubt, daß du fluchen würdest.« Für mich war das Wort »verdammt« ein böses Wort, weil die Spieler drüben an der Tankstelle es gebrauchten.

Jack versuchte zu lächeln; es gelang ihm aber nicht. Dann erklärte er, daß es ihm leid täte. »Ich hab's nicht so gemeint«, sagte er. »Es ist mir einfach so herausgerutscht.«

»Ich habe dich noch nie fluchen hören«, wiederholte ich.

»Ich werde es nie wieder tun«, versprach er. »Du wirst das nie mehr von mir hören. Okay?«

»Okay«, sagte ich, und ich hörte es nie wieder.

Ich glaube, es ärgerte Jack, daß er dadurch in meiner Achtung um ein bis zwei Grade gesunken war. Er sagte mir später, daß er Gott um Verzeihung gebeten habe. Damit war für mich alles wieder in Ordnung.

Weil Jack wußte, daß sein guter Einfluß auf mich erschüttert worden war, setzte er alles daran, daß diese Wunde wieder verheilte.

3

So wie ich bin

Am 26. Februar 1944 wurde ich 12 Jahre alt. Ich entwickelte mich zu einem jungen Mann. Mein Bruder Jack bemerkte das und meine Eltern auch. Jack, der immer versuchte, anderen seinen Glauben zu bezeugen, verhielt sich in dieser Hinsicht mir gegenüber recht merkwürdig. Ich erinnere mich nicht, daß er je versucht hätte, mit mir über Glaubensdinge zu reden. Es schien ihm auch nicht wichtig, mir von der Erlösung durch Jesus Christus zu erzählen. Er und ich waren so eng miteinander verbunden, daß ich ihm das Christsein absehen mußte, denn ich bewunderte ihn ja und sah zu ihm auf. Er wurde mir zu einem Vorbild, zu einem Symbol für Güte und Stärke.

Bis zu diesem Zeitpunkt hatte ich es nie für nötig gehalten, mich für den einen oder anderen Weg zu entscheiden, das heißt so lange nicht, bis eine Evangelisation in der Baptistengemeinde in Dyess abgehalten wurde. Sie dauerte zwei Wochen lang, und ich ging jeden Abend hin. Es war eine recht große Kirche für eine so kleine Stadt wie Dyess. Sie hatte ungefähr 500 Sitzplätze. Ich erinnere mich an die schweren Eichenbänke, an die Sägespäne auf dem Boden, die das Staubaufwirbeln beim Kehren verhindern sollten, und an die vier Kerzenleuchter aus Messing mit den nackten Glühbirnen darauf. Die Fenster waren meist weit geöffnet, um die frische Luft hereinzulassen. Hinter der Kanzel war ein Taufbecken, das selten benutzt wurde, außer im Winter, denn Dyess lag nahe am Tyronza-Fluß, der an seiner breitesten Stelle etwa 10-12 Meter breit war. Etwa einen Kilometer von der Kirche entfernt war unser Badeplatz, den wir das »Blaue Loch« nannten. Es war eine tiefe Stelle im Fluß, und der Pfad, auf dem man dorthin gelangte, führte durch ein Pappeln- und Weidendickicht. In der Sommerzeit habe ich viele Taufen im »Blauen Loch« miterlebt. Wir hörten immer auf zu schwimmen und zu spielen, stellten uns ehrfurchtsvoll am Ufer auf und sahen interessiert zu, wenn ein solcher Taufgottesdienst abgehalten wurde.

Alle Gemeinden im Umkreis von vielen Kilometern hielten ihre Taufen im »Blauen Loch« ab, und ich dachte oft, dieser Platz am Tyronza müßte genauso aussehen wie der am Jordan, wo Johannes der Täufer getauft hatte.

An einem Abend dieser Evangelisationswoche – ich war gerade 12 Jahre alt geworden – erlebte ich es zum erstenmal, daß ich innerlich gepackt wurde, wie ich es nennen möchte. Andächtig hörte ich der Predigt zu. Dann wurde das Einladungslied angestimmt, an das ich mich noch sehr gut erinnere: »So wie ich bin.«

Als die Leute anfingen zu singen, wurde ich nervös und zappelig. Ganz elend war mir zumute. Ich wollte heraus aus dieser Kirche! Als das Lied weiterging, fielen mir all die Lieder ein, die ich zu Hause im Radio gehört hatte und die mir die Richtung gezeigt hatten, die ich einschlagen sollte. Es wurde Zeit für mich, eine Entscheidung zu treffen. Entweder mußte ich jetzt aufstehen und die Kirche verlassen oder dem Ruf folgen und zum Altar nach vorn gehen, um dem Prediger meine Hand zu geben, wozu er uns aufgefordert hatte. Nicht, daß ich ein besonders schlechter Junge gewesen wäre. Meine Eltern hatten mir den breiten und schmalen Weg deutlich erklärt. Außerdem hatte ich vieles von meinem Bruder Jack gelernt und wußte, was richtig und was falsch war. Die Notwendigkeit, selbst eine Entscheidung zu treffen, erschien mir plötzlich unausweichlich. Wenn ich Christus nicht annahm, lehnte ich ihn ab, obwohl ich genau wußte, wer er war und warum er gekommen war. Seitdem ich denken konnte, hatte man mir erzählt, daß dieser Jesus das Opferlamm Gottes sei, das für meine Sünden gestorben war. Das hatte ich verstanden, und ich glaubte, daß ich ihn als meinen Retter brauchte, um ewiges Leben zu bekommen.

Jack war in der ersten Reihe aufgestanden, hielt seine Bibel in der Hand und sang mit geschlossenen Augen:

»So wie ich bin, so muß es sein,
nicht meine Kraft, nur du allein.
Dein Blut wäscht mich von Flecken rein,
o Gotteslamm, ich komm, ich komm.«

Schließlich faßte ich mir ein Herz und stand auf, ging nach vorn, um dem Prediger die Hand zu geben und damit zu bezeugen, daß ich Jesus Christus in mein Herz und Leben aufnehmen wolle. Das geschah ohne großes Geschrei und ohne Theater, aber ein tiefer Friede erfüllte mich an diesem Abend. Ich fühlte mich erleichtert, daß ich herausgetreten war und den Weg gewählt hatte, der mir all die Jahre hindurch gezeigt worden war. Es war so natürlich wie ein Geburtstag, der einfach auf einen zukommt. Und doch war es ein Meilenstein in meinem Leben, etwas, das mein ganzes Leben beeinflussen sollte. Ich hatte endlich den Punkt erreicht, von dem ich schon immer wußte, daß er einmal kommen würde. Es war nicht die Bekehrung eines Säufers oder eines alten Sünders. Es war die Kapitulation eines Jungen, der alt genug war, um zu wissen, was er tat. Diese Zeit hat meinem Leben die Richtung gewiesen. Ich fühlte mich wirklich wie neu geboren, als ich mit den anderen Leuten, die gekommen waren, still vor dem Altar niederkniete. Und als ich an diesem Abend die Kirche verließ, fühlte ich mich so wohl wie ein Fisch im Wasser. Ich war glücklich und erleichtert darüber, daß ich meine Entscheidung getroffen hatte.

Bei der Entscheidung, die ich 27 Jahre später im Jahre 1971 im »Evangel Temple« in Nashville traf, und den Folgen, die sich daraus ergaben, empfand ich dieselbe Freude wie damals bei meiner Bekehrung mit 12 Jahren. Aber es war doch noch mehr – eine völlige Rückkehr zu Gott und eine totale Unterwerfung unter seinen Willen. Er sollte in Zukunft mein Leben bestimmen.

Ich brauchte sehr viel Nahrung und Unterweisung, um in meinem geistlichen Leben zu wachsen. Es vergingen viele Jahre, bis ich merkte, daß man einen starken Glauben braucht, um täglich mit Jesus Christus leben zu können. Ich hätte mir nie träumen lassen, daß ich jemals so lange Zeit von ihm weglaufen würde. Wenn ich ihn auch niemals leugnete, so lief ich doch von ihm fort, weit fort.

An jenem Tag im Jahre 1944 fühlte ich mich mit Jack auf eine neue Art und Weise verbunden. Das war eine merkwürdige Sache. Man muß sich vorstellen, es war plötzlich so, als ob wir nun in doppelter Hinsicht Brüder wären, wirklich eng miteinander verbunden. Soviel wir auch vorher schon als Brüder gemeinsam hatten und wie sehr wir uns auch nahe gestanden hatten, war es doch, als hätte ich einen völlig neuen Bruder bekommen.

Ich drückte es zwar nie so aus, aber es war, als ob plötzlich kein Unterschied mehr zwischen uns bestünde. Ich war nicht mehr länger Jacks kleiner Bruder, der wegen jedem bißchen Weisheit und Erkenntnis, die er mir voraus hatte, zu ihm aufschauen mußte. Er war einfach nicht mehr mein großer Bruder Jack. Ich stand jetzt Schulter an Schulter mit ihm. Ich hatte wirklich etwas mit ihm gemeinsam, und so hätten wir immer miteinander weitergehen können – als Kinder Gottes.

4

An der Weggabelung

Ich halte nicht viel von Vorahnungen, wenn es auch Leute geben mag, die behaupten, sie hätten von Zeit zu Zeit das Gefühl, es passierte etwas. Ich weiß nicht, was es mit dieser Vorahnung auf sich hat, aber ich glaube, mein Bruder Jack wußte es.

Am 12. Mai 1944, einem Samstagmorgen, wollte Jack in die Schulwerkstatt gehen, um dort zu arbeiten. Ich wollte in einem der Entwässerungskanäle, der fast so groß war wie ein Fluß und durch Dyess lief, angeln. Ich hatte Jack gebeten, mit mir zu gehen. Es waren schwere Zeiten. Die finanzielle Situation unserer Familie war äußerst kritisch. Jack verdiente drei Dollar an jedem Samstag, indem er in der Schulwerkstatt Zaunpfähle zuschnitt und die Büsche und Tabakpflanzen um den Konsumladen herum in Ordnung hielt. Vater arbeitete auf den Baumwollfeldern sechs Tage in der Woche von Sonnenaufgang bis Sonnenuntergang.

Ich erinnere mich, daß Jack, bevor wir an diesem Morgen das Haus verließen, mitten im Wohnzimmer stand und einen

Küchenschemel mit seiner Hand herumwirbelte. Ich wartete draußen vor der Haustür mit meiner Angelrute und den Krebsködern, die ich aus dem Graben gefischt hatte. Immer wieder rief ich ins Haus: »Warum kommst du denn nicht mit mir zum Angeln?«

Es war ein wunderschöner, warmer Maimorgen. Die kräftige schwarze Erde brachte nicht nur hervorragende Baumwolle hervor, die wir hackten, pflügten und pflückten, sondern wir konnten auch einige Wassermelonen auf dem Markt verkaufen, damit wir genug Geld hatten, um am Samstagabend ins Kino gehen zu können.

Jack und ich hatten zusammen viele Filme im Kino von Dyess gesehen, das damals noch im Schulhaus untergebracht war. Jack und ich rösteten dann oft Erdnüsse und nahmen sie mit zum Kino in der Hoffnung, soviel an die Besucher verkaufen zu können, daß wir von dem Erlös unsere Eintrittskarte bezahlen konnten. Manchmal schafften wir es, manchmal auch nicht.

An diesem Morgen wollte ich unbedingt, daß Jack mit mir zum Angeln ginge.

»Nein, ich muß heute arbeiten gehen, denn drei Dollar sind eine Menge Geld«, antwortete Jack, indem er den Stuhl weiter herumwirbelte.

Ich entgegnete: »Weshalb kommst du dann nicht wenigstens ein Stück mit? Es sind doch fast zwei Kilometer, ehe ich zum Angeln abbiegen muß.«

Und Jack antwortete: »Ich weiß nicht, ich bin heute einfach nicht in der richtigen Stimmung zu arbeiten.«

»Ja, aber warum gehst du dann nicht mit mir zum Angeln?«

»Weil ich einfach diese drei Dollar brauche.«

Mutter unterbrach uns. »Und warum meinst du denn, du solltest heute nicht arbeiten gehen?«

Jack antwortete: »Hm, ich fühle, daß heute irgend etwas passieren wird, aber ich weiß nicht, was das sein könnte.«

Mutter erwiderte: »Dann bleib lieber hier!«

»Mama, ich muß gehen!« sagte er. »Wir brauchen doch das Geld, das ich dabei verdiene.«

Jack ging aus dem Zimmer, kehrte noch einmal zurück, nahm wieder den Stuhl in die Hand und wirbelte ihn wie einen Kreisel herum. Anscheinend nur, um die Zeit zu vertreiben.

Ich wußte, daß wir eigentlich schon viel zu spät dran waren, wenn Jack noch arbeiten gehen wollte, und allmählich wurde ich ungeduldig, weil ich selber auch gehen wollte. Aber er schlug weiter die Zeit tot. Wieder stellte er den Stuhl hin und ging in sein Schlafzimmer. Er setzte sich und las in der Bibel. Einen Augenblick später kam er ins Wohnzimmer zurück, griff nach dem Stuhl und versuchte, mich zu necken.

Damals waren gerade die Karikaturen der Warner Brothers sehr beliebt. Er fing an, Bugs Bunny nachzuahmen, während er noch immer den Stuhl herumwirbelte und sagte: »Was ist los, Doktor? Was ist los, Doktor?«

Ich versuchte weiter, ihn aus dem Hause zu bekommen. »Komm doch endlich, laß uns angeln gehen!«

Schließlich ging er mit mir, und auf der ganzen Wegstrecke bettelte ich, er solle doch nicht arbeiten, sondern mit mir angeln gehen. Auch ich hatte das Gefühl, daß etwas nicht stimmte, denn das Nachahmen der Karikaturen schien mir zu gezwungen. Es war nicht Jacks Art, solchen Blödsinn zu machen. So hatte ich ihn in meinem ganzen Leben noch nie gesehen, deshalb bearbeitete ich ihn weiterhin.

»Jack, bitte, warum gehst du nicht mit mir angeln?«

Er antwortete nur: »Was ist los, Doktor?«

Wir kamen an die Weggabelung, wo ich abbiegen mußte. Ich ging nach links und er immer geradeaus Richtung Schule. Solange ich ihn sehen konnte – und das waren etliche hundert Meter – rief er mir etwas zu und machte Bugs Bunny und Porky Pig nach und winkte mit den Armen. Als wir uns nicht mehr hören konnten, ging er immer noch rückwärts und winkte mir zu. Soweit ich mich erinnern kann, habe ich an jenem Tag keinen einzigen Fisch gefangen.

Gegen Mittag etwa kam ich vom Graben zurück. Ich ging auf der Straße mit meiner Angelrute in der Hand. Es war drückend heiß. Auf meinem Weg nach Hause kam ich an die Stelle, wo Jack zwei Stunden zuvor abgebogen war. Da sah ich plötzlich meinen Vater und den Prediger in einem alten Ford auf mich zukommen. Als ich das Gesicht meines Vaters sah, wußte ich, daß etwas passiert war.

Der Prediger hielt den Wagen an. »Wirf deine Angelrute weg und steig ein!« rief Vater.

Ich stellte keine Fragen, aber ich wußte, daß es Jack betraf, weil sie aus der Stadt kamen.

Endlich stieß Vater die Worte hervor: »Jack ist schwer verletzt worden.«

Der Prediger sagte kein Wort, und ich fragte nicht. Ich wußte, es war etwas Schreckliches passiert. So hatte ich meinen Vater noch nie gesehen.

Wir hielten vor unserem Haus, stiegen aus, und Vater holte einen braunen Papiersack vom Rücksitz des Autos. Er war von Blut getränkt. Vater sagte: »Komm mit in die Räucherkammer, ich muß dir etwas zeigen.«

Wir gingen hinein. Ich hatte noch immer kein Wort gesprochen, und Vater sagte auch nichts. Er nahm Jacks Hosen und sein Hemd und legte beides auf den Fußboden. Ich erinnere mich noch an den Geruch des Hickory-Rauches. Wir räucherten und pökelten hier gewöhnlich den Schinken, den Speck und die Schultern der Schweine ein, die wir im Winter geschlachtet hatten.

Es genügte, ein paar Hickory-Späne einige Tage in der Pfanne schwelen zu lassen, dann hatte der Speck bereits den Hickory-Geschmack angenommen.

Vater legte Jacks Khakihosen mit dem Gürtel und sein Hemd und ein Paar braune Schuhe auf den Boden. Die Hosen und das Hemd waren vom unteren Ende des Brustkorbs bis zum Becken durchgeschnitten, und der Gürtel war in zwei Hälften geteilt.

»Er hat Zaunpfähle geschnitten, und einer ist in der Säge

hängen geblieben und hat ihn mitgerissen. Er ist auf die große Tischsäge gefallen.«

Es war das erste und einzige Mal, daß ich meinen Vater weinen sah. »Wir werden ihn verlieren«, sagte er.

Ich erinnere mich noch, daß ich schwach und mit zitternden Knien aus dem Räucherhaus hinaustaumelte. Ich sank auf einen Holzstoß nieder, ich konnte nicht mehr stehen. Ich wußte, daß Jack sterben würde.

Der Prediger nahm uns mit zurück ins Zentrum der Stadt, aber ich erinnere mich an nichts von dem, was er sagte. Sicher versuchte er, uns einige Worte des Trostes zu sagen. Aber was hätte uns in dieser Situation trösten können?

In unserer Stadt war ein gut eingerichtetes Krankenhaus mit 32 Betten, in dem ein sehr angesehener Arzt namens Hollingsworth Dienst tat. Er hatte graue Schläfen, trug eine randlose Brille und summte die ganze Zeit vor sich hin. Woran ich mich bei Dr. Hollingsworth immer erinnere, war die Art, wie er summte. Er summte nichts Besonderes, er summte einfach vor sich hin.

Der Prediger hielt vor dem Krankenhaus, und mein Vater sagte: »Ich weiß, daß du ihn nicht sehen oder mit ihm sprechen kannst, er ist noch bewußtlos. Der Doktor meinte, es würde eine Sechs- bis Acht-Stunden-Operation geben, bei der man alles Menschenmögliche versuchen wolle, vorausgesetzt, daß Jack so lange am Leben bliebe. Die inneren Verletzungen seien aber wohl unheilbar.«

Als die Operation vorüber war, sagte uns Dr. Hollingsworth: »Ich will es Ihnen ganz offen sagen: Es ist hoffnungslos«. Er glaubte nicht, daß Jack den Tag noch überleben würde. Aber am nächsten Tag lebte Jack noch und fühlte sich besser.

Obwohl ein bißchen Hoffnung zu bestehen schien, wußten wir doch, daß diese Hoffnung trog.

Am nächsten Morgen gingen wir alle zum Sonntagsgottesdienst. Es kam uns vor, als sei seit Samstagmittag eine Ewigkeit vergangen. Die ganze Familie war die Nacht über aufgeblieben. Man hatte meinen Bruder Roy und meine Schwester Louise, die damals in Osceola, Arkansas, lebten, benachrichtigt, sie möchten nach Hause kommen, da Jack nicht mehr lange leben würde.

Im Gottesdienst wurde in besonderer Weise für Jack gebetet. Die Kirche war voll. Viele, die noch nie zuvor den Gottesdienst besucht hatten, waren an diesem Tag gekommen, sogar Herr Steele war da. Alle, denen Jack die Zeitung gebracht hatte, liebten ihn, und sie wußten, daß dies seine Gemeinde war. Während des ganzen Gottesdienstes wurde für Jack Cash gebetet.

Ich hatte an jenem Morgen vor dem Gottesdienst Jack im Krankenhaus besucht und hatte versucht, mit ihm zu sprechen. Von den Albernheiten, die er tags zuvor auf der Straße von sich gegeben hatte, bevor ich mich an der Weggabelung von ihm trennte, war nichts übriggeblieben. Er sah mich nicht einmal an, als ich eintrat. Noch nach Jahren lag mir das schwer auf der Seele. Warum hatte Jack an diesem Sonntagmorgen im Krankenzimmer kein Wort gesagt und mich nicht einmal angesehen? Er saß da und sprach mit meiner Mutter, und ich erinnere mich an nichts mehr von dem, was sie sprachen, außer, daß mir meine Mutter seine Hände zeigte und sagte: »Sie waren bei der Operation so sehr mit seinem Bauch beschäftigt, daß sie vergessen haben, seine Finger zu verbinden.« Zwei seiner Finger waren bös zerschnitten. Mama hatte sie gerade selber verbunden.

Jack war hellwach und hatte offenbar keine Schmerzen. Ich wußte nicht, daß er Morphium bekommen hatte. Ich erinnere mich so genau daran, weil es eins von den beiden Malen war, an denen er während der nächsten Woche bei Bewußtsein war. Das andere Mal war wohl am Mittwoch gewesen, als ich in sein Zimmer trat. Er las gerade einen Brief von Frau Williams, einer Lehrerin, die in Dyess unterrichtet hatte und später von dort weggezogen war. Er hatte auch einen Brief von einem Mädchen, mit dem er befreundet war, neben sich liegen. Die beiden hatten immer so miteinander gesprochen, als wenn sie 21 Jahre alt wären. Er wollte Prediger werden, und sie wollte die Frau eines Predigers werden. Beide waren sich ihrer Sache sehr sicher. Sie war so fest in ihrem Glauben wie er, und sie ermutigte ihn und erinnerte ihn daran, daß er ein Kind Gottes sei und daß alles gut werden würde, wenn er »gehen« müßte. Aber Jack schien sich nicht die geringste Sorge über seinen Zustand zu machen. Er hatte mir immer noch nichts zu sagen. Er wußte einfach, daß er das nicht brauchte. Es war so, als wollte er mir dadurch, daß er schwieg, deutlich machen: »Ich brauche dir nicht zu erzählen, was passieren wird, denn du weißt ja, ich muß gehen. Auf jeden Fall mußt du lernen, ohne mich auszukommen. Deshalb fang heute damit an!«

Am Mittwochabend kam noch einmal die ganze Gemeinde zu einer Gebetsstunde zusammen, die ein Baptistenprediger für Jack einberufen hatte. Jacks Zustand war schwankend; es ging auf und ab. Es gab sogar Zeiten, in denen er sich wohlfühlte. Mutter erzählte, wie er in seinem Bett über manche Dinge lachte, die in der Vergangenheit passiert waren. Dann kamen wieder Zeiten, in denen er in ein Koma verfiel.

Am Samstagabend sagte uns der Arzt, daß Jack Blutvergiftung habe. Wundbrand hatte sich entwickelt, und Dr. Hollingsworth sagte, Jack könne jede Stunde sterben. Deshalb war die Familie vollzählig um sein Bett versammelt, und ich erinnere mich, daß geweint und gebetet wurde. Jack war noch immer bewußtlos. Er merkte nicht, daß wir da waren.

Um Mitternacht ungefähr fing er an, im Fieber zu reden. Er sprach mit Vater. Er erwähnte die Feldfrucht und die Baumwollfelder und daß das Unkraut aus der Baumwolle entfernt werden müßte. »Wenn es so weiter regnet, werden wir nicht mehr aufs Feld gehen können, Vater. Wir müssen das Gras herausmachen, wenn wir in diesem Jahr überhaupt etwas ernten wollen; sonst haben wir in diesem Winter nichts zum Leben.« Dann wurde er erneut einige Zeit bewußtlos. Danach fantasierte er wieder eine Weile. Er pflügte mit den Maultieren und rief ihnen etwas zu. Sie pflügten die Baumwollfelder, und er rief: »Öffnet das Tor! Öffnet das Tor!« Dann war er wieder eine Weile still.

Um vier Uhr am Sonntagmorgen suchte ich mir ein leerstehendes Zimmer im Krankenhaus, um ein wenig zu schlafen. Um sechs Uhr hörte ich jemanden beten. Es war mein Vater, der im gleichen Zimmer am anderen Ende vor einem Bett kniete.

Erst als ich mich im Bett aufrichtete, merkte mein Vater, daß ich im Zimmer war. »J. R.«, sagte er, »komm jetzt lieber mit in das Zimmer deines Bruders. Er stirbt.«

Ich ging mit ihm und sah meine Mutter auf Jacks Bett sitzen und seine Hand halten. Dr. Hollingsworth summte nicht mehr. Dieser nüchterne Arzt, der schon Hunderte von Menschen hatte kommen und gehen sehen, kniete neben dem Bett auf der Erde und betete: »Herr, ich habe alles getan, was ein Arzt tun kann. Nur du, du großer Arzt, kannst ihn noch retten. Es liegt nun nicht mehr in meiner Hand.«

Jacks Bauch war schrecklich geschwollen. Er lag auf seinem Kissen; sein Gesicht war aschfahl, und er rang nach Luft. Ich erinnere mich, wie ich in der Reihe stand, um mich von ihm zu verabschieden. Er war noch immer bewußtlos. Ich beugte mich über sein Bett und drückte meine Wange gegen seine und sagte: »Auf Wiedersehen, Jack.« Das war alles, was ich hervorbringen konnte.

Meine Mutter und mein Vater knieten neben dem Bett.

Um 6.30 Uhr wachte Jack auf. Er öffnete die Augen und fragte: »Warum weint ihr denn um mich? Mama, wein' nicht wegen mir. Hast du den Fluß gesehen?«

Mutter antwortete: »Nein, mein Sohn.«

»Ich habe geglaubt, ich müßte auf das Feuer zugehen, aber jetzt bin ich auf dem Weg in die andere Richtung, Mutter. Ich bin an einem Fluß entlanggegangen; da war das Feuer auf der einen und der Himmel auf der anderen Seite. Ich habe geschrien: ›Gott, ich möchte doch in den Himmel kommen. Weißt du das nicht mehr? Laß mich nicht in das Feuer gehen.‹ Plötzlich drehte ich mich um, und nun, Mama, hörst du die Engel singen?«

Sie sagte: »Nein, mein Sohn, ich kann sie nicht hören.«

Er drückte ihre Hand, schüttelte ihren Arm und sagte: »Mama, das mußt du doch hören!« Tränen rannen über seine Backen, und er sagte: »Mama, hör die Engel! Dorthin gehe ich, Mama.«

Staunend hörten wir zu.

»Was für eine wunderschöne Stadt«, sagte er. »Und die Engel singen! O Mama, ich wünschte, du könntest die Engel singen hören!« Das waren seine letzten Worte. Dann starb er.

Es war, als ob ein schwerer Druck von uns allen gewichen wäre. Es war nicht nur die Last der acht Tage, in denen wir um Jacks Leben gekämpft hatten. Es war viel mehr. Wir hatten Jack in einer solchen Seligkeit und Himmelssehnsucht sterben sehen, daß wir fast froh für ihn waren. Wir sahen in unserer Vorstellung, was er gesehen hatte – eine Vision des Himmels.

Jack wurde nach Hause gebracht und bis zur Beerdigung in unserem Wohnzimmer aufgebahrt. In diesen zwei Tagen wurden mehrere Gebetsversammlungen gehalten. Die Menschen knieten neben seinem Leichnam.

Ich erinnere mich an einzelne, die Gott dafür dankten, daß Jack einen so großen Einfluß auf ihr Leben ausgeübt hatte.

Von der 14. Straße kam jemand vorbei, den wir vorher noch nie gesehen hatten, den Jack aber wohl gekannt hatte. Jack hatte den Leuten ihre Zeitungen gebracht und hatte immer ein gutes Wort für sie gehabt, wie zum Beispiel: »Ich hoffe, der Herr wird es regnen lassen, damit eure Baumwolle wächst.«

Bei seiner Beerdigung wurde über das 14. Kapitel des Johannes-Evangeliums gepredigt, ein Abschnitt, der bei vielen Beerdigungen verwendet wird. Natürlich sind diese Verse für mich jedesmal, wenn ich sie höre, von besonderer Bedeutung.

»Und er sprach zu seinen Jüngern: Euer Herz erschrecke nicht. Glaubet an Gott und glaubet an mich. In meines Vaters Hause sind viele Wohnungen. Wenn's nicht so wäre, so wollte ich zu euch sagen: Ich gehe hin, euch die Stätte zu bereiten. Und wenn ich hingehe, euch die Stätte zu bereiten, so will ich wiederkommen und euch zu mir nehmen, auf daß ihr seid, wo ich bin« (Verse 1-3).

Die Erinnerung an Jacks Tod, seine Vision vom Himmel, die Wirkung, die sein Leben auf andere hatte, und das Wesen Jesu Christi, das er ausstrahlte, hat mich mehr beeinflußt als alles andere, was ich sonst in der Begegnung mit Menschen empfangen habe.

5

Das Mittagsprogramm im Radio

Als wir nach der Beerdigung nach Hause gingen, kam mir eine neue Erkenntnis. Ich sah plötzlich das Leben mit ganz anderen Augen an. Ich war überrascht, fast schockiert, daß sich mit Jacks Tod zu Hause nichts verändert hatte. Die Pappeln waren noch grün. Die Spottdrossel saß noch immer im Nest. Die Hühner gackerten im Hühnerhaus. Der Wind wehte weiter. Das Gras wartete darauf, gemäht zu werden. Die Uhr ging weiter, und Jacks Bibel lag noch immer neben seinem Bett.

Ich lief über die Weiten des Deltalandes. Wußte die Welt denn nicht, daß Jack tot war? Wie konnte die Baumwolle es wagen weiterzuwachsen?

Als ich allein über die kleine sandige Anhöhe schlenderte, wo Vater, Jack und ich Wassermelonen gepflanzt hatten, fand ich so etwas wie eine Antwort auf meine Fragen, und es tat weh: Sterben ist ein Teil des Lebens.

Weiter hinten im Feld lag ein kleiner Tümpel. Genau in

der Mitte dieses Tümpels stand die größte Zypresse der ganzen Gegend. Sie stand ganz allein. Genauso allein stand auch ich, aber das wollte gelernt sein. Die Zypresse war völlig abgestorben, aber der Stumpf stand noch groß und stark da. Neue Zypressentriebe wuchsen aus ihm hervor. Die Baumkrone war abgebrochen und der Stamm von einem Sturm des vergangenen Sommers zersplittert. Wie oft waren Jack und ich auf diesen Baum geklettert! Dabei hatten wir uns an den Ranken, die ihn umschlangen, festgehalten.

Eines Tages würde die alte Zypresse vollends fallen. Und das war gut so. Ich würde nie mehr dorthin zurückkehren. Aber es würde noch lange dauern, bis der Stamm verfault war. Und es würde auch lange dauern, bis die neuen Triebe herangewachsen waren; und es würde viel Zeit vergehen, bis ich meinen Schmerz über den Verlust von Jack vergessen hätte.

In diesem Frühjahr regnete es viel. Man konnte fast sehen, wie das Unkraut wuchs.

Wenn die Schule aus war, harkten Mutter, Reba und ich die Felder, während Vater die Baumwollfelder pflügte. Joanne und Tommy brachten uns Wasser von der Pumpe an der Hintertür unseres Hauses.

Wenn Mutter nach dem Fühstück mit der Hausarbeit fertig war, half sie auf dem Feld von sieben Uhr morgens bis elf Uhr. Dann ging sie nach Hause, um das Mittagessen fertigzumachen. Um ein Uhr war sie wieder zurück und arbeitete mit uns auf dem Feld, bis sie gegen fünf Uhr das Abendessen richten mußte.

Sehr oft sahen Reba und ich in diesem Sommer des Jahres 1944 Tränen über Mutters Wangen laufen, während sie die Baumwolle harkte. Wir hörten sie beten: »Warum, warum, o Herr, warum, warum?« Oft sagte sie, daß sie nur durch die Güte Gottes von einem Tag zum anderen überlebe. Auch als der lange, heiße Sommer vorüber war, ließ ihr Schmerz nicht nach.

Reba und ich sangen auf dem Baumwollfeld, wie Jack und

ich es einst getan hatten. Früh am Morgen fing ich an und sang bei der Arbeit ein Lied nach dem andern. Ich hatte eine besondere Begabung dafür, Lieder, die ich im Radio gehört hatte, im Gedächtnis zu behalten. Darum gingen mir die Lieder nie aus.

Im Alter von elf bis zwölf Jahren hatte ich eine hohe Tenorstimme, die man meilenweit hören konnte. Eine meiner Lieblings-Gospelgruppen waren die »Chuck Wagon Gang«, und ich war der Meinung, daß die Frau, die die Tenorstimme in dieser Gruppe sang, ein Engel sein müsse. Ich versuchte, so zu singen wie sie.

»Mein Zelt steht jeden Tag
im Lande Kanaan.
Und mit Entzücken sehe ich
dies Paradies mir an.
Glory Halleluja.
Ja, ich fand das verheißene Land,
und ich zelte,
ich zelte,
im wunderschönen Kanaan*.«

Dann sagte ich: »Nun sing du eins, Reba!« Und sie sang »Du bist mein Sonnenschein«. Dann sang ich wieder eins:

»Weil Großvaters Uhr
viel zu groß war für das Regal,
stand sie neunzig Jahre in der Ecke.
Anderthalbmal so hoch
wie der alte Mann selbst,
wog sie trotzdem kein Gramm mehr als er.«

---

* »Everyday I am Camping« von Albert E. Brumley © 1937 E. M. Bartlett in »Springtime Echoes«. © erneuert 1965 Albert E. Brumley. Albert E. Brumley und Söhnen übertragen. Alle Rechte vorbehalten.

Danach sagte ich: »Jetzt bist du wieder dran, Reba. Sing noch eins!« Und sie sang wieder: »Du bist mein Sonnenschein.« Es war das einzige Lied, das sie kannte.

So ging das weiter. Ich sang den ganzen Tag ein Lied nach dem anderen, und jedesmal, wenn ich eine Pause machen mußte, sang Reba »Du bist mein Sonnenschein«.

In den nächsten Jahren wurden Reba und ich recht gute Freunde. Wir gingen samstags miteinander ins Kino und auch morgens den halben Kilometer zum Schulbus. Aber nie konnte sie Jack ersetzen. Sie hat wohl auch nie gedacht, daß sie das könnte.

Kein Sonntag verging, an dem unsere Familie den Gottesdienst versäumt hätte. Auch die Gebetsstunde wurde jeden Mittwochabend besucht. Mein Vater war Mitarbeiter in der Sonntagsschule und wurde zum Diakon der Gemeinde ernannt.

Ich fühlte mich allmählich erwachsen genug, um vor dem Gottesdienst draußen vor der Kirche bei der Gruppe der Männer zu stehen und ihrer Unterhaltung zuzuhören. Es gab nur zwei Gesprächsthemen: Thema Nummer eins war die Baumwolle.

»Wie steht deine Baumwolle?«

»Ganz gut. Ich hoffe, daß sie nicht vom Unkraut erstickt wird.«

»Was meinst du, wird sie uns diesmal wohl zweiunddreißig Cent bringen?«

»Wenn der Krieg bis zur Ernte vorbei sein wird, werden die Preise bestimmt sinken.«

»Ich habe letzten Herbst mit dem Delta-Pine-Samen eine Mittelklasse-Ernte erzielt.«

»Bei mir hat es noch nie zu mehr als Mittelklasse-Ernten gereicht – das ganze Jahr über.«

»Mittelklasse ist doch nicht schlecht!«

»Ist das dein Junge, Ray?« fragte einer der Farmer, wobei er auf mich zeigte.

»Gewiß«, antwortete mein Vater.

»Er ist ganz schön groß. Wie alt ist er denn?«
»Dreizehn Jahre«, sagte Vater. »Er wird einmal ein stattlicher Mann, wenn er ausgewachsen ist.«
Kurz vor Beginn des Gottesdienstes kam Thema Nummer zwei an die Reihe: der Prediger. Er wurde nicht kritisiert, aber auch nicht gelobt. Es war einfach so, daß die Gemeindeglieder, und besonders die Männer, ihre Meinung über das austauschten, was der Prediger in der vergangenen Woche gesagt oder getan hatte.

Das war wohl so die Art der Gemeindeältesten, und wahrscheinlich geschah es ohne besondere Absicht. Man wollte sich einfach gegenseitig bestätigen, daß der Gemeindepastor seine Herde richtig leitete und ordentlich nährte.

Unser Pastor in Dyess war gleichzeitig eine Säule der Gemeinde und ein Mann Gottes. Er war ein gut aussehender Mann mit durchdringenden Augen und welligem Haar. Er hielt sich in seiner Verkündigung streng an die Bibel. Hal Gallop war sein Name.

Eines Sonntags kündigte Pastor Gallop an, er wolle gern für drei Monate vom Dienst in der Gemeinde entbunden werden, um ein Bibelseminar zu besuchen. Am nächsten Sonntag würde er gern die Gemeinde darüber abstimmen lassen, ob sie ihn dorthin schicken wolle oder nicht. Er erläuterte dann, wie gut das Seminar sei, das er besuchen wolle, und wieviel besser er dann später der Gemeinde das Wort Gottes verkündigen könne. Er sei überzeugt, die Gemeinde werde damit einverstanden sein, daß er drei Monate in diesem Seminar weiterstudiere. Er sprach lange über die Vorteile, die alle von diesem Seminar hätten, und warum die Weiterbildung für den Pastor einer wachsenden Gemeinde wie hier in Dyess so notwendig wäre.

Als am folgenden Sonntag der Gottesdienst begann, sagte er mit einem siegesgewissen Lächeln: »Jeder, der nicht damit einverstanden ist, daß ich das Bibelseminar besuche, möge aufstehen.«

Die ganze Gemeinde erhob sich.

Von Pastor Gallops Gesicht verschwand das Lächeln, und Tränen liefen seine Wangen herunter. Da stand mein Vater auf und sagte: »Bruder Gallop, wir haben über diese Angelegenheit gesprochen und sind der Meinung, daß wir es uns nicht leisten können, Sie zum Bibelseminar zu schicken. Im Sommer hat in einer Baumwollgegend niemand Geld. Wir sind stolz auf Sie. Wir haben Vertrauen zu Ihnen, weil Sie das Evangelium verkündigen. Für uns reicht Ihre Ausbildung vollkommen!«

Der Rest der Gemeinde setzte sich, und mein Vater blieb allein stehen.

Da erwiderte Pastor Gallop: »Bruder Cash, ich nehme die Entscheidung der Gemeinde zur Kenntnis und erkläre mich damit einverstanden.«

Als sich Vater gerade setzen wollte, fügte Pastor Gallop hinzu: »Bruder Cash, von Zeit zu Zeit werden die Diakone aufgerufen, die Pflichten des Gemeindepredigers während dessen Abwesenheit zu übernehmen. Ich habe in den letzten drei Jahren keine Woche Urlaub gehabt und möchte über das nächste Wochenende mit meiner Familie einen Ausflug machen. Ich möchte Sie bitten, daß Sie die Predigt übernehmen.«

Mein Vater setzte sich.

Vater hat sich noch nie – weder damals noch heute – dazu berufen gefühlt zu predigen. Aber in dieser Woche des Frühjahrs 1945 hat er Tag und Nacht an nichts anderes gedacht als daran, was er predigen würde. Er sagte uns aber kein Wort von dem, was er zu predigen vorhatte.

Als er dann am Sonntag auf die Kanzel stieg, war ich sehr stolz. Jedermann war gespannt, was Ray Cash wohl predigen würde.

Aber Vater stand ruhig und gelassen da, mit der Bibel in der Hand. Er hatte seine besten Sachen angezogen, einen grauen Anzug, ein weißes Hemd und eine schwarze Krawatte. So wirkte er wie der Inbegriff des christlichen Farmer-Gentleman aus dem Süden. Sein Gesicht und seine Hände waren von den vielen Stunden harter Arbeit in der heißen Sonne tief gebräunt. Nur seine Stirn war durch den Hut, den er bei der Feldarbeit immer trug, einen Ton heller.

Nachdem die Lieder gesungen waren, bat er einen der anderen Diakone, mit uns zu beten. Dann sagte Vater: »Schlagt eure Bibeln auf, 2. Chronika 7,14.« Und er las mit lauter Stimme:

»Wenn mein Volk, über das mein Name genannt ist, sich demütigt, daß sie beten und mein Angesicht suchen und sich von ihren bösen Wegen bekehren, so will ich vom Himmel hören und ihre Sünde vergeben und ihr Land heilen.«

Ich lauschte dreißig Minuten lang wie gebannt. Vater brachte eine zeitlose Botschaft von der Not und dem Elend eines Volkes, das im Ungehorsam gegen Gott lebte. Es war eine Botschaft, die genauso auf die Weltlage von heute gepaßt hätte, wie sie auf die des Jahres 1945 paßte. Damals war der Zweite Weltkrieg noch nicht zu Ende, und die Schlagzeilen unserer Heimatzeitung berichteten täglich von Tod und Zerstörung in Europa.

Als der Gottesdienst vorüber war, drängten sich die Gemeindeglieder nach vorn, schüttelten meinem Vater die Hand und beglückwünschten ihn zu seiner Predigt. Ich glaube, daß mein verstorbener Großvater, Pastor William Henry Cash, sehr stolz über diese Predigt gewesen wäre.

*

Wenn wir im Sommer auf dem Feld arbeiteten, nahmen wir uns gewöhnlich von zwölf bis ein Uhr Zeit für das Mittagessen. Gegen zwölf Uhr aßen wir und hörten dann von 12.30 bis 13.00 Uhr das Mittagsprogramm »High Noon Roundup« des Senders WMPS in Memphis. Diese Sendung wurde von Smilin' Eddie Hill mit Ira und Charlie Louvin gestaltet. Es war eine halbstündige Varieté-Show mit Liedern, Geplauder und einer Menge Anekdoten. Es war genau das, was wir brauchten, um einen so langen Tag auf dem Feld durchzuhalten. Smilin' Eddie Hill leitete die Show, die direkt übertragen wurde. Er war ein origineller Typ. Überall im Mittleren Westen stellten die Leute diese Show ein und unterhielten sich darüber.

Ich dehnte gewöhnlich meine Mittagspause bis 13.15 Uhr aus, denn um ein Uhr sangen Eddie Hill und die beiden Louvins, die sich selbst das »Lonesome Valley Trio« nannten, fünfzehn Minuten lang Gospelsongs. Das war meine Lieblingssendung. Ich war begeistert darüber, wie Eddie Hill seine Persönlichkeit und sogar seine Stimme verändern konnte, wenn er nach Beendigung des Mittagsprogramms das Gospelprogramm ansagte.

»Hallo, Freunde und Nachbarn, hier ist Eddie Hill mit Ira und Charlie, den Louvin-Brüdern. Wir bringen jetzt für fünfzehn Minuten bekannte Gospelsongs. Vielen Dank für eure Zuschriften. Wir wollen unser erstes Lied heute für Jim Warren aus Arkansas spielen, der uns gebeten hat, es für seine Mutter, Frau Sadie Warren, in Lepanto, Arkansas, zu singen. Sie ist krank und bettlägerig. Der Herr segne Sie, Frau Warren. Hören Sie nun das Lied ›We Read of a Place that's Called Heaven‹.«

»Wir lesen von einem herrlichen Ort, dem Himmel,
für die Reinen und Freien gemacht.
Gott hat ihn wunderschön geschaffen,
denn niemals wird es dort Nacht.

Ja, wunderschön ist er gemacht,
weil Glück und Freiheit dort lacht;
ein Hafen für den, der ermüdet ist.
Der Himmel ist herrlich gemacht.«

Im Frühling des Jahres 1947 kündigte Eddie eines Tages an, daß das bekannte Mittagsprogramm »High Noon Roundup« im Auditorium der höheren Schule von Dyess aufgenommen und von dort übertragen werden würde. In den folgenden Wochen dachte und sprach ich von nichts anderem mehr, als daß ich Eddie, Ira und Charlie persönlich sehen und kennenlernen würde.

Am Abend der Show war ich zwei Stunden vor Beginn in der Schule, um zuzusehen, wie sie vorfuhren und ihre Ausstattung abluden. Ich hatte noch niemals ein so großes Auto gesehen. Ich nehme an, es war eine Limousine, obwohl ich damals noch nicht wußte, was das war. Ein ganzer Berg von Musikinstrumenten und Verstärkeranlagen, Bilder-Alben und Postern wurde von sieben oder acht Leuten abgeladen, die mit dem Auto gekommen waren.

Ich erkannte die Louvin-Brüder, die ich schon auf Bildern in der Zeitung gesehen hatte.

Ira ging mit seiner Mandoline ins Auditorium. Er trug sie so vorsichtig wie ein Baby. Charlie Louvin trat direkt auf mich zu, und ich sah, daß er mir etwas sagen wollte. Es war, als steckte mir ein Kloß im Hals. Noch nie war ich einem Radiostar so nahe gewesen. Ich hätte ihm gern so vieles gesagt – wie sehr ich die Show liebte und besonders das Gospelprogramm. Auch hätte ich ihm gern gesagt, daß ich mit meiner hohen Stimme so ähnlich wie Ira singen könnte, vor allem aber, daß ich auch einmal Sänger im Rundfunk werden möchte.

Charlie fragte: »He, wo sind denn hier die Toiletten?«

»Ich werd's Ihnen zeigen«, sagte ich und führte ihn zu den Toiletten der Jungen hinunter. Der Kloß in meinem Hals wollte einfach nicht weichen.

Als er wieder herauskam, ging ich neben ihm her zurück zum Auditorium. Dabei faßte er in seine Tasche, zog einige Salz-Cracker heraus und fing an, sie zu knabbern. Ich konnte von all dem, was ich Charlie fragen wollte, nichts anbringen. Aber immerhin, ich ging neben einem der Sänger, die ich so sehr verehrte.

»Sind diese Cracker gut für Ihre Stimme?« fragte ich schließlich.

»Gut für den Magen, wenn man Hunger hat«, erwiderte Charlie und verschwand im Auditorium. (Später aß ich

57

selbst jahrelang Cracker, wann immer ich welche in die Finger bekam.)

Die Show verlief so, wie ich es mir gewünscht hatte. Eddie Hill war ganz groß in Form mit seinen Anekdoten und Albereien. Ira Louvin ahmte eine Frau nach, die er Sal Skinner nannte, und erntete dafür stürmischen Beifall. Die Musiker vom Radio waren in voller Besetzung da: »Lightning« Chance, Paul Buskirke, Tony Cinciola, die ganze Mannschaft.

Ich saß mitten in der ersten Reihe und erzählte allen meinen Freunden, daß ich mit Charlie Louvin gesprochen hatte und daß ich nun wüßte, warum er so gut singe (wegen der Salz-Cracker!).

Nach einigen weiteren Liedern und Gospelsongs des »Lonesome Valley Trios« ging die Show zu Ende. Ich schaute zu, wie sie ihre Instrumente wieder ins Auto luden.

Einige Leute standen um sie herum, baten um Autogramme und unterhielten sich mit ihnen. Ich aber stand dabei und brachte kein Wort heraus. Mich hätte ja auch niemand ernst genommen, wenn ich gesagt hätte: »Eines Tages werde ich auch soweit sein! Darauf könnt ihr euch verlassen!« Das stand für mich fest.

Ich winkte ihnen nach, als sie nach Memphis abfuhren und in einer Staubwolke verschwanden. Nur Charlie winkte zurück, und das hat mir viel bedeutet. Es war wie damals, als ich drei Jahre alt war und neben den Eisenbahngleisen stand, wenn der Zug vorüberfuhr. Ich winkte dann dem Lokomotivführer zu, und es war für mich ungeheuer wichtig, daß der Lokomotivführer zurückwinkte. Dann rief ich ganz begeistert: »Er hat mich gesehen, er hat zurückgewinkt!«

Dasselbe Gefühl hatte ich, als Charlie Louvin zurückwinkte. Er hat sich an mich erinnert, dachte ich. Er weiß, daß ich der bin, der ihm die Toiletten gezeigt hat, der einmal Sänger werden wird. So bildete ich es mir jedenfalls ein.

Doch Charlie Louvin mußte mich ja bemerkt haben. Schließlich war ich der letzte, der noch unter der Lampe der

Bühnentür des Festsaals stand. Ich beobachtete noch die Schlußlichter der Limousine, wie sie im Staub der Straße langsam verschwanden, und ging dann nach Hause. Ich war so begeistert, daß ich die Kieselsteine unter meinen bloßen Füßen nicht spürte, als ich an diesem Abend die vier Kilometer in der Dunkelheit nach Hause marschierte und dabei all die Lieder sang, die ich auf der Bühne des Festsaals in der Schule gehört hatte.

Eine erwartungsvolle Vorfreude im Blick auf meine eigene Zukunft erfüllte mich, eine Spannung im Blick auf die Jahre, in denen ich selber auf der Bühne diese Lieder singen würde, die ich so sehr liebte. Natürlich nicht nur die lieben alten Lieder, sondern auch neue, die noch nicht geschrieben worden waren.

In der Schule träumte ich oft vor mich hin, und bald fing ich an, diese Träume zu Papier zu bringen. Ich schrieb Kurzgeschichten und Gedichte und zeichnete riesengroße Häuser in Städten, die ich noch nie gesehen hatte.

Man fragte mich, ob ich bei Schulfeiern singen möchte – Lieder wie »Trees« und den »Whiffenpoof Song« und »Drink To Me Only With Thine Eyes«. Ich willigte ein, obwohl diese Lieder eigentlich nicht nach meinem Geschmack waren.

Ich sang ohne Begleitung und ohne Mikrofon, aber ich brauchte auch kein Mikrofon. Es fiel niemandem schwer, meine kräftige, hohe Stimme zu vernehmen. Aber am liebsten hätte ich Country Songs oder »Hillbilly« Songs, wie wir sie nannten, gesungen.

»Lassen Sie mich doch bitte einen Gospelsong singen«, bat ich meine Lehrerin. Doch in Dyess, Arkansas, war, wie mir klar gemacht wurde, bei einer offiziellen Schulfeier nur der »Whiffenpoof Song« wirklich angemessen.

»Oder wie wäre es mit einem Gedicht?« schlug ich vor.
»Was für ein Gedicht?« fragte die Lehrerin.
»Eins, das ich selbst geschrieben habe«, sagte ich.
»Laß mal hören!«

»Wenn ich mich frage,
warum grad ich
fürs Leben und Sterben
gemacht bin durch dich,
weiß ich nur das,
was nie vergeht,
weil's in der Bibel
geschrieben steht.

Mein Denken wandert
weit zurück.
Ein Sechs-Tagewerk schuf Gott
Stück für Stück.
Das Licht scheint hell,
und Bäume blühn.
Das Wasser strömt, und Adler ziehn.

Es ist sehr gut,
daß erst am Schluß
der Mensch erscheint
und gehen muß.
Darin muß doch ein Sinn sein.«

»Es ist zu kurz«, sagte sie. »Sing lieber den Whiffenpoof Song!«

*

Rugby oder Basketball konnte ich in der Mannschaft von Dyess nicht mitspielen, weil es immer Arbeit auf dem Feld gab, wenn die Schule aus war. Im Frühjahr hackten und pflügten wir, im Herbst und Winter pflückten wir die Baumwolle.

Dann war da die Sache mit Virginia North, in die ich mich verliebt hatte. Ich hatte mir schon lange vorgenommen, sie zu fragen, ob sie meine Freundin sein möchte. Aber wir hatten kein Auto, mit dem ich sie einmal irgendwohin hätte fahren können. Sie hatte öfters Verabredungen mit einem Jungen aus unserer Kreisstadt Osceola. Es war eine große Sache, wenn ein Mädchen aus Dyess einen Freund in der Kreisstadt oder noch besser in Blytheville hatte, eine Stadt, die noch größer als Osceola war. Für mich war es ein schmerzlicher Anblick, als ich Virginia an einem Samstagnachmittag mit diesem Freund aus Osceola durch Dyess fahren sah.

In der Schule war Virginia mir gegenüber immer sehr freundlich. Sie lächelte mir oft zu und sprach viel mit mir, wodurch ich mich nur noch mehr in sie verliebte. Ich schrieb ihr Liebesbriefe, die ich aber nie abschickte.

Ein ganzes Jahr verging, und ich dachte, ich müßte sterben, wenn ich Virginia nicht mal ins Kino oder sonstwohin einladen könnte.

Im Winter 1947 bekamen wir endlich unser erstes Auto, einen Ford, Baujahr 1935, mit mechanischen Bremsen. Die Bremsen funktionierten meistens nicht, und wenn, dann zu scharf.

Dennoch war das Auto ein Geschenk des Himmels – besonders für Vater und Mutter. Mit einem Auto in die Kirche fahren zu können, bedeutete, daß wir unseren Nachbarn Ted Fox nicht dauernd zu fragen brauchten. Bis dahin waren wir immer hinten in Ted Fox' Lastwagen mit zur Kirche und wieder zurückgefahren – vier Kilometer, und das im Sommer wie im Winter.

Es dauerte allerdings nicht lange, bis alle Fenster aus dem alten Ford herausgefallen waren. Sie waren durch das Geholper auf dem Kopfsteinpflaster buchstäblich in Stücke zersprungen. Wenn es regnerisch oder kalt war, setzten wir einfach Pappdeckel ein, die die Scheiben zu ersetzen hatten. Eine Heizung gab es in diesem Vehikel auch nicht, aber das alles war immer noch besser als auf Ted Fox' Lastwagen.

An einem regnerischen Samstagnachmittag, ich war ungefähr 16 Jahre alt, fuhr ich am Café von Dyess vor, wo sich die Teenager der Stadt am Wochenende gewöhnlich trafen. Sie kamen natürlich nie dorthin, um nach der Speisekarte zu essen. Sie bestellten höchstens einen Hamburger oder heiße Würstchen, wenn sie es sich leisten konnten, oder sie warfen auch nur einen Nickel in die Musikbox, um Eddy Arnold oder Red Foley zu hören.

Dyess hat keinen viereckigen, sondern einen runden Marktplatz. Ich kreise also um den Platz herum, wirbelte alle möglichen Kieselsteine auf und schwenkte dann ein, um vor dem Café zu parken. Und dort am Eingang stand Virginia North. Ich trat auf die Bremsen, aber die wollten nicht. Ich riß das Steuer herum und kam gerade noch seitlich an der Eingangstür vorbei.

Virginia sprang zurück, um nicht vom Auto erfaßt zu werden. Im selben Augenblick sprangen sämtliche Pappdeckel aus den Fensterrahmen und fielen zu Boden. Sie stand da und lächelte mich an. Nachdem ich nun schon über zwei Jahre schrecklich in sie verliebt war, hielt ich das für eine Art Aufforderung.

»Wie wäre es mit einer Verabredung heute abend?« fragte ich, als ich durch den Regen hindurch auf die Tür zutrat und mit einer Kühnheit und einem Selbstbewußtsein auf sie zuging, als ob ich der Kapitän einer Basketballmannschaft wäre.

Ihr Lächeln verschwand sehr schnell. Sie trat einen Schritt zurück, betrachtete erst das Auto, dann mich und sagte schließlich: »Ich würde vielleicht mal mit dir kommen, wenn du wenigstens Scheiben in deinem Auto hättest!« Dann drehte sie sich um, ließ mich einfach stehen und ging in das Café hinein.

Ich sprang ins Auto, ließ den Motor an und wirbelte Schlamm und Kieselsteine gegen die Scheiben des Cafés, als ich nach Hause startete.

Der kalte Regen schlug mir ins Gesicht. Eine Zeitlang war mir wirklich zum Weinen zumute, doch ich entschloß mich zu lachen.

»Mach's gut, Virginia North!« sagte ich zu mir selbst. »Eines Tages werde ich ein Auto mit Fenstern haben, und du wirst dann noch immer irgendwo bei Osceola Baumwolle pflücken.«

Ich begann zu singen. Auf dem ganzen Nachhauseweg sang ich das Lied, das sie in der Musikbox im Café gespielt hatten. Es war George Morgans »Candy Kisses«, und irgendwie paßte es ganz gut.

»Negerküsse in einer Tüte
bedeuten dir mehr als Küsse von mir.
Die kannst du zu jeder Zeit haben,
dies süße Zeug, verpackt in Papier*.«

Meine Stimme wird sich noch ändern, dachte ich. Manchmal hatte ich aber auch Angst. Was wäre, wenn ich nach dem Stimmbruch nicht mehr singen könnte? Darüber machte ich mir oft Gedanken.

*

Eines Tages im Spätsommer schlugen mein Vater und ich von Sonnenaufgang bis Sonnenuntergang Holz. Ich schwang die Axt und sägte mit ihm zusammen mehr als sechs Stunden lang. Am Mittag saßen wir unter einem Baum und aßen unheimliche Mengen Biskuits, Schinken, Wurst, Eier und Milch – alles, was Mutter uns mitgegeben hatte. Dann machten wir weiter und sägten nochmals 6 Stunden lang Holz.

Als ich später zur Hintertür in die Küche hereinkam, wo Mutter das Abendessen vorbereitete, sang ich unbewußt vor mich hin.

Mutter wirbelte herum und rief erstaunt: »Wer hat denn da eben mit einer so tiefen, brummeligen Stimme gesungen?«

»Ich«, sagte ich fast genauso überrascht wie sie.

»Sing noch etwas«, sagte Mama.

* George Morgan, © 1948 Hills and Range Songs, Inc.

»Jeder soll im Glauben einst das Heil erringen.
Jeder soll im Himmel vor Gott ewig singen.
Jedem ist dort oben eine selige Zeit bestimmt.
O Glory, Halleluja.
Bruder, es gibt dereinst eine Abrechnung für uns alle.
Bist du dafür bereit?
Laß dich bitte von mir warnen.
Jedem ist dort oben eine selige Zeit bestimmt.«

Mutters Augen waren voller Tränen. »Das klingt genau wie bei meinem Vater«, sagte sie gerührt.
»Mama, hast du das gehört?« Ich war ganz aufgeregt. »Meine Stimme ist tiefer geworden! Hör mal, wie tief ich runter komme. Boom ba ba, boom ba ba, boom ba ba.« Auf einmal konnte ich tief singen!
»Gott hat seine Hand auf dir, mein Sohn«, sagte Mutter. Sie trat zurück und sah mich an. »Ich weiß zwar nicht genau, was er mit dir vorhat, aber Gott hat seine Hand auf dir!«
Als wir uns an diesem Abend zum Essen hinsetzten – der Tisch war mit einer guten warmen Mahlzeit für zwei hungrige Waldarbeiter gedeckt –, fiel kein Wort mehr darüber. Aber irgendwie hatte ich das Empfinden, daß meine Mutter recht hatte.

6

Lumpige alte Fahne

Im Juli 1950 trat ich in die US-Luftwaffe ein. Im ersten Jahr war ich an drei verschiedenen Stützpunkten in den Staaten stationiert. Nachdem ich einen Funkerkurs mitgemacht hatte, schickte man mich nach Deutschland zum Abhörfunk beim Sicherheitsdienst.

Mein Vater war stolz darauf, daß ich mich freiwillig gemeldet hatte. Wie ich früher schon erwähnte, war er ein Veteran des Ersten Weltkriegs, und drei Jahrhunderte hindurch war von der Cash-Familie Dienst in der amerikanischen Armee geleistet worden. Vielleicht ist dies auch der Grund für meine so tief verwurzelte Vaterlandsliebe und für mein Vertrauen zu diesem Land. Von unserer Familie ist eine Menge Blut für Amerika vergossen worden. Dieses amerikanische Erbe ist es auch, das mich veranlaßte, das Lied »Ragged Old Flag« (Lumpige alte Fahne) zu schreiben.

»Ich ging über den Platz vor einem Kreisgericht.
Auf einer Bank davor saß ein alter Mann.

Ich sagte: ›Euer altes Gericht ist reichlich verkommen.‹
Er erwiderte: ›Für unsre kleine Stadt reicht's.‹
Ich sagte: ›Der Fahnenmast steht schief,
und was dranhängt, ist eine lumpige alte Fahne.‹
Er sagte: ›Setz dich mal hin!‹ Ich setzte mich.
›Bist du zum erstenmal in unsrer kleinen Stadt?‹
Ich sagte: ›Ich nehm's an.‹ Er sagte: ›Ich will ja
nicht angeben, aber wir sind ganz schön stolz auf
diese lumpige alte Fahne.
Damals, als Washington über den Delaware ging,
bekam sie ihr erstes kleines Loch.
Pulverdampf verbrannte sie in der Nacht, als Francis Scott Key
sie bewachte und ›Say Can You See‹ (Sag, kannst du es sehen) schrieb.
In New Orleans bekam sie einen üblen Riß,
als Packingham und Jackson sich um sie rauften.
Bei Alamo sank sie beinahe mit der Texasflagge,
aber sie blieb doch oben.
Bei Chancellorsville wurde sie von einem Schwert erwischt,
und ein zweiter Schnitt kam dazu bei Shiloh Hill.
Zur Zeit von Robert E. Lee, Beauregard und Braggs
zerrte der Südwind ganz schön an unsrer lumpigen alten Fahne.
Im Ersten Weltkrieg verpaßte ihr in Flandern
die dicke Bertha ein großes Loch.
Blutrot wurde sie im Zweiten Weltkrieg.
Schlaff hing sie da, als alles vorbei war.
Sie war in Korea und in Vietnam.
Sie ging, wohin Onkel Sam sie schickte.
Sie wehte von unseren Schiffen über salzigem Schaum,
und jetzt wollen sie sie abtakeln.
Im eignen Land soll sie plötzlich nichts mehr wert sein.
Sie wurde verleugnet, entehrt, verbrannt und verraten.
Die Regierung, für die sie weht,

ist im ganzen Land verschrien.
Sie ist fadenscheinig und abgenutzt,
aber für das, was sie mitgemacht hat, sieht sie noch
gut aus.
Sie ist schon oft durchs Feuer gegangen,
doch sie verträgt noch eine Menge mehr.
So hissen wir sie jeden Morgen und holen sie
zur Nacht wieder ein.
Wir lassen sie nicht fallen und werden sie
in Ehren halten.
Und nun möchte ich doch mit ihr prahlen,
denn ich bin mächtig stolz auf diese
alte lumpige Fahne*.‹«

Als ich eingezogen wurde, ging es bei vielen meiner Kameraden nach folgendem Rhythmus: Wenn sie ihren dreitägigen Ausgang hatten, waren sie drei Tage lang betrunken. Dann kamen sie zurück und machten sechs Tage Dienst, um sich dann wieder drei Tage lang zu betrinken. Ich trank nicht, und es waren noch ein paar Jungen in meiner Gruppe, die ebenfalls nicht tranken. Deshalb suchte ich mir diese aus, wenn ich ausgehen wollte. Gewöhnlich war es aber meine Liebe zur Musik, die mich mit Freunden zusammenführte, mit Kameraden, die aus dem gleichen Landesteil kamen, aus dem ich stammte. Es waren vier oder fünf. Sie spielten Gitarre, Mandoline und Banjo. In musikalischer Hinsicht waren wir zwar noch ziemlich rauh und ungehobelt, aber ich glaube nicht, daß mir das Zupfen jemals größere Freude bereitete als während jener kalten Abende in Deutschland, an denen wir Lieder wie »The Wild Side of Life« (Das ausgelassene Leben), »Movin' On« (Weitergehen), »Dim Lights« (Trübe Lichter), »Thick Smoke« (Dicker Rauch) und »Great Speckled Bird« (Der große bunte Vogel) sangen. Sooft wir zusammen musizierten, kamen wir unweigerlich

* Von John R. Cash, © 1974 House of Cash, Inc.

auf die Gospelsongs zurück. Wir sangen drei- oder vierstimmig und füllten damit viele Abende aus. Diese Lieder versetzten uns nach Hause.

In Deutschland trinkt sozusagen jedermann Bier, und weil das üblich ist, verfällt man leicht in den Fehler – wie auch bei vielen anderen Dingen –, diese Gewohnheit als ganz normal zu empfinden. Auch bei mir war es so, denn je mehr Wochen und Monate ins Land zogen, um so ferner rückten mir Dyess, Arkansas, die kleine Kirche dort und alles, was ich in der Heimat gelernt hatte, wie auch das Leben, das ich dort geführt hatte. Die Briefe, die ich meinen Lieben nach Hause schickte, wurden immer seltener, und schließlich hörte ich ganz auf zu schreiben.

Vom Bier ging ich zum deutschen Weinbrand über, und damit wurde es immer schlimmer mit mir. Ich glaube, ich war damals auf dem Wege, ein gottloser Mensch zu werden, denn ich merkte zum erstenmal in meinem Leben, wie gut ich fluchen konnte. Die Sauferei und das Luderleben hatten eine ganze Reihe anderer schlechter Angewohnheiten im Gefolge, die mir sehr schnell zur zweiten Natur wurden.

Im ersten Jahr ging ich noch regelmäßig in die Kapelle der Kaserne, aber durch den unregelmäßigen Dienst, der entweder von Mitternacht bis acht Uhr oder von acht Uhr vormittags bis fünf Uhr nachmittags oder von fünf Uhr nachmittags bis Mitternacht dauerte, hatte ich immer gute Gründe, den Besuch der Gottesdienste zu vernachlässigen.

Als mir die Trinkerei zur Gewohnheit wurde, ging ich dann gar nicht mehr hin. Im dritten Jahr meines Aufenthalts in Deutschland hatte ich mich ganz von der Kirche abgewandt. Bei jedem dreitägigen Ausgang schloß ich mich den Saufkumpanen an. Nur gelegentlich verbrachte ich die drei freien Tage mit meinen Freunden Bill Carnahan und Ted Freeman beim Angeln.

Einer unserer beliebtesten Angelplätze war ein Forellenbach bei einem Städtchen namens Groß-Kitscherkoffen. Wir fingen Fische, tranken Bier und kochten die Fische mitten auf dem Dorfplatz. Zum Schluß hatten wir regelmäßig Ärger mit der Ortspolizei, weil wir den Frieden störten. Doch gewöhnlich wiesen sie uns aus dem Ort, anstatt uns einzusperren.

Eine andere bevorzugte Angelstelle lag in dem bayrischen Ort Oberammergau. Oberammergau ist weltbekannt durch seine Passionsspiele, die alle zehn Jahre aufgeführt werden.

Wir hatten mehrere gute Angelplätze, aber der Bach in Oberammergau war der beste. In Oberammergau tranken wir weniger Bier als anderswo.

Die Berge rings um das Städtchen waren atemberaubend schön. Wir saßen auf unserem Kasten Bier und kamen im Laufe des Tages auf die Passionsspiele zu sprechen. Dann fingen wir natürlich auch an, über Gott und die Religion zu sprechen. Es scheint mir, daß auch ein Christ, wenn er zuviel getrunken hat, gar nicht anders kann, als über seine innersten Gefühle zu sprechen.

Die Tage in Oberammergau gingen meistens nüchtern und friedlich zu Ende. Dabei regte sich immer etwas in meinem Gewissen, wenn ich in die Kaserne zurückkehrte. Das kam nicht vom Bier, sondern von der Atmosphäre von Oberammergau, die mich irgendwie an die Kirche und an meine Angehörigen zu Hause erinnerte und an den Herrn, dem ich einmal so nahe gewesen war und mit dem ich nun nur noch gelegentlich sprach.

In meinem letzten Jahr in Deutschland beteiligte ich mich während der Drei-Tage-Ausgänge, die allerdings nicht allzu häufig waren, auch an allem anderen, was mit dem Trinken einhergeht. Zwischen diesen freien Tagen arbeitete ich hart in meiner Dienststelle beim Sicherheitsdienst der Luftwaffe.

Als Stabsfeldwebel kehrte ich in die Vereinigten Staaten zurück und wurde am 4. Juli 1954 in Ehren entlassen. Von einer Auseinandersetzung hatte ich eine etwas schiefe Nase davongetragen. Außerdem war ich durch eine Narbe auf der Wange gezeichnet, die mir ein angetrunkener deutscher Arzt beigebracht hatte, als er eine Zyste beseitigen wollte und sie nicht finden konnte. Dann konnte ich zeitweilig mit dem linken Ohr nichts hören, weil mir ein deutsches Mädchen einmal einen Bleistift hineingesteckt hatte. Sonst war ich in guter Verfassung, als ich zu meinen Angehörigen nach Hause kam. Hier wartete außer meinen Leuten auch ein Mädchen aus San Antonio namens Vivian Liberto, das ich einen Monat später heiratete.

Vivian und ich hatten uns während der drei Jahre, die ich in Deutschland war, geschrieben. Sie kam aus einer streng katholischen Familie. Ihre Familie und auch meine Angehörigen hatten im Blick auf unsere Heirat starke Bedenken wegen unserer unterschiedlichen Konfession. Unsere Antwort war die gleiche, die schon zahllose junge Leute in unserer Situation gegeben hatten: »Wir glauben an denselben Gott. Es gibt nur einen Jesus Christus.« Und doch wußten wir, daß dies wirklich ein Problem war, mit dem wir uns ernsthaft auseinanderzusetzen hätten.

Ich war damit einverstanden, daß alle Kinder, die aus unserer Verbindung hervorgehen sollten, im katholischen Glauben erzogen würden. Auch versprach ich, daß die Kinder zum katholischen Gottesdienst gehen, nach dem katholischen Katechismus unterwiesen werden und alle Regeln und Bräuche dieser Kirche befolgen sollten.

Wir wurden von Vivians Onkel, Pater Vincent Liberto aus New Orleans, getraut.

Nach unserer Heirat verlief meine geistliche Entwicklung recht merkwürdig. Einem Vorschlag von Vivians Vater, Tom Liberto, folgend, einem der feinsten Christen, die ich je kennengelernt habe, absolvierte ich bei einem katholischen Priester aus Memphis einen sechsmonatigen Kurs im katholischen Glauben. An den Sonntagen fuhr ich Vivian um neun Uhr zum katholischen Gottesdienst und ging dann allein zu meinem evangelischen Gottesdienst um 10.30 Uhr.

Die Unterweisung im katholischen Glauben verhalf mir zu besserem Verständnis für und zur Toleranz gegenüber anderen Glaubensrichtungen. Davon profitiere ich heute noch. In all den Jahren, in denen Vivian und ich verheiratet waren, war das Thema Religion ein Punkt, über den wir uns nie stritten. Ich anerkannte ihren Glauben und die Lehren ihrer Kirche. Auch stellte ich ihren Glauben nie in Frage, denn ich war davon überzeugt, daß er echt war, und ich hatte den Eindruck, daß auch der katholische Gottesdienst eine Möglichkeit aufrichtiger Anbetung bietet.

Als unsere süßen kleinen Töchter Rosanne, Kathleen, Cindy und Tara heranwuchsen, brachte ich sie sonntags gewöhnlich zur Kirche, wenn ich zu Hause war. Wenn ich sie auch nie selber im katholischen Glauben unterwies, förderte ich doch ihre Unterweisung zu Hause. Da ich wußte, wie einige Mitglieder meiner Familie darüber dachten, vermied ich es, dieses Thema ihnen gegenüber anzuschneiden. Von Zeit zu Zeit erzählte ich meinen Töchtern von meinem Glauben und erklärte ihnen, wie ich die Erlösung verstand. Doch hielt ich mich stets an das Gelübde, das ich bei meiner Eheschließung abgelegt hatte, daß die Kinder katholisch erzogen werden sollten.

In unserem Heim herrschte lange Zeit echte Liebe und Frieden. Die üblen Angewohnheiten, die ich mir in Deutschland zugelegt hatte, waren überwunden. Für Alkohol hatte ich nie besondere Vorliebe gehabt; deshalb war es für mich leicht, auf ihn zu verzichten. Aber mehr als das, ich hatte meine Ehe mit dem Vorsatz begonnen, das Beste daraus zu machen.

Bei einer Firma für moderne Haushaltsgeräte in Memphis bekam ich eine Stelle als Vertreter. Das war ein Job, für den ich völlig ungeeignet war. Aber da ein Baby unterwegs war, die Raten für das Auto und die Miete für unsere kleine Wohnung zu bezahlen waren, klopfte ich den ganzen Tag an fremde Türen und versuchte, so gut ich konnte, Kühlschränke, Waschmaschinen, Aluminiumverkleidungen und schmiedeeiserne Zierstücke zu verkaufen.

Eines Tages, nachdem mir besonders häufig die Türen vor der Nase zugeknallt worden waren, machte ich für diesen

Nachmittag einen letzten Versuch. Auf mein Klopfen erschien eine Frau.

Ich sagte: »Sie wollen doch sicher auch nichts kaufen, gnädige Frau, oder?«

»Ich weiß nicht. Was verkaufen Sie denn?«

»Nichts.«

»Ja, warum haben Sie dann bei mir geklopft?«

»Damit Sie das Maß vollmachen könnten, indem Sie ›nein‹ sagen.«

»Machen Sie, daß Sie fortkommen, sonst rufe ich die Polizei!« schimpfte sie.

»Wie wär's mit einer gebrauchten Waschmaschine? Sie hat erst neun Besitzer vor Ihnen gehabt«, sagte ich und lachte vor mich hin, als sie mir die Tür vor der Nase zuschlug.

Ich konnte mich einfach für nichts anderes begeistern als für Musik. Ich verbrachte mehr Zeit damit, in meinem Auto Radio zu hören, als von Tür zu Tür zu gehen.

Nachts lag ich stundenlang wach und hörte die Musiksendungen. Ich hatte in Deutschland ein paar Lieder geschrieben, die ich für meine Freunde und für meine Familie sang. Deren Ermutigung und Beifall bestärkten mich in dem Wunsch, in die Welt der Musik einzusteigen.

In meinem »kleinen schwarzen Buch«, wie ich es nannte, hatte ich die Adressen und Namen aller Leute stehen, die ich kannte. Als ich dieses Büchlein eines Morgens durchblätterte, sah ich einen Namen: John Bell, Radio Station WMCA, Corinth, Mississippi.

Diesen Namen hatte mir Tom Weaver, ein Freund von der US-Luftwaffe in Deutschland, gegeben. Tom hatte gesagt: »Wenn du einmal als Diskjockey oder als Ansager im Radio anfangen willst, geh zu John Bell in Corinth; vielleicht kann er dir helfen.«

Prompt fuhr ich mit meinem grünen Plymouth in südöstlicher Richtung nach Corinth und betrat einige Stunden später die Studioräume des WMCA. »John Bell« stand an einer Tür.

Ich wollte gerade eintreten, als ich hinter einer der Glasscheiben des Kontrollraumes am Ende des Flures jemanden singen hörte. Der Sänger war Buddy Bain. Er hatte gerade sein Programm beendet und angesagt, wo er demnächst persönlich auftreten werde.

Ich wartete, bis er herauskam. »Ich habe Sie im Radio singen hören, als ich von Memphis hier herunterfuhr«, sagte ich. »Es klingt ausgezeichnet.«

»Sehr erfreut, Sie zu treffen«, sagte er im Vorbeigehen.

»Was meinen Sie, ob ich wohl mal mit Herrn Bell sprechen kann?« fragte ich.

»Vielleicht«, sagte er. »Worum geht es denn?«

»Um einen Job«, sagte ich. »Ich bin Sänger und Ansager.« Dabei hatte ich ein bißchen zu dick aufgetragen. Deshalb fügte ich hinzu: »Kennen Sie Tom Weaver? Er ist ein Freund von mir.«

»Natürlich kenne ich den«, sagte Buddy. »Ist er immer noch in Deutschland?«

»Ich denke schon«, sagte ich.

Er öffnete die Tür zu John Bells Zimmer und steckte seinen Kopf hinein. »Kannst du mal einen Freund von Tom Weaver empfangen?« fragte Buddy.

John Bell war sehr freundlich zu mir. »So, Sie werden also beim Rundfunk mitarbeiten?« sagte er. »Was veranlaßt Sie zu dieser Annahme?«

»Das nehme ich nicht nur an«, sagte ich, »ich bin davon überzeugt. Eines Tages werde ich singen und Schallplatten machen. Aber bis ich soweit bin, könnte ich mich ja als Ansager oder Diskjockey betätigen, wenn Sie mir eine Chance geben.«

»Was macht Sie eigentlich so sicher? Haben Sie irgendeine Vorbildung? Haben Sie Berufserfahrung?« fragte er.

»Nein«, sagte ich.

»Haben Sie überhaupt schon einmal in ein Mikrofon gesprochen?« fragte er.

»Nein«, gestand ich.

»Dann habe ich leider keinen Job für Sie«, entgegnete er.
»Durch forsches Auftreten allein bekommen Sie bestimmt keine Anstellung. Ein bißchen Ausbildung gehört schon dazu.«

»Und wo kann ich die bekommen?« fragte ich.

»Versuchen Sie es mal an der Keegan Rundfunksprecherschule in Memphis«, sagte er. »Dort können Sie mit Ihrem GI-Ausweis hingehen. Wenn Sie den Kurs beendet haben, kommen Sie wieder zu mir.«

»Werden Sie mir dann einen Job geben?« bohrte ich.

»Das kann ich nicht versprechen«, lächelte er. »Aber dann können wir wenigstens darüber reden.«

Also meldete ich mich unverzüglich an der Keegan-Schule an, um zu lernen, wie man Ansager oder Nachrichtensprecher oder Diskjockey wird. Ich ging nur halbtags dorthin, weil ich ja immer noch unseren Lebensunterhalt verdienen mußte. Fünf Monate lang besuchte ich diese Schule. Der Unterricht machte mir große Freude, besonders die Stunden, in denen ich Diskjockey »spielte«. Dabei betete ich ständig um eine offene Tür in die Welt der Musik.

Allmählich sah ich einen Weg vor mir, obgleich ich wußte, daß es nicht einfach sein würde, diese Tür zu öffnen und hindurchzugehen.

Mein Bruder Roy stellte mich zwei Freunden vor, die Mechaniker waren, Marshall Grant, der Baß spielte, und Luther Perkins, der elektrische Gitarre spielte. Wir drei wurden Freunde und machten fast jeden Abend bei Roy oder bei mir zu Hause Musik. Freunde und Nachbarn kamen vorbei und hörten zu, und wir sangen Abend für Abend bis in die frühen Morgenstunden hinein, einfach, weil es uns Spaß machte.

Ich sang alle beliebten Country-Songs, all die alten Songs, die zu meiner Stimme paßten. Und Marshall begleitete mich bei den Gospelsongs mit seinem Tenor. Er kam aus den Bergen von North Carolina und hatte sie, genau wie ich, durchs Radio kennengelernt.

Luther Perkins mit seinem einzigartigen Schlag auf der Gitarre war der Sohn eines Baptistenpredigers aus Mississippi. Daß er mit diesen Liedern vertraut war, war ganz selbstverständlich.

Es paßte sehr gut, daß wir zuerst in einer Kirche in North Memphis auftraten. Einer unserer Nachbarn, der uns gehört hatte, fragte uns, ob wir ein paar Lieder beim Sonntagabendgottesdienst in seiner Gemeinde singen könnten. Wir sprachen darüber, wie wir uns anziehen sollten, und waren der Meinung, daß wir uns alle gleich kleiden sollten. Doch keiner von uns hatte einen guten Anzug, und die einzige Farbe, in der wir alle drei ein Hemd besaßen, war schwarz.

»Schwarz paßt sowieso besser für die Kirche«, sagte ich.

Deshalb zogen wir schwarze Hemden und Hosen an. (Seit diesem Tage sage ich jedem, der mich fragt, warum ich Schwarz trage, ganz einfach: »Schwarz paßt am besten für die Kirche.«)

Wir gingen durch eine Seitentür in den Altarraum. Luther stellte seinen kleinen abgenutzten Verstärker auf die Kanzel, Marshall seinen zusammengeleimten und zusammengebundenen Kontrabaß, und ich hatte meine Fünf-Dollar-Gitarre dabei, die ich mir aus Deutschland mitgebracht hatte.

Ich sang drei oder vier Gospelsongs, dann stellte ich ein Lied vor, das ich selbst geschrieben und »Belsazar« genannt hatte.

»Sie feierten und tranken Wein
und trieben Götzendienst dabei.
Was heilig war, flog in den Dreck;
doch plötzlich war ihr Frohsinn weg.
Die Geisterfinger an der Wand –
und sonst nichts; da war kein Mensch –,
die schrieben drohend hin mit Blut –
dem Belsazar entfiel der Mut:
›Du bist viel zu leicht befunden
auf der Waage.‹

Sein Reich zerfiel durch Mörderhand.
Er war viel zu leicht befunden
auf der Waage.
Das Reich, das er baute, stand auf Sand*.«

An der Reaktion auf dieses Lied während dieses Abendgottesdienstes spürte ich, daß sich eine Tür geöffnet hatte. Waren meine Gebete erhört worden?

Die große Tür, auf die ich mein Auge geworfen hatte, war die Sun Record Company, bei der Elvis Presley herausgekommen war. Als ich endlich einmal Sam Philips, den Besitzer, an der Leitung hatte, war er zwar sehr freundlich, lehnte aber entschieden ab.

Ich erzählte ihm von »Belsazar« und bat ihn, sich dieses Lied einmal anzuhören.

»Ich liebe diese Art Lieder und Gospelsongs auch, aber wir sind gezwungen, Schallplatten zu verkaufen, um im Geschäft zu bleiben. Wir sind eine kleine Gesellschaft und können es uns nicht leisten, mit einem unbekannten Künstler, der Gospelsongs singt, Experimente zu machen.«

»Ich werde dieses Lied aufnehmen, Herr Philips, ich weiß noch nicht wann, aber ich weiß, daß ich es einmal tun werde«, sagte ich.

»Nun, dann viel Glück!« Mit diesen Worten legte er auf.

Warum habe ich ihm eigentlich nicht erzählt, daß ich noch andere Lieder habe? Vielleicht gefällt ihm der »Folsom Prison Blues« sagte ich mir später.

Beim nächstenmal ging ich persönlich hin, aber ohne Anmeldung wurde ich nicht vorgelassen. Deshalb rief ich ihn wieder an. Das Vorsingen wurde erneut abgelehnt. Ich wartete eine Woche und rief nochmals an.

»Sie sind aber hartnäckig, John!« sagte Sir Philips.

»Ja«, antwortete ich.

---

* Von John R. Cash, © 1964 Southwind Music, Inc. Gesetzlich geschützt. Alle Rechte bei Hill und Range Songs, Inc.

»Gut, dann kommen Sie mal vorbei und lassen Sie mich hören, was Sie haben.«

Ich traf mich mit Marshall und Luther bei Sun Records und sang den ganzen Tag die alten und die neuen Lieder von Hank Snow, Jimmie Rodgers, Ernest Tubb und zum Schluß meine eigenen.

Obwohl er dieses Lied vorher ausdrücklich abgelehnt hatte, sang ich als erstes »Belsazar«. Und Sam nahm es auf Tonband auf. Dann sang ich weitere Lieder von mir, »Hey Porter« und »Folsom Prison Blues«.

»Ich werde einen Vertrag mit Ihnen abschließen«, erklärte Sam schließlich. »Sie müssen mir aber die Entscheidung überlassen, was kommerziell ist und was nicht. Ich muß das herausbringen, was nach meiner Meinung am besten ankommt.«

»Das ist mir recht«, sagte ich.

Die Eisenbahnballade »Hey Porter« und ein Trauerlied, »Cry, Cry, Cry«, waren die ersten beiden Lieder, die veröffentlicht wurden.

Mit dem ersten Exemplar der großen 78er Schallplatte unter dem Arm eilte ich zur Radiostation WMPS. Bob Neal war der Diskjockey, der sie auflegte. Bei den ersten Klängen von »Hey Porter« lächelte er beifällig. Das gelbe Etikett drehte sich, und ich flüsterte ein Dankgebet dafür, daß dieser Traum nun in Erfüllung gegangen war. Er drehte die Platte um, spielte die Rückseite und danach die erste Seite noch einmal.

Das »große Tor« hatte sich ein wenig für mich geöffnet. An diesem Abend ging ich nach Hause und schrieb ein Lied, das ich »My Prayer« (Mein Gebet) nannte. Dieses Lied erschien drei Jahre später bei Columbia Records auf meinem ersten Album mit geistlichen Liedern »Lead Me, Father«. Es wurde zwar niemals ein Hit, doch in den letzten zwanzig Jahren habe ich dieses Lied wohl alle paar Tage gesungen oder wenigstens in meinen Gedanken bewegt:

»Wird die Hand mir schwach
und mein Fuß mir schwer,
gib mir Kräfte,
und geh du dann neben mir her.

Gib mir Mut, vor den Leuten
aufrecht dazustehn,
und halt mich fest, wenn ich strauchle,
daß sie es nicht sehn.

Führ mich, Vater, mit dem Hirtenstab,
und gib mir den Schwung für ein Lied,
daß es nicht nur klingt,
sondern Kraft bringt
und einige arme Schlucker froh macht.

Ist mein Weg auch hell,
seh ich doch oft schlecht.
Herr, mit deiner Hand
bring meine Augen zurecht.
Zeig mir, worum es geht,
denn ich bin dein Knecht.
Gib meinem Weg die Richtung,
denn nur dann ist er echt*.«

---

* Von John R. Cash, © Southwind Music, Inc. Alle Rechte bei Hill und Range Songs, Inc.

7

Ich gehe meinen Weg

Nachdem die Schallplatte herausgekommen war, hatte ich meinen ersten öffentlichen Auftritt als Gast in einer Samstagabend-Show des Sängers Sonny James im Zeughaus von Covington, Tennessee.

Sehr schnell wurde mir klar, daß das Privatleben eines Unterhaltungskünstlers alles andere als privat ist. Das Publikum weiß immer sehr schnell Bescheid, wie die einzelnen Künstler leben, die ins Rampenlicht der Öffentlichkeit treten. Die Leute wissen genau, wer ehrlich ist und wer nicht. Es gibt kein besseres Licht, in dem man lesen kann, was im Gesicht eines Menschen geschrieben steht, als das Rampenlicht. Von Anfang an war mir klar, wie wichtig es für mich ist, bedingungslos aufrichtig und ehrlich meinen Weg mit Gott zu gehen – nicht nur um meiner selbst willen, sondern auch, um anderen etwas geben zu können.

Sonny James hatte sein Leben lang im Rampenlicht gestanden, und ich wußte, daß er ein überzeugter Christ war. Ich mußte mit ihm darüber sprechen, denn ich ahnte, in welche Fallen und Versuchungen ich hineingeraten würde.

Ich hatte mit Marshall und Luther die Show zu eröffnen und sang meine beiden Lieder. Das Publikum rief mich immer wieder zurück, und ich sang diese beiden Lieder noch drei- oder viermal. Vom ersten Auftritt an fühlte ich mich von den Hörern völlig angenommen. Irgendwie wußte ich, daß sich die Tür für mich geöffnet hatte.

Nach meinem Auftritt wollte ich mich von dem Krach und Durcheinander in der Garderobe fernhalten. Deshalb suchte ich mir einen Platz, von dem aus ich durch den Vorhang hindurchsehen und Sonny James auf der Bühne beobachten konnte. Er war ein ausgezeichneter Künstler. Er sang Balladen, aktuelle Lieder und seine Hits. Er hatte auch ein paar witzige Einfälle auf Lager. Zum Beispiel machte er einen Kopfstand und spielte seine Geige mit seinen Füßen. Zum Abschluß sang er das geistliche Lied »The Last Leaf«:

»Mein Leben ist in deiner Hand.
Mein Gott, ich geb es dir.
Und bis zum Tod bleib ich dir treu,
bis das letzte Blatt fällt im Revier*.«

Als er von der Bühne kam, wartete ich einige Minuten und sprach ihn dann an. »Sonny«, sagte ich, »ich weiß, daß du Christ bist, und ich bin es auch. Ich weiß, daß ich für die Musik und für die Unterhaltungswelt bestimmt bin, aber wie kann man in diesem Geschäft ein Leben als Christ führen?«

Sonny dachte kurz nach. »John«, sagte er, »ich mache es so. Ich bin einfach so, wie ich bin. Ich bin kein Künstler, der Christ wurde, sondern ich bin ein Christ, der Berufskünstler ist. An erster Stelle bin ich aber Christ.«

»Und wie ist es mit den Liedern?« fragte ich. »Es sieht so aus, als ließe sich meine erste Platte ganz gut an. Den Leuten

---

* Von Bodie Chandler-Edward McKendry. © 1963 Warner-Tamerlane Publishing Corp. Alle Rechte vorbehalten. Mit freundlicher Genehmigung von Warner Bros. Music.

gefällt sie. Aber ich bin nicht davon überzeugt, daß ich diese Art von Liedern auch auf Platten aufnehmen sollte.«

»Das werden die Leute für dich entscheiden, John. Hast du schon irgend etwas anderes aufgenommen?«

»Ja«, sagte ich. »Ein Lied, das ich geschrieben und ›Folsom Prison Blues‹ genannt habe. Sam Phillips meint, es könnte ein Bestseller werden.«

»Sam kennt sich aus«, sagte Sonny.

»Meine Auftritte machen mir Freude, und zu dieser Freude gehört das Wissen, daß das Publikum auch Spaß daran hat«, sagte ich. »Aber ich möchte auch gern all das singen, was mir selbst gefällt, einschließlich der geistlichen Lieder.«

Sonny sagte: »Wenn der heutige Abend ein Maßstab dafür ist, wie erfolgreich du einmal sein wirst, würde ich sagen, daß du es geschafft hast. Hab keine Angst. Früher oder später wirst du all das singen, was du singen willst. Du mußt aber erst die Voraussetzungen dafür schaffen. Darum sing jetzt das, was sie hören wollen.«

»Das will ich tun«, sagte ich, »aber ich fürchte, ich gebe noch nicht mein Bestes!«

Sonny sagte: »Vergiß nicht, daß das, was du bist, und das Leben, das du führst, lauter singt als irgendein Lied.«

»Ich danke dir für deinen Rat«, sagte ich. »Ich werde ihn beherzigen.«

»Und vergiß das Beten nicht!« fügte Sonny noch hinzu.

*

Im Sommer 1955 hatte ich meinen ersten großen Auftritt als Gast bei einer Elvis-Presley-Show im Overton Park Shell in Memphis. Am Fuß der Voranzeige, mit der im »Memphis Press Scimitar« die Elvis-Show angekündigt wurde, stand ganz klein der Hinweis: »Außerdem singt Johnny Cash ›Cry, Cry, Cry‹.« In Wirklichkeit sang ich zwei Lieder in dieser Show: »Cry, Cry, Cry« und »Hey Porter«. Ich war mit dem Auftritt zufrieden.

Meine ganze Familie, meine Freunde und alle, die mich kannten, waren gekommen, um mein erstes öffentliches Auftreten mitzuerleben. Das Publikum verlangte eine Zugabe; so sang ich den kurz zuvor aufgenommenen, aber noch nicht im Handel erschienenen Song »Folsom Prison Blues«. Dann stand ich hinter der Bühne und beobachtete Elvis. Ich hatte seine ersten Auftritte miterlebt, einmal bei der großartig aufgezogenen Eröffnung des »Katz Drug Store« in South Memphis, das andere Mal in einem Ballsaal in East Memphis. Die Reaktion des Publikums war immer dieselbe. Die Mädchen und Frauen schrien, weinten und fielen in Ohnmacht. Elvis hatte damals schon und auch heute noch eine starke persönliche Anziehungskraft, ganz besonders aber auf der Bühne. Da ist er einzigartig.

Eines Tages im Sommer 1955 traf ich Carl Perkins in den Studios von Sun Records. Er war dort, um seine zweite Platte mit seinen Brüdern Jay und Clayton und dem Schlagzeuger W. S. Holland aufzunehmen.

»Ist Johnny Cash dein richtiger Name?« fragte Carl Perkins.

»Ja, wenigstens Cash. Sam hat ›Johnny‹ auf die Platte geschrieben, aber ›John‹ wäre genauer.«

»Ich freue mich, dich kennenzulernen«, sagte Carl.

»Ich auch«, sagte ich. »Deine Platte ›Movie Mag‹ ist ausgezeichnet und gefällt mir sehr gut.«

»Mir hat dein ›Cry, Cry, Cry‹ auch gut gefallen«, sagte Carl. »Wärst du damit einverstanden, daß wir irgendwann mal zusammen auftreten?«

»Okay.«

Hier nahm eine der längsten und tiefsten Freundschaften meines Lebens ihren Anfang, eine Freundschaft, die zwanzig Jahre überdauert und sich in guten und schlechten Zeiten bewährt hat.

Ich habe mit Carl vieles gemeinsam. Er ist im flachen, schwarzen Land von West Tennessee aufgewachsen, genau auf der anderen Seite des Flusses, der durch meine Heimat

Arkansas fließt. Obwohl er sich seinen Platz in der Musikwelt über den Rock and Roll eroberte, hängt sein Herz eigentlich an der Country- und Gospelmusik, die er großartig interpretiert.

Es gab Zeiten, da mir Carl näherstand als ein Bruder, und oft habe ich meinen Bruder Jack in ihm gesehen. Wir sind gleich alt, doch in Zeiten tiefster Niedergeschlagenheit hat mir Carl später mit Rat und Tat zur Seite gestanden. Mit seiner Lebenserfahrung, die weit über sein Alter hinausging, war er mir in vielerlei Hinsicht behilflich. Doch auch ich konnte ihm in mancherlei Weise helfen.

Eines Tages im Jahre 1955 sagte ich zu ihm: »Ich habe wieder einen Auftritt mit Elvis vor, in Amory, Mississippi, am Freitag in zwei Wochen.«

»Bei dieser Show bin ich auch dabei«, sagte Carl.

»Und wie wäre es in der nächsten Woche?« fragte ich. »Ich bin als Gast in der ›Louisiana Hayride‹ in Shreveport, Louisiana, und dann habe ich einen Auftritt in Gladewater, Texas. Wie wär's, wenn du bei diesen Shows mitmachen würdest?«

»Wir werden kommen«, sagte Carl.

Dann kam Elvis Presley ins Studio. Er setze sich ans Klavier und spielte und sang »Blueberry Hill«, dann einen bluesähnlichen Gospelsong.

Ich hatte seine Liebe zu Gospelsongs schon früher auf einigen seiner Platten bemerkt und war deshalb durchaus nicht überrascht, als er vorschlug: »Auf, laßt uns ein paar Gospels singen!«

Wir begannen zu summen und fanden uns langsam in die Lieder hinein, die Elvis spielte.

Sam Philips kam herüber und sagte: »Ich unterbreche euch nicht gern, aber bevor ihr ein neues Lied anfangt, solltet ihr euch ein fantastisches neues Talent anhören, das ich soeben entdeckt habe. Ich habe vor, mit ihm einige Schallplatten zu machen.« Er stellte uns Jerry Lee Lewis vor, und wir gaben ihm die Hand.

»Und das ist Jack Clement«, sagte Sam und stellte uns den Jungen, der neben ihm im Kontrollraum gestanden hatte, vor. »Jack wird mir helfen, einige eurer Lieder aufzunehmen und zu produzieren.«

Ich war mir nicht klar darüber, was dieses Aufnehmen und Produzieren in Wirklichkeit bedeutete, deshalb sagte ich einfach: »Das ist gut.« Es war mir so lange nicht klar, bis ich einige Monate später eine Platte aufnehmen wollte und Jack Clement als einziger anwesend war, so daß mir plötzlich aufging, was Sam damals gemeint hatte. Jack Clement war damit beauftragt, meine Schallplatten als mein Produzent aufzunehmen.

Mit Jack Clement ließ sich gut arbeiten. Wir nahmen zusammen »Guess Things Happen that Way«, »Ballad of a Teenage Queen« und vieles andere auf. Später stellte mich Jack Charlie Rich vor, und ich sang einige seiner Lieder wie »Ways of a Woman in Love« auf Schallplatte.

»Kennst du ›Will the Circle Be Unbroken‹?« fragte Jerry Elvis.

»Ja«, antwortete Elvis und fing an, die Melodie zu spielen.

»Jungs, habt ihr etwas dagegen, wenn ich gleich auf Band aufnehme?« fragte Jack Clement.

»Keineswegs«, antworteten wir.

»Wird der Kreis zusammenbleiben
fort und fort, Herr, fort und fort?
In der besseren Welt dort oben,
dort im Himmel, ja, Herr, dort*?«

Wir vier – Elvis, Carl, Jerry Lee und ich – sangen acht oder zehn der altbekannten Evangeliumslieder, die uns besonders lieb waren.

Nach einiger Zeit stand Elvis auf, und Jerry Lee setzte sich

---

* 1907 von Charles M. Alexander. © 1935 erneuert von The Rodeheaver Co., Eigentümer. Alle Rechte vorbehalten.

ans Klavier. Er spielte diese Lieder, wie ich sie vorher noch nie gehört hatte. Wir standen um ihn herum und waren von seinem Spiel gebannt. Er spielte und sang ein Lied, das in mir Erinnerungen an die Zeit vor drei oder vier Jahren wachrief – »There Are Strange Things Happening every Day« –, und niemand konnte dieses Lied so wie Jerry Lee wiedergeben.

>»Mehr und mehr wird es mir klar:
Gottes Wort ist wahr.
Vieles, was geschieht, ist wunderbar.
Jeder Tag macht es mir klar:
Vieles, was geschieht, ist wunderbar.«

Dabei fiel mir ein Freund aus meiner Dienstzeit bei der Air Force ein, C. V. White, der eine Platte der schwarzen Sängerin Schwester Rosetta Tharpe gehabt hatte. Dieses Lied war auf jener Platte. C. V. White borgte sie mir jede Woche einmal, und ich hörte mir dieses Lied immer wieder an.

Als wir Jerry Lee Lewis dieses »Strange Things« spielen hörten, wurde uns klar, daß Sam tatsächlich ein großes Talent entdeckt hatte.

Das Band von jener Stegreif-Aufnahme habe ich nie gehört. Man sagte mir aber, es existiere noch, und es würde in einem Banksafe in Memphis aufbewahrt. Ein Band also von einem improvisierten, ungeübten Quartett angehender Sänger, die sich rein zum Vergnügen im Sommer des Jahres 1955 um ein Klavier versammelten und nach Herzenslust acht bis zehn gute Lieder sangen.

Dieser Tag war der Beginn einer langjährigen Freundschaft, nicht nur mit Carl Perkins, sondern auch mit den anderen, die ich dort getroffen hatte und bei Sun Records noch öfter treffen sollte. In den folgenden Monaten gestalteten Elvis, Carl, Jerry Lee und ich eine ganze Reihe von Shows gemeinsam. Elvis wechselte jedoch bald zu einer anderen

Plattenfirma über und wurde später eingezogen. Danach bekamen wir ihn kaum mehr zu Gesicht.

Ein weiterer langjähriger und guter Freund, den ich bei der »Sun« kennenlernte, war Roy Orbison. Er wurde ein »Dauerbrenner« im internationalen Schallplattengeschäft. Ich habe oft mit Roy zusammengearbeitet. Er ist ein freundlicher und sensibler Mensch, der beim Liederschreiben und auch bei seinen Auftritten immer mit ganzem Herzen dabei ist.

Die Erinnerungen an meinen Anfang bei der Sun Records und an dieses geistvolle Talent, mit dem zusammenzuarbeiten ich das Vorrecht hatte, sind mir besonders wertvoll. Wir kamen wunderbar miteinander aus. Keiner zeigte eine Spur von Eifersucht. Wir halfen uns gegenseitig, unterstützten uns während der Konzerte und freuten uns gemeinsam über die ersten Erfolge.

Zwei Wochen später saß ich an einem Freitagabend hinter den Kulissen in Amory, Mississippi, und sprach mit Carl Perkins. Wir beide hatten unseren Auftritt bereits hinter uns, während Elvis gerade auf der Bühne stand.

»Heute abend fürchtete ich, sie würden dir vor Begeisterung deine Kleider herunterreißen, Carl. Wenn ich nicht irre, mußtest du ungefähr neun oder zehn Zugaben machen, nicht wahr?« sagte ich.

»Ich war früher schon öfter hier, und das Publikum war immer sehr nett zu mir, John«, sagte Carl.

»Ich habe dich heute abend genau beobachtet«, sagte ich. »Du hast wirklich das richtige Gefühl für moderne Musik. Warum nimmst du nicht mal eines dieser Lieder auf Schallplatte auf?«

»Ich habe mein ganzes Leben lang Blues und Gospelsongs gesungen, John, aber bis jetzt habe ich noch kein Lied gehabt, das wirklich eingeschlagen hätte.«

»Carl«, sagte ich, »als ich bei der Air Force war, kannte ich einen schwarzen Sergeanten aus Virginia namens C. V. White. Er war einer von denen, die immer Leben in die Bude

bringen. Er war lustig und hatte stets ein Lächeln für jedermann. Er war immer auffällig angezogen und kam nur in frisch gebügelter Uniform. Das Käppi hatte er dabei ein wenig schief auf dem Kopf. Und wenn er in mein Zimmer kam, fragte er regelmäßig: ›Na, wie sehe ich aus?‹
›Meiner Meinung nach unheimlich schick, C. V.‹
Dann sagte er: ›Tritt mir bloß nicht auf meine blauen Wildlederschuhe, Mann!‹ Dann ging er zur Tür hinaus, wobei er mit den Fingern schnippte.
›Hey, C. V.!‹ schrie ich ihm nach. ›Das sind die regulären Air-Force-Schuhe und keine Wildlederschuhe!‹
›Heute abend, wenn ich in die Stadt gehe, sind es blaue Wildlederschuhe‹, rief C. V. lächelnd zurück.«
»Das ist eine großartige Idee für einen Song«, meinte Carl dann.
»Deswegen habe ich dir die Geschichte ja auch erzählt«, sagte ich. »Bei deiner Begabung bist du der richtige Mann, ein großes Lied daraus zu machen.«
Carl griff nach einem Bleistift und nach einem Stück Papier, das er von einer braunen Papiertüte abriß, und fing an zu schreiben. Bevor Elvis von der Bühne kam, hatte er »Blue Suede Shoes« geschrieben.
»Ich werde es Sonntagabend in Gladewater für dich singen«, sagte Carl, als ich von Amory nach Hause fuhr.
Am anderen Morgen verabschiedete ich mich schon sehr früh von zu Hause und fuhr nach Shreveport und Gladewater. Ich glaube, Vivian ahnte schon damals deutlicher als ich, daß meine Reisen, meine Tourneen, mein völliges Aufgehen im Musikgeschäft der Anfang vom Ende unserer Ehe sein würde. Wir hatten ein Baby, und ein zweites war unterwegs. Vivian wünschte ein gutes Familienleben, und als sie feststellte, daß uns die Musik auseinanderführen würde, konnte sie ihr nur noch wenig Interesse abgewinnen. Je stärker mich meine Karriere in Anspruch nahm und je häufiger ich auf Konzertreisen ging, desto erbitterter kämpfte sie mit allen Mitteln gegen dieses Jagen nach Erfolg. Je mehr mich die

Welt von Zuhause wegzog, desto stärker zog sie in die andere Richtung und versuchte, mich im Familienkreis festzuhalten. Sie gab erst auf und ließ sich erst dann von mir scheiden, um sich und unsere Töchter zu retten, als ich durch meine Tablettensucht nicht mehr den Willen aufbrachte, Ehemann und Vater zu sein, und auch mein Gewissen derartig betäubt war, daß mein Urteilsvermögen dadurch eingeschränkt wurde. Ich begriff jedoch damals noch nicht, daß das der Anfang vom Ende für uns war. Ich hatte nur eines im Sinn: für meinen großen Traum, der Wirklichkeit geworden war, zu leben.

Die Reaktion des Publikums an diesem Abend des Louisiana-Hayride-Festes in Shreveport war einfach berauschend. Aus dem ganzen Süden und Südwesten waren die Leute zu diesem Fest gekommen, das direkt von der Radiostation KWKH übertragen wurde.

Zwei Wochen nach Erscheinen meiner Platte stellte ich auf dieser Tour mein Radio an und hörte plötzlich »Hey Porter« spielen. Als der Ansager den Namen der Rundfunkstation KWKH nannte, rannte ich zum Telefon und rief Sam Phillips an. Ich war vor Freude und Aufregung ganz aus dem Häuschen.

»Ich habe meine Platte während der ganzen Fahrt nach Shreveport gehört«, rief ich ins Telefon hinein.

»Sie wird überall gespielt, wo wir sie hingeschickt haben, und sie wird laufend verlangt.«

»Im Ernst?« fragte ich, da ich keine Ahnung hatte, was er meinte. »Was heißt das, überall?«

»Texas, Florida, New Mexico, im ganzen Süden und Südosten«, sagte Sam. »Wir werden das ganze Land mit dem Song ›Folsom Prison Blues‹ überziehen.«

Nun kamen auch die ersten Briefe von meinen Fans. Ich breitete die Briefe auf dem Boden des Wohnzimmers aus und zählte die verschiedenen Staaten, aus denen sie kamen. In der ersten Zeit waren es neun. Viele kamen aus der Gegend von Shreveport.

Darum fragte mich der Direktor der Rundfunkstation, als ich an diesem Abend von der Bühne kam, ob ich mich verpflichten könnte, jeden Samstagabend dort als Gast aufzutreten. Ich war einverstanden und wußte, daß sich jetzt das nächste Tor für mich geöffnet hatte. Bald danach schloß sich die große Ole-Opry-Show an, ein weiteres Ziel, das ich mir gesteckt hatte und das ich mit Gottes Hilfe erreichte.

Hinter den Kulissen der »Louisiana Hayride« herrschte ein Höllenlärm. Dort waren anscheinend nicht weniger Leute als vor der Bühne. In den Garderoben drängten sich Sänger, Musiker und deren Freunde samt Fans, Veranstalter, Agenten und eine besondere Kategorie freiherziger Verehrerinnen, die unter uns Sängern und Musikern ihre Runde machte.

In jeder Garderobe gab es Whisky und Bier, und mir ist an diesem Abend mindestens hundertmal ein Drink angeboten worden; doch ich trank nichts – oder besser gesagt noch nichts.

Die »Louisiana Hayride« war das Sprungbrett zum Erfolg für viele große Country-Künstler wie zum Beispiel Faron Young, Webb Pierce und Hank Williams. Außer mir traten an diesem Abend zwei weitere Sänger auf, die ihren Weg gerade begonnen hatten, George Jones und Johnny Horton.

Dies war die erste Nacht, die ich nicht zu Hause schlief, seitdem ich verheiratet war, und als ich am Sonntagmorgen von Shreveport nach Gladewater in Texas fuhr, spürte ich, daß irgend etwas nicht in Ordnung war. Es dauerte nur einige Meilen, bis ich mir klar darüber war, was es war.

Die Vorstellung am Abend vorher mit dem rauschenden Beifall des Publikums hatte mich ungeheuer aufgeputscht. Ich hatte jedes Lied mit großer innerer Erregung und der ganzen Inbrunst, deren ich fähig war, gesungen. Jetzt, am Sonntagmorgen, bei Tageslicht, war diese Stimmung völlig verflogen.

Marshall fuhr das Auto, Luther saß neben ihm auf dem Vordersitz, und ich lag hinten quer auf dem Rücksitz. Alle paar Minuten mußten wir das Tempo verringern, um die Autos der Leute, die zu den Kirchen an dieser Straße fahren wollten, abbiegen zu lassen.

»Jetzt weiß ich, warum mir heute morgen so mies zumute ist. Ich sollte eigentlich jetzt in der Kirche sein«, sagte ich.

»Willst du gehen?« fragte Marshall. »Ich halte an einer Kirche an, wenn du willst.«

Luther drehte sich zu mir um, um zu sehen, wie meine Antwort ausfallen würde. »Ich gehe mit dir«, sagte er.

Damals wußte ich noch nicht, daß meine Antwort einen Präzedenzfall schuf, den Anfang einer üblen Angewohnheit, die ich jahrelang beibehielt. Mein Leben in Einsamkeit ohne Gemeinschaft mit anderen überzeugten Christen schwächte mich in geistlicher Hinsicht. Der Verzicht auf den Gottesdienstbesuch bedeutet zwar nicht unbedingt einen Verzicht auf die Gemeinschaft mit Gott, aber es ist einfach eine Tatsache, daß es nicht im Sinne Jesu ist, wenn jeder seinen eigenen Weg geht. Es ist einfach wichtig, mit anderen Gläubigen zusammen im Gottesdienst Gemeinschaft zu haben. Wenn ich sie vernachlässigte, bin ich verletzlich und äußerst anfällig gegenüber den Versuchungen, mit denen die Unterhaltungsbranche hinter den Kulissen aufwartet.

Es war mir klar, daß ich jetzt hätte anhalten und einen Gottesdienst besuchen sollen. Ich wußte, daß ich nicht nur wöchentlich, sondern täglich Gottes Wort nötig hatte, wenn jeder Abend in diesem Beruf wie der letzte in Shreveport verlaufen sollte.

Doch ich legte mich auf meinen Sitz zurück. »Nein, wir fahren weiter. Heute abend steigt die nächste Show«, sagte ich.

*

Ich saß mit Carl Perkins in meiner Garderobe in Gladewater, klimperte auf meiner Gitarre, spielte Läufe, improvisierte, wechselte von einer Tonart in die andere und summte dazu.

»Bei uns zu Hause in Dyess gab es einen Doktor namens Hollingsworth«, sagte ich. »Der summte auch die ganze Zeit vor sich hin. Ich habe oft gedacht, das Gesumme von Dr. Hollingsworth wäre vielleicht ein begehrter Schlager geworden, wenn er Musik daraus gemacht hätte.«

»Was du da gerade machst, klingt wie ein solcher Schlager«, sagte Carl.

»Es ist ein Einfall, der mir heute gekommen ist«, bemerkte ich. »Ich möchte ein Lied schreiben, das etwas aussagt, ein Lied, das nicht nur mir viel bedeutet, sondern jedem, der es hört. Ein Lied, das nicht nur für die eine Aussage hat, die von mir schwärmen und von mir abhängig sind, sondern auch für mich selbst und das vor Gott bestehen kann, ein Lied, das anderen und auch mir selbst Mut macht.«

Carl sagte: »Eine gute Idee. Wie willst du es nennen?«

»Ich weiß noch nicht«, sagte ich. »Vielleicht ›I'm Still Being True‹ oder ›I'm Walking the Line‹ oder so ähnlich.«

»›I Walk the Line‹ wäre ein guter Titel«, meinte Carl.

»Hmmmmmmmmmm –« begann ich.

Das Lied sprudelte einfach aus mir heraus.

Es war einer jener seltenen Augenblicke, wo man das Empfinden hat, das Lied fließe einem geradezu aus der Feder. Für »I Walk the Line« (Ich gehe meinen Weg) mußte ich mir die Gedanken nicht abringen oder stundenlang auf dem Bleistift herumkauen. Die Worte kamen so schnell, wie ich schreiben konnte, und in zwanzig Minuten hatte ich es fertig.

»Ich höre wachsam in mein Herz hinein
und lasse meine Augen offen sein.
Ich binde fest, was uns zusammenhält,
denn du bist mein.
I walk the line*.«

---

* Von John R. Cash, © 1956 Hi Lo Music, Inc. Alle Rechte bei Hill und Range Songs, Inc.

8

Der Dämon Selbsttäuschung

Nationale Anerkennung wurde mir im Jahre 1956 mit »I Walk the Line« zuteil. Der Song »Folsom Prison Blues« gehörte bereits zum Standard-Repertoire der Country-Musiker. Aber »I Walk the Line« war und ist bis heute mein größter Verkaufserfolg. Es war, wie man gern sagt, ein Hit auf der ganzen Linie.

Nach einem Jahr bei der »Hayride« ging ich für zwei Jahre zur Grand Ole Opry, wenn ich auch nur gelegentlich dort auftrat, da die Konzerttourneen fast meine ganze Zeit in Anspruch nahmen.

Dann winkten große Fernsehauftritte. Ich trat in Dick Clarks American Bandstand mit Ed Sullivan, Jackie Gleason, Lawrence Welk und in Red Foleys »Ozark Jubilee« auf.

In jedem Staat der USA gab ich Konzerte und machte außerdem Tourneen durch Kanada, Europa und den Fernen Osten. Ob ich nun im Palladium in London, in der Carnegie Hall in New York, dem Hollywood Bowl oder der Pine Bluff in Arkansas auftrat, es gab kein Konzert, in dem ich nicht »I Walk the Line« sang, und ich sang es niemals, ohne auch wirklich dahinterzustehen oder wenigstens den Wunsch danach zu haben.

Im Jahre 1958 unterschrieb ich einen Vertrag mit der Columbia Records und ging nach Nashville, um dort zwei Alben aufzunehmen, die sofort herausgebracht wurden. Eines davon hieß (wenn Sie mir den Ausdruck bitte verzeihen wollen) »The Fabulous Johnny Cash«. Das andere war eine Platte mit meinen Lieblingsliedern.

Mein Traum, eine Platte mit Evangeliumsliedern aufzunehmen, war nun endlich Wirklichkeit geworden, aber die Freude und Erfüllung, die ich früher darüber verspürt hätte, fand ich nicht. Was mir früher als das Wichtigste erschien, nämlich das Evangelium, war nun durch das Vielerlei im Schallplattengeschäft verdrängt worden und bedeutete mir nicht mehr so viel. Immerhin, ich hatte versprochen, meine Musik zu »verzehnten«.

An diesem Punkt meiner Karriere machte ich einen folgenschweren Schritt in die verkehrte Richtung. Im Jahre 1957 unternahm ich von Nashville aus mit mehreren Künstlern des Grand Ole Opry eine Tournee. Ferlin Husky und Faron Young waren auch dabei. Damals begann meine enge Freundschaft mit Gordon Terry, der mit Faron zusammenarbeitete.

Nach einem Konzert in Miami fuhren wir in zwei Autos nach Jacksonville. Gordon fuhr Farons Limousine, und wir fuhren hinterher. Auf halbem Wege nach Jacksonville fuhr er an den Straßenrand und stoppte. Wir hielten hinter ihm. Alle stiegen aus, und Gordon ging auf Luther zu, der mein Auto fuhr.

»Bist du schläfrig, Luther?« fragte Gordon.

»Natürlich«, antwortete der.

»Nimm das mal hier, das wird dich wachhalten.« Damit reichte er Luther eine kleine weiße Pille mit einem Kreuz darauf.

»Was ist das?« fragte ich Gordon.
»Bennies«, lautete die Antwort.
»Sind die schädlich?« fragte ich.
»Ich glaube nicht«, sagte Gordon. »Sie haben mir noch nie geschadet. Hier, versuch mal! Sie werden dich antreiben, nach Jacksonville zu kommen und dich dort zu amüsieren.«

Ich nahm eine der weißen Pillen und stieg zu Gordon ins Auto. Innerhalb von dreißig Minuten fühlte ich mich erfrischt, hellwach und redselig.

Ich hatte bis zum Zeitpunkt der Show an diesem Abend in Jacksonville noch nicht geschlafen. Gordon gab mir eine weitere Pille, und ich war während der ganzen Show großartig in Form. Am nächsten Abend, als wir schon in einer anderen Stadt waren, ließ die Wirkung der beiden Pillen erst nach. Nun war ich ziemlich erschöpft, aber ich hatte etwas entdeckt, von dem ich aufrichtig glaubte, daß es für mich gut sei. Bei dem vielen Herumreisen war man immer ganz schön müde und erschöpft. Diese Pillen jedoch konnten mich für die Show richtig in Form bringen. Deshalb ließ ich mir von Gordon eine Handvoll von den weißen Dingern geben.

Diese weißen Pillen waren nur eine aus einer Vielzahl von Sorten. Es gab mehr als ein Dutzend verschiedener Arten und Größen. Sie wurden von Lastwagenfahrern ebenso eingenommen wie von Leuten, die mit Übergewicht zu kämpfen hatten. Sie tragen die Namen Amphetamine, Dexedrine, Benzedrine und Dexamyl. Man hatte ihnen eine Menge netter Namen gegeben, um ihre Gefährlichkeit zu tarnen. Es gab sie in allen Farben. Wenn man grün nicht mochte, konnte man orange nehmen; wenn man auffallen wollte, nahm man schwarz. Mit diesen schwarzen Pillen konnte man den ganzen Weg nach Kalifornien und zurück in einem 53er Cadillac machen, ohne schläfrig zu werden.

In der Hunderter-Flasche mit den Pillen, die man für acht bis zehn Dollar bekommen konnte, erhielt man kostenlos einen Dämon geliefert. Sein Name ist Selbsttäuschung.

In den ersten ein bis zwei Jahren, in denen ich regelmäßig

Amphetamine nahm, entdeckte ich völlig neue Möglichkeiten in bezug auf Ausdauer und Fähigkeiten bei meinen Auftritten.

Ich bin immer gern aufgetreten, doch nie bin ich ohne Lampenfieber auf die Bühne gegangen. Nach Einnahme einiger Pillen – »Bennies«, wie wir sie nannten – verlor sich das Lampenfieber völlig. Im Gegenteil, sie weckten Mut und Selbstvertrauen in mir.

In der ersten Zeit, in der ich Pillen nahm, glaubte ich allen Ernstes, sie seien mir von Gott geschenkt worden, damit ich meine Sache auf der Bühne besser machen könnte. Meine Energie wurde um ein Vielfaches gesteigert, das Gespür für den Zeitpunkt, an dem ich ein Lied singen sollte, wurde immer feiner. Ich genoß selbst jedes Lied in jedem Konzert und trat mit einer zwingenden, fast unbarmherzigen Intensität auf. Die Pillen stimulierten meinen Geist; ich konnte schneller denken und fließender sprechen. Wenn ich jemals vor einem Publikum schüchtern gewesen war, jetzt war ich es nicht mehr. Ich rasselte die Sprüche, die ich zwischen den Liedern losließ, nur so herunter, um das Interesse der Leute aufrechtzuerhalten und um sie zu amüsieren.

Ich war immer ganz da, ging aus mir heraus und platzte fast vor Energie. Ich hätte die ganze Welt umarmen können.

So wurde die Täuschung vollkommen, und ich nahm immer mehr von diesen Pillen, bis in den Jahren 1959 und 1960 der Zeitpunkt kam, wo ich einfach nicht mehr auf sie verzichten konnte.

Fast überall waren sie leicht zu bekommen. Gelegentlich rief ich einen der Ärzte an, deren Namen in den Boulevard-Blättern angezeigt war, und sagte: »Doktor, hier spricht Johnny Cash. Ich habe demnächst eine lange Tournee vor und werde während der Nacht viel fahren müssen. Ich brauche eine Portion von diesen Diätpillen, um wach zu bleiben.«

Wenn ich daran zurückdenke, glaube ich kaum, daß sich die Ärzte bewußt waren, welche Gefahr in diesen Tabletten steckte, denn bis in die Jahre 1963, 1964 hatte ich keinerlei Schwierigkeiten, mir das Zeug zu beschaffen.

Nachdem ich süchtig geworden war, ging ich zu dem gleichen Arzt und sagte: »Vielleicht könnten Sie mir diesmal die Zehn-Milligramm-Tabletten geben statt der Fünf-Milligramm. Dann brauche ich immer nur eine zu nehmen.«

Mit der Zeit lernt man eine Menge solcher kleinen Tricks. Mit seinen Gedanken ist man dann bei irgendeinem Arzt im tiefen Südosten des Landes, dem man eine Kleinigkeit von diesem oder jenem abringen wird, um immer neu diesen besonderen Schwung und dies besondere Hochgefühl zu bekommen. Wenn man erst einmal süchtig ist, sucht man nach immer besserem und stärkerem Erleben.

Manchmal war ich so »high«, daß sozusagen mein Gewissen außer Kraft gesetzt war. Wenn ich dann aber wieder herunterkam, merkte ich, daß es doch noch funktionierte.

Von Zeit zu Zeit bekam ich ein wenig Angst, daß die Tabletten doch schädlich sein könnten, aber dann nahm ich einfach eine, und meine Angst war verschwunden.

Bevor ich richtig süchtig wurde, sah ich ganz klar, was mit mir passiert war, und ich dachte: Was hast du bloß mit dir angestellt? Ich erinnere mich an Interviews, in denen mir Fragen gestellt wurden, die ich einfach nicht beantworten konnte. Oder wenn ich Fragen beantwortete, hatte ich plötzlich mitten im Reden vergessen, welche Frage mir eigentlich gestellt worden war. Ich merkte, daß das von den Pillen kam. Sie beeinflußten meinen Verstand nicht nur, sondern hatten ihn in ihrer Gewalt.

Die Veränderung in meinem Wesen, die von den Pillen verursacht worden war, fiel bald jedem auf. Meine Freunde machten sich über meine »Nervosität« lustig. Ich litt unter Zuckungen im Nacken, im Rücken und im Gesicht. Meine Augen wurden immer größer. Ich konnte nicht mehr still stehen. Ich drehte und wand mich und knackte mit meinen Halswirbeln. Ich hatte oft das Gefühl, als ob jemand seine Faust zwischen meinen Schulterblättern hätte, meine Muskeln und Knochen verdrehte und meine Nerven bis zum Zerreißen spannte.

Zu Hause störte ich meine Frau und meine Kinder oft im Schlaf, weil ich auf dem Flur herumlief und herumpolterte, bis die Wirkung der Pillen nachließ. Noch häufiger wurden sie durch das Geräusch meines Autos geweckt, wenn ich fortfuhr, um stundenlang durch die Straßen, hinaus in die Berge und Wüsten von Kalifornien zu fahren, bis ich entweder das Auto zu Schrott gefahren hatte oder vor Erschöpfung anhalten mußte.

Im Jahre 1959 zog ich mit meiner Familie nach Kalifornien. Der Bruch mit der Kirche und dem Lebensstil, den ich seit meiner Kindheit geführt hatte, war nun fast vollkommen. Ich verfiel in den südkalifornischen Lebensstil und redete mir ein, es mache mir Freude. Ich bekam sogar Gefallen an Wodka, Wein und Bier. Ich stellte fest, daß man für alles mögliche einen Geschmack entwickeln kann und dann auch dabei bleibt, weil man sich einbildet, daß es einem schmeckt.

Die Mischung von Amphetaminen und Alkohol war ein Gift, das mich fast zum Wahnsinn brachte, und ich veränderte mich in drastischer Weise. Meine Frau und meine Kinder fürchteten sich vor dem unheimlichen Mann, zu dem ich geworden war.

Auf die langen Perioden der Hochstimmung folgten Depressionen. Ich wurde von Schuldgefühlen niedergedrückt und betete um Kraft, die Angewohnheiten, die mich zu beherrschen drohten, überwinden zu können. Der große Fehler dabei aber war, daß ich mich nie völlig Gott übergeben hatte. Ich hielt zu sehr an meinem Mannesstolz fest und redete mir ein: »So schlecht bist du ja gar nicht.«

Der Dämon Selbsttäuschung war mein Begleiter geworden. Er ließ mich nie lange allein.

Der austrocknend wirkende Bestandteil in den Amphetaminen führte zusammen mit den Zigaretten und dem Alkohol zu einer chronischen Kehlkopfentzündung. Diese Kehlkopfentzündung hielt zuerst Tage, dann Wochen an.

So brachte ich in der Carnegie Hall in New York City außer einem Flüstern nichts heraus. Dabei sollte dieses Konzert ein Meilenstein in meiner Karriere werden. Darum war ich auch zwei Tage vorher nach New York gekommen, um im Radio und im Fernsehen Interviews zu geben.

Einen meiner Auftritte hatte ich in der »Mike Wallace Show«. Ich wußte, daß die Leute über meine Angewohnheiten genau im Bilde waren, obwohl ich mich jetzt sehr zurückhielt. Auch Mike Wallace wußte aufgrund meiner Nervosität, meines trockenen Mundes und meiner weit geöffneten Augen genau, was mit mir los war.

Ich starrte Mike an.

»Gefällt Ihnen das Show-Geschäft?« fragte Mike.

»Es ist besser, als Baumwolle zu pflücken«, antwortete ich wie aus der Pistole geschossen.

»Was haben Sie in Arkansas außer dem Baumwollpflükken noch getan?« fragte Mike weiter.

»Schlangen getötet«, sagte ich mit einem verzerrten Lächeln und dachte, ich sei unheimlich schlagfertig gewesen.

»Sie sehen selbst etwas schlangenartig aus«, sagte Mike.

»Passen Sie auf, daß ich Sie nicht beiße«, erwiderte ich.

Daraufhin wechselte Mike schnell das Thema. »Warum spielen Sie Country-Musik in der Carnegie Hall?« fragte er.

»Warum sollte ich nicht?« brummte ich.

Und das Interview war beendet.

Am nächsten Abend retteten die anderen, die die Show mit mir zusammen machten – Familie Carter, Tompall und die Brüder Glaser sowie Merle Kilgore –, den Abend für mich. Ich konnte nur noch flüstern, und so sehr ich mir auch eine Stunde lang Mühe gab, ein Lied nach dem anderen zu singen, es klappte nicht.

Das Publikum war enttäuscht, aber es akzeptierte mit einiger Zurückhaltung die Erklärung M. C.'s, daß ich eine schwere Erkältung und Kehlkopfentzündung hätte.

Ich fand eine dunkle Ecke hinter der Bühne und ließ mich dort voller Verzweiflung nieder. Maybelle Carter und ihre

Töchter Helen, Anita und June kamen und versuchten, mich aufzuheitern.

»Wir haben die ganze Nacht für Sie gebetet«, sagte June.

Ich flüsterte: »Ich habe nicht mit euch gebetet.«

*

Merle Kilgore habe ich Ende der Fünfziger Jahre kennengelernt. Wir sind uns zum erstenmal bei Johnny Horton begegnet, bevor Johnny im Jahre 1960 bei einem Autounfall ums Leben kam. Meine Freundschaft mit Kilgore blieb bestehen. Er und ich hatten etwa zum gleichen Zeitpunkt angefangen, Pillen zu nehmen, die allerdings sehr unterschiedlich auf uns wirkten.

Ich wurde ausgesprochen aktiv, nervös, ruhelos und nach einiger Zeit von einer unbändigen Zerstörungswut erfaßt. Ich zertrümmerte nicht nur Möbel und Autos, sondern ruinierte auch mich selber, da ich unter dem Einfluß der Pillen tagelang nicht schlafen konnte.

Kilgore wurde sehr fröhlich, wenn er sie nahm, und redete wie ein Wasserfall. Er hatte jeden gern, und jeder hatte ihn gern. Manchmal war er unheimlich ruhig und manchmal sogar religiös. Er war voller Späße und probierte alles mal aus.

»Laß mich dich mal hypnotisieren«, sagte er eines Abends nach einem Konzert zu mir.

»Okay«, erwiderte ich. »Was muß ich tun?«

»Schau mir in die Augen«, sagte Merle.

Ich starrte ihn an.

»Wenn ich bis drei gezählt habe, schließ deine Augen, und dann wirst du sie nicht mehr öffnen können«, sagte er.

Ich starrte ihn an.

»Eins – zwei – drei. Schließ die Augen!«

Ich kniff die Augen zusammen.

»Jetzt hör mal gut zu, Cash«, sagte er. »Du fällst in eine tiefe, tiefe, tiefe, tiefe Trance. Jetzt bist du in einem tiefen Trancezustand.«

Es fiel mir schwer, wegen der Bennies meine Augen geschlossen zu halten, aber ich kniff sie fest zusammen.
»Wir wollen mal sehen, ob du früher schon einmal gelebt hast«, sagte Merle. »Du gehst jetzt zurück in die Zeit, zurück – zurück – zurück bis in die Zeit, bevor du geboren wurdest. Nun halte deine Augen geschlossen und konzentriere dich. Was siehst du? Was fühlst du?«
Ich spürte die Aufregung in seiner Stimme. Deshalb hielt ich es für angebracht, den Spaß noch ein wenig mitzumachen. »Es ist warm und dunstig hier drin«, sagte ich.
»Was? Im Ernst?« fragte Merle. »Hör zu, Cash, wir kommen jetzt tiefer und tiefer in einen noch tieferen Trancezustand, weiter, immer weiter zurück in die Vergangenheit. Sag mir jetzt: Was siehst du? Was fühlst du? Wer bist du?«
Ich schwieg lange und genoß diese Situation. Schließlich sagte ich: »Ich bin ein hebräischer Sklave in Ägypten.« (Ich hatte gerade den Film »Die Zehn Gebote« gesehen.)
»Wo? In Ägypten? Laß mich einmal nachdenken. Was kannst du mir erzählen? Hey, sag mir, wer ist Pharao?«
»Hmmm, ich weiß nicht«, sagte ich. »Wir nennen ihn einfach Pharao.«
»Was machst du?« fragte Merle.
Ich öffnete ein Auge und warf einen verstohlenen Blick zu Merle hinüber. »Ich mache Ziegelsteine«, sagte ich.
»Du lügst mich an, Cash«, sagte er.
»Es tut mir leid, Merle«, sagte ich. »Ich kann einfach nicht in diesen Trancezustand gelangen.«
»Okay«, sagte er. »Laß uns aufhören, mit diesen Dingen zu spielen.«

*

Je länger ich Pillen nahm, um so unberechenbarer und gewalttätiger wurde ich. Merle konnte das nicht verstehen. Ich ging einige Dutzend Male nachts in sein Appartement und weckte ihn auf, da ich jemanden brauchte, um mich unterhalten zu können. Nach einiger Zeit, als mein Zustand immer bedenklicher wurde, merkte ich, daß sich Merles Einstellung mir gegenüber wandelte.

Er hatte versucht, mein Eindringen in sein Haus und sein Privatleben zu ertragen, aber schließlich wurde ich ihm so lästig, daß er jedesmal, wenn ich ihn aufsuchte, »nicht zu Hause« war.

Nach einiger Zeit mied ich ihn absichtlich, da ich mich so heruntergekommen fühlte, daß ich mich schämte, ihm ins Gesicht zu sehen.

*

Einige Monate später war ich für eine Woche in einem kleinen Vorstadthotel in Las Vegas engagiert. Dort übernahmen Tompall und die Glaser Brothers den größten Teil der Show, da ich durch die Amphetamine zusammen mit Alkohol und Zigaretten wieder meine Stimme verloren hatte. Mein Zustand verschlimmerte sich noch zusätzlich durch die trockene Luft von Nevada.

Mit jedem Abend wurde ich schwächer. Die Folge davon war, daß ich meine Verpflichtungen dem Publikum gegenüber immer mehr vernachlässigte.

Als ich am vierten Abend gerade mein Zimmer verlassen wollte, um in den Saal zu gehen, hörte ich, wie jemand an meine Tür klopfte. Roger Miller stand vor mir.

»Ich übernehme die Show heute abend für dich«, sagte er.

»Wer bestimmt das?« fragte ich.

»Ich«, antwortete Roger. »Du bist nicht in der Lage dazu.«

»Woher willst du das wissen?« flüsterte ich.

»Sing mir den ›Folsom Prison Blues‹«, forderte mich Roger auf.

»Das werde ich schon können«, sagte ich.

»Fang an und versuch es. Du kannst es nicht.«

»Ich kann es.«

»Dann bitte.«

»Mach dir um mich keine Sorgen, Roger«, sagte ich. »Ich

kann auftreten. Bis jetzt hat noch niemand meinen Platz übernehmen müssen.«

»Hör mich bitte einen Augenblick an, du halsstarriger Bock«, sagte Roger. »Ich bin dein Freund, erinnerst du dich? Ich bin seit langem einer der größten Experten in Pillenkunde, und Roger sagt, daß sich der großartige Johnny Cash heute abend ausruhen wird.«

»Wer hat dir von mir erzählt, Roger? Tompall?« fragte ich.

»Nein«, sagte er ausweichend. »Es ist mein indianisches Blut. Ich sagte mir: ›Roger, dein Bruder, der ruhelose, großäugige Cash, hat so einen ausgezehrten, hungrigen, trockenen Blick. Geh‹, sagte ich mir, ›steig zu ihm in jenes Loch in der Wüste herunter und erlöse den großen Flüsternden.‹«

»Danke, daß du gekommen bist, Roger«, sagte ich. »Vielleicht kann ich einmal dasselbe für dich tun.«

»Sieh es bitte nicht so an, als ob du mir dafür verpflichtet seist«, sagte er. Dann ging er zu der Vorstellung, um meinen Platz einzunehmen.

Roger Miller vertrat mich nicht nur an jenem Abend, sondern auch am nächsten, am übernächsten und überübernächsten. Dann fuhr er mich nach Hause nach Kalifornien.

Vor 1965 war ich nur von Zeit zu Zeit in der Grand Ole Opry aufgetreten, aber dann setzte man mich regelmäßig aufs Programm. Den größten Teil meiner Zeit war ich unterwegs, um eine Konzerttournee nach der andern durchzuführen.

Gelegentlich mußte ich wegen Kehlkopfentzündung eine Show absagen, und neun von zehn Terminen für Schallplatten-Aufnahmen, die mein Produzent angesetzt hatte, ließ ich platzen.

An einem Samstagabend hatte ich in Nashville einen Auftritt in der Grand Ole Opry. Geschwächt durch eine sich über Wochen erstreckende regelmäßige Einnahme von Tabletten betrat ich den Ryman Konzertsaal. Aber singen konnte ich nicht; meine Stimme war einfach weg. Außerdem hatte ich wesentlich an Gewicht verloren. Ich war auf etwa 70 Kilo heruntergekommen. Dieser alptraumhafte Auftritt in Nashville veranlaßte mich zu einer sehr nüchternen Betrachtung dessen, was ich mir selber antat.

Die Band spielte ein Lied, und ich versuchte, das Mikrofon aus seiner Halterung herauszunehmen. In meiner Nervosität und Angst gelang es mir nicht, es vom Ständer zu lösen. Aus diesem geringfügigen Anlaß geriet ich dermaßen in Wut, daß ich den Mikrofonständer packte, ihn zu Boden warf und über die Bühne schleifte und dabei am Bühnenrand fünfzig bis sechzig Scheinwerfer »mitnahm«. Die Glasscherben flogen über die ganze Bühne und ins Publikum.

Mein Lied endete schlagartig. Ich ging von der Bühne und stieß direkt auf den Manager der Grand-Ole-Opry-Show. Er erklärte mir freundlich, aber bestimmt: »Wir können Sie in der Opry nicht mehr gebrauchen, John.«

Ich vermochte ihm nicht zu antworten, obwohl ich augenblicklich ernüchtert war. Ich verließ das Gebäude durch die Hintertür, stieg in mein Auto und fuhr weg. Ein paar Häuserblocks weiter fuhr ich in Richtung Süden durch stille Wohnviertel, um vor den Streifenwagen auf der Fernstraße sicher zu sein. Ich fing an zu weinen und konnte nicht mehr genug sehen, um fahren zu können.

Es begann zu regnen, und als ich mich vorbeugte, um die Scheibenwischer einzustellen, geriet mein Wagen ins Schleudern und raste gegen einen Baum am Straßenrand.

Ich wachte auf der Unfallstation eines Krankenhauses mit einer gebrochenen Nase und einem gebrochenen Kiefer auf. Der Wagen hatte Totalschaden.

Gene Ferguson von der Columbia Records, einer meiner Freunde, holte mich ab und nahm mich mit sich nach Hause, damit ich mich erholen konnte.

9

Unheimliche Stimmen

Als ich einige Monate später zu einem Auftritt in der »Soldier's Field« in Chicago unterwegs war, stellte sich mir ein junger Mann vor.

»Ich bin Charlie Pride«, sagte er. »Ich mache auch Country-Musik und habe mir schon lange gewünscht, Sie einmal kennenzulernen.«

Über Jack Clement, der Charlie Pride entdeckte und seine Schallplatten produzierte, hatte ich schon von ihm gehört. Eine seiner ersten Platten, »Just between you and me«, hatte ihm einige Anerkennung unter den Country-Musikern gebracht.

»Hast du heute abend hier in der Stadt zu tun?« fragte ich.

»Ja«, sagte er. »Ich spiele heute abend in einem Lokal, dem ›Rivoli Club‹. Aber ich weiß noch nicht, wie das ausgehen wird. Dort hat bisher noch nie ein Farbiger gesungen.«

Ich hatte mir eingebildet, ich hätte schon gewaltige Widerstände überwinden müssen. Ich konnte mir gar nicht vorstellen, was da auf Charlie Pride zukam, obwohl er ein Talent war.

»Sing einfach, wie dir's ums Herz ist, Charlie. Dann wird es nicht schiefgehen«, riet ich ihm. »Übrigens, wie lange hast du dort zu tun? Vielleicht komme ich mal vorbei und sehe nach dir, wenn ich fertig bin.«

»Ungefähr um halb zwei Uhr heute nacht«, sagte er. »Ich würde mich sehr freuen, dich zu sehen.«

»Wo wohnst du?« fragte ich. »Ich rufe dich später an und gebe dir Bescheid.«

Charlie nannte mir den Namen seines Motels, und dann gingen wir mit den Worten auseinander: »Bis später!«

Ich war munter und nüchtern, aber als ich um halb elf Uhr meinen Auftritt beendet hatte, fing die Nacht für mich erst an. Ich kehrte zum Hotel zurück, steckte einen ausreichenden Vorrat an Pillen ein, füllte meine Aktentasche mit Dosenbier, nahm meine Gitarre und ging weg, um Charlie aufzusuchen.

Als ich dem freundlichen Taxifahrer sagen wollte, wo er mich hinfahren sollte, konnte ich mich nicht mehr an den Namen des Clubs erinnern. »Kennen Sie einen Club, in dem Country-Musik gespielt wird und der Trivoli, Rivoli oder Riviera oder so ähnlich heißt?« fragte ich.

Er sagte: »Ich kenne sie alle. In welchen wollen Sie denn?«

»Dann probieren wir es eben überall. In einem von ihnen spielt ein schwarzer Country-Sänger namens Charlie Pride. Zu dem will ich.«

Der Fahrer drehte sich um und sah mich an. »Sie wollen mich wohl auf den Arm nehmen, Mann.«

»Los, probieren wir's«, sagte ich.

Er steckte sich einen Marihuana-Joint an und bot ihn mir an.

»Nein, danke«, sagte ich.

»Ach, komm schon, Mann. Du hast doch was drauf. Ein bißchen Gras schadet dir nichts.«

»Woher weißt du, daß ich etwas drauf habe?« fragte ich.

»Kennst du eins, kennst du alle, sagt das Sprichwort«, lä-

chelte er mich an, als er mir den Joint zum zweitenmal anbot.
Diesmal nahm ich ihn, und wir reichten ihn uns hin und her, bis er zu Ende geraucht war. Ich hatte früher vielleicht schon ein halbes Dutzend Mal Marihuana genommen, aber nur dann, wenn ich schon durch Pillen high war; deshalb kannte ich die unmittelbare Wirkung auf mich noch nicht.
Wir hielten vor einem Club. »Ist es der?« fragte der Taxifahrer.«
Auf dem Plakat an der Tür stand: »Zu Gast: Rosetta Tharpe.«
»Nein, aber wir steigen hier erst einmal aus«, sagte ich. »Komm mit rein, ich muß Schwester Rosetta sehen.«
Wir gingen hinein, setzten uns, und jeder bestellte sich ein Bier. Es war gerade eine Pause zwischen zwei Auftritten, und auf der Bühne war es ruhig. Das durchweg schwarze Publikum hatte den Raum voll besetzt und wartete auf den nächsten Teil des Programms. Kurze Zeit später kam Sister Rosetta auf die Bühne und begann mit »This Train«.

»Der Zug geht ab zum Himmel, der Zug.
Der Zug geht ab zum Himmel, der Zug.
Der Zug geht ab zum Himmel.
Nur wer gerecht und heilig ist, darf mit nach oben.
Der Zug geht ab zum Himmel, der Zug.«

»He, Mann, weshalb heulen Sie denn?« fragte mich mein Fahrer, als er zu mir herübersah.
»Ich weiß nicht«, sagte ich. »Ich glaube, sie hat dieses Lied direkt für mich gesungen.« Ich nahm noch ein paar Pillen, spülte sie mit einem Bier hinunter, während Rosetta ihren Auftritt mit »There Are Strange Things Happening every Day« (Täglich passieren merkwürdige Dinge) beendete.
Als wir hinausgingen, sagte der Fahrer zu mir: »Sie sind Johnny Cash, nicht wahr?«
Ich antwortete ihm nicht.
»Kommen Sie, gehen wir zurück, ich stelle Sie Schwester

Rosetta vor. Sie würde sich bestimmt freuen, Sie zu treffen«, sagte er.

»Heute nacht sicher nicht«, sagte ich, als ich in das Taxi stieg.

Mein Sehvermögen ließ nach. Die Lichter und Geräusche um mich herum erschienen mir merkwürdig verzerrt.

»Bennies, Bier und Marihuana«, sagte ich zum Fahrer, »das ist keine gute Zusammenstellung.«

Er zündete noch einen Joint an und gab ihn mir. »Das wird Ihren Kopf wieder klar machen«, sagte er. »Es ist zwei Uhr. Wollen Sie, daß wir noch weiter nach diesem Club suchen?«

»Nein«, sagte ich, da mir plötzlich wieder eingefallen war, wo Charlie Pride wohnte. »Halten Sie an dieser Telefonzelle.

Charlie«, sagte ich, als ich ihn an der Strippe hatte, »hier ist Cash. Ich habe versucht, deinen Club zu finden, aber es ist mir nicht gelungen. Ich komme rüber ins Motel, okay?«

»Hm – eh, ich habe mich gerade hingelegt. Wieviel Uhr ist es denn?« stotterte er.

»Es ist noch früh«, sagte ich. »Ich bin gleich drüben.« Damit hänge ich ein.

Als wir am Motel ankamen, griff ich nach meiner Gitarre und meiner Aktentasche, bezahlte den Fahrer und ging auf Charlies Zimmer. Er war aufgestanden und hatte sich angezogen. Ich nehme an, er wußte, daß ihm eine lange Nacht bevorstand.

»Willst du ein Bier?« fragte ich und öffnete meine Aktentasche.

»Nein, danke«, sagte Charlie.

»Wie ist es im Club gelaufen?« fragte ich. Ich nahm meine Gitarre aus der Hülle.

»Recht gut«, sagte er. »Ich habe mich völlig verausgabt.«

»Ich auch. Komm, wir singen ein paar Lieder zusammen«, schlug ich vor.

»Sing du eins«, sagte er. »Ich bin vom Singen ziemlich kaputt.«

So sang ich ein Lied, dann noch eins und dann noch eins. Ich hatte eine Menge gelber Notenblätter zusammen mit dem Bier in meiner Aktentasche. Die Lieder, die daraufstanden, waren nur Entwürfe. Die meisten davon würden niemals beendet werden, weil ich sie in der gleichen Verfassung, in der ich jetzt war, angefangen hatte. Meine Gedanken gingen wohl längst in eine andere Richtung, bevor sie vollendet sein würden.

Ich nahm noch einige Pillen und spielte weiter. Aber Charlie bot ich nichts an. Da er neu im Showgeschäft war, nahm ich an, daß er vielleicht noch nicht einmal etwas von ihnen wußte. Auf jeden Fall war es so, wie der Taxifahrer gesagt hatte: Kennst du eins, kennst du alle. Aber das gibt es wohl auch, daß man jemanden kennenlernt und weiß, daß er sie nicht kennt. Ich hatte den Eindruck, Charlie Pride war keiner, der mein Gift mit mir teilen würde. In seine Kissen zurückgelehnt, hörte er mir sehr aufmerksam zu und gab sich große Mühe, wach zu bleiben.

»Hör dir das an«, sagte ich, und er machte mir dann seine Komplimente.

»Mann, das ist ein gutes Lied«, sagte er. Doch wir wußten es beide besser.

Dann sang auch Charlie einige Lieder für mich. Er hatte wohl den Gedanken, noch etwas schlafen zu können, aufgegeben. Ich glaube, daß er sich einfach dazu genötigt sah, mir nun auch einige seiner Lieder vorzutragen.

»Prima«, sagte ich. »Du bist einer der besten Country-Sänger, die ich je gehört habe. Du wirst einmal ganz groß herauskommen, Charlie.«

»Ich weiß nicht, John«, entgegnete er. »Auf jeden Fall habe ich einen Schallplattenvertrag, und demnächst wird ein Album von mir herauskommen. Aber ich habe noch andere Pläne, die ich verwirklichen möchte.«

»Was zum Beispiel?« fragte ich.

»Nun, ich möchte brennend gern bei der Grand Ole Opry singen, aber ich weiß nicht, ob die mich nehmen werden.«

Ohne es zu wissen, hatte Charlie eine empfindliche Stelle bei mir berührt. Es war nicht groß an die Öffentlichkeit gedrungen, daß ich aus der Opry hinausgeschmissen worden war. Man hatte mir nur in aller Stille erklärt: »Wir können Sie nicht mehr gebrauchen, Cash.« Charlie weiß nichts davon, dachte ich.

Dann tat ich etwas, was ich unter dem Einfluß der Pillen und des Alkohols gelernt hatte: Ich begann zu lügen. Und als ich einmal angefangen hatte, konnte ich nicht mehr aufhören.

»Ich bringe dich an die Opry, Charlie«, bot ich ihm bereitwillig an.

»Im Ernst?« fragte er. »Willst du das für mich tun?«

»Sicher«, sagte ich und war von dem Gedanken ganz aufgekratzt, so daß ich meine eigene merkwürdige Situation der Opry gegenüber vergaß.

»Wenn ich das nächste Mal dort auftrete, werde ich einfach erklären, daß du mein Gast bist, und dann müssen sie dich singen lassen.«

»Wann bist du das nächste Mal dort eingeplant?« fragte Charlie.

»Ich weiß nicht genau, aber sehr bald«, versicherte ich ihm, das Blaue vom Himmel herunterlügend. »Ich sage dir in ein paar Wochen Bescheid. Du wirst bestimmt dort ankommen.«

»Hm«, sagte er nachdenklich. »Vielleicht ist es doch nicht ganz so einfach, wie du dir das vorstellst.«

»Mann, mach dir keine Gedanken darüber«, sagte ich. »Ich garantiere dir, es klappt. Du gehörst mit zur Opry, und ich werde dich, wenn ich das nächste Mal dort bin, einfach mitnehmen.«

In einer Hinsicht sagte ich die Wahrheit – Charlie hatte viel Talent und würde in die Opry und in jede andere Show passen. Dennoch ekelte ich mich plötzlich vor mir selbst. Ich hatte den großen Mann markiert und ihn an der Nase herumgeführt.

Es wurde schon Tag. Das Gespräch über die Opry hatte mich ganz schön mitgenommen.
»Bist du jetzt müde?« fragte Charlie.
»Nein, aber ich denke, am besten lasse ich dich jetzt etwas schlafen«, bemerkte ich. »Ich bestelle mir ein Taxi, das mich zu meinem Hotel bringt.«
»Das kommt nicht in Frage«, sagte er und zog seine Schuhe an. »Ich habe einen Mietwagen unten und fahre dich nach Hause.«
Wir gerieten in den morgendlichen Berufsverkehr von Chicago. Erst um halb neun fuhren wir vor meinem Hotel vor.
»Ich rufe dich wegen der Opry noch an«, sagte ich. Trotz meines Schuldgefühls war ich noch immer nicht bereit, meinen Schwindel einzugestehen.
»Gib auf dich acht und ruh dich ein wenig aus. Wir brauchen dich, John.« Charlie lächelte, als er die Wagentür schloß und davonfuhr.
Ich ging in mein Zimmer und machte sofort die Vorhänge zu, um das grelle Morgenlicht zu dämpfen. Mit einem halben Glas Wasser schluckte ich eine Handvoll Beruhigungstabletten hinunter und legte mich hin.
Durch die Tabletten verschwand das Schuldgefühl restlos, das ich wegen meiner Schwindelei verspürt hatte, und als ich so in halbwachem Zustand dalag, bewegte mich der Gedanke: Was hat Charlie Pride nur gemeint, als er sagte: »Wir brauchen dich, John.«

*

Zwischen den Konzertreisen gingen die Auseinandersetzungen zu Hause weiter. In meinem erregten Zustand kam ich sehr schnell mit meiner Frau in Streit. Wenn ich Tabletten genommen hatte, war es Vivian unmöglich, mit mir fertigzuwerden. Der Dämon Selbsttäuschung war immer dabei. Ich nahm die Amphetamine, wie ich mir einredete, nur für den Fall, daß ich sie nötig hätte.

Der Dämon sagte: »Nimm doch auch deine Barbiturate, dann kommst du zur Ruhe!«

So nahm ich beide Pillensorten, trank noch etwas Bier und brauste ab, irgendwohin, ins Gebirge oder in die Wüste, um Ruhe zu finden. Wenn ich dann in den Bergen war, kam ich aber nicht zur Ruhe. Tage und Nächte folgten einander, ohne daß ich Schlaf fand.

Die Mischung der beiden so verschiedenartigen Drogen zusammen mit dem Alkohol öffnete weiteren Dämonen Tür und Tor.

Die Furien krallten sich buchstäblich in meinem Gehirn fest. Jede Bewegung meiner Muskeln wurde in diesen bösen Tagen und Nächten zu einer Qual. Meine Nerven waren zum Zerreißen gespannt.

Eines Nachts fuhr ich mit meinem Jeep über eine Salzsteppe in eine sich weit ausdehnende dürre Hügellandschaft. Ich fuhr im Zickzack um die Mesquite- und Manzanita-Kakteen herum, bis ich den Gipfel eines Hügels erreicht hatte. Wie die Landschaft auf der anderen Seite aussah, konnte ich nicht erkennen.

»Wag es doch einmal, mach deine Scheinwerfer aus und braus einfach da hinunter«, sagte ich mir.

»Laß mich erst noch ein Bier trinken«, antwortete ich mir selbst.

Ich trank eins und dann noch eins.

»Was habe ich denn zu verlieren?« fragte ich und richtete mich im Jeep auf und lenkte stehend.

Ich fuhr den Abhang hinunter, weinte und ballte die Fäuste und klammerte mich am Lenkrad fest. Der Jeep fuhr immer schneller. Ich riß ein paar Büsche um, dann noch ein paar größere. Kleine Bäume und Steinbrocken minderten meine Geschwindigkeit. Noch immer stand ich aufrecht.

Im Mondlicht konnte ich erkennen, daß ich über eine Lichtung raste, hinter der sich erneut Dunkelheit ausbreitete. Diese dunkle Wand stellte sich als ein Dickicht von Manzanita-Kakteen und Bäumen heraus, in das ich mit voller Geschwindigkeit hineinfuhr – und durch das ich hindurchkam.

Ich ließ mich auf den Sitz fallen, damit ich nicht von den Ästen erschlagen würde. Zum Glück hatte der Jeep hinter dem Dickicht wieder ebenen Boden unter sich. Dann kam ich allmählich zum Stehen.

Doch ich konnte meine Hände nicht vom Steuerrad lösen. Meine Knöchel waren weiß, und es war, als ob meine knochigen Hände am Lenkrad angeschweißt seien. In kalten Schweiß gebadet und zitternd, war ich plötzlich wieder völlig nüchtern.

Es dauerte lange, bis ich zu weinen aufhörte und nach Hause fuhr.

In Ventura County hatte ich einen guten Freund namens Curly Lewis. Er war Bauunternehmer und hatte mein Haus in Casitas Springs gebaut. Bei einer meiner ersten »Fluchtversuche« in die Berge und in die Wüste hatte er mich in meinem Wohnwagen begleitet. Anfangs war Curly bei meinen Nacht- und Wochenendtrips die ganze Nacht über aufgeblieben. Wir jagten und streiften in den Bergen und Wüsten Richtung »Death Valley« umher. Von der Wüste und besonders vom »Tal des Todes« war ich unheimlich fasziniert, wenn ich Tabletten genommen hatte. Allein der Name »Tal des Todes« faszinierte mich. Vielleicht kam es daher, daß ich in meinem Innersten wußte, daß der Tod mein Los sein würde, wenn ich nicht von den Pillen loskäme.

Nach einigen Trips dieser Art leistete mir Curly nicht mehr die ganze Nacht über Gesellschaft. Er schlief hinten im Wagen, während ich, mit einer Taschenlampe bewaffnet, allein in der Wüste herumlief. Gelegentlich ging ich zum Jeep zurück, um Bier oder auch ein anderes Getränk, mit dem ich die Tabletten hinunterspülte, zu holen. Curly wußte wahrscheinlich, daß ich Amphetamine nahm, aber da er spürte, daß ich es vor ihm zu verbergen suchte, machte er niemals eine Bemerkung darüber.

Einmal bat ich meinen Vater, zu einem dieser Trips mitzukommen. Dabei fuhr ich den Wohnwagen in der Mojave Wüste zu später Nachtstunde in voller Geschwindigkeit durch ein Tor, an dem ein Schild stand: Durchfahrt verboten – US-Marineübungsplatz.

»Was macht denn die Marine hier draußen?« fragte ich.

»Ich weiß nicht, aber ich habe das Gefühl, wir werden Schwierigkeiten bekommen«, sagte Vater.

Nach einigen Kilometern auf einer holprigen, ausgewaschenen, schlammigen Straße stießen wir auf eine lange geteerte Strecke. Ich fuhr auf sie zu. Das war eine komische Sache. Fünfzig Meilen vom nächsten Haus und von der nächsten Autobahn entfernt, gab es hier eine Art Autobahn, die pfeilgerade wer weiß wohin führte. Als wir aber die Bombenlöcher und Reste zerstörter Militärwagen sahen, wußten wir plötzlich, was los war.

»Wir sind auf einem Schieß- und Bombenübungsgelände«, sagte Curly. »Siehst du die Bomben- und Granatlöcher im Asphalt?«

Er hatte recht. Wir fuhren durch Schlaglöcher. Überall auf dem Asphalt lagen Schrapnellteile und zerstörte Fahrzeuge herum.

»Wahrscheinlich schicken sie Lastwagen, Jeeps und Panzer mit Fernsteuerung diese Straße hinunter, machen dann mit ihren Flugzeugen Zielübungen und jagen sie in die Luft«, meinte Curly.

Ein paar Kilometer vor uns blitzte plötzlich ein Licht auf, das uns anscheinend etwas signalisieren wollte.

»O du liebe Zeit!« rief Vater. »Ich habe dir ja gesagt, daß wir hier Schwierigkeiten bekommen werden. Ich fürchte, die Marine hat uns erwischt.«

»Mach dir keine Sorgen«, erwiderte ich. »Wir sagen einfach, wir hätten uns verfahren.«

»Das nehmen sie dir vielleicht so lange ab, bis sie merken, daß du verbotenerweise durch das Tor gefahren bist«, sagte Vater.

Die asphaltierte Straße endete unvermutet, und wir

schlängelten uns weiter auf das Blitzlicht zu, das uns ständig näherkam. Es war ein Militärfahrzeug.

»Folgen Sie mir«, sagte der Marinesoldat, als er sich uns mit dem Gewehr im Anschlag näherte.

»Es ist schon fast fünfzig Jahre her, seitdem ich zum letztenmal militärisches Gebiet gesehen habe, und einen Marineoffizier habe ich überhaupt noch nie gesehen. Aber ich glaube, daß wir jetzt einen sehen werden«, sagte Vater.

Wir folgten dem Militärfahrzeug durch ein anderes Tor, wo wir anhielten und ausstiegen.

Der Soldat kam zu uns und sagte: »Hier liegen Hunderte und vielleicht Tausende von Blindgängern und Minen. Ich habe wirklich befürchtet, Sie würden in die Luft fliegen, bevor ich Sie erreiche.« Dann wollte er unsere Papiere sehen.

Nachdem er unsere Namen und Anschriften aufgeschrieben hatte, fragte ich ihn: »Können wir jetzt gehen?«

»Vorerst ja«, sagte er. »Aber betreten Sie nicht noch einmal ein staatliches Übungsgelände!«

Dieser Ausflug war in vieler Hinsicht eine Lehre für mich. Deshalb brach ich ihn ab und fuhr meinen Vater und Curly heim nach Ventura County. Längere Zeit rechneten wir wegen dieses Vorfalls mit einer Anzeige von der Marine, der Regierung oder sonst woher, aber es kam nie etwas.

Nach diesem Abenteuer begleitete mich Vater nie mehr bei einem Ausflug in die Berge oder in die Wüste, und nach einiger Zeit kam auch Curly Lewis nicht mehr mit. Sie waren bestimmt überzeugt, ich würde eines Nachts dort draußen umkommen.

Curly und ich blieben weiterhin Freunde. Er kam oft vorbei oder rief mich an, wenn ich zu Hause war, aber meine abenteuerlichen Fahrten ließ er mich allein machen.

*

Während der sieben Jahre, in denen ich Tabletten nahm, gab es immer wieder Perioden von einer oder zwei Wochen Dauer, in denen ich ernsthaft versuchte, ein neues Leben anzufangen. Eine Zeitlang war ich Mitglied in der Avenue Community Church in Ventura, Kalifornien, wo ich in der Zeit von 1961 bis 1966 wohnte. Der Pfarrer hieß Floyd Gressett. Ich nahm am Gemeindeleben teil und lieferte mich neu dem Herrn aus. Ich gab mir die größte Mühe, die Drogensucht zu überwinden, was mir auch für eine kurze Zeit gelang. Aber ich war bereits in einem zu starken Maße abhängig. So war das Ganze wie ein guter Vorsatz, den man in der Neujahrsnacht faßt. Er brachte nur eine vorübergehende Änderung. Im Grunde wollte ich nur eine Atempause, denn ich war mir darüber im klaren, daß ich es mit allen – einschließlich mir selber – bis zum Äußersten getrieben hatte.

Nach wie vor hielt ich an meiner Selbstgefälligkeit und meinem Stolz fest. Doch wenn einer umkehren und wieder auf den rechten Weg gelangen will, muß er zuerst zur Einsicht kommen und zugeben, daß das, was er gemacht hat, falsch ist. Um eine echte Veränderung herbeizuführen und sagen zu können: »Von jetzt an werde ich den richtigen Weg gehen«, hätte ich auch bekennen müssen, daß mein bisheriger Weg verkehrt war. Und das wollte ich nicht.

Pastor Floyd Gressett hatte eine kleine Ranch in den Bergen. Ich ging manchmal allein und manchmal mit ihm zusammen dort hinauf. Es bestand sogar so etwas wie eine Freundschaft zwischen uns, was allerdings nur möglich war, weil wir uns gegenseitig etwas vormachten. Ich mußte ihn in dem Glauben lassen, als ahnte ich nichts davon, daß er über meine Tablettensucht Bescheid wußte. Er wiederum mußte, obwohl er genau im Bilde war, sich so verhalten, als ob er es nicht wüßte. Mehr als einmal kam er, um nach mir zu sehen, und fand mich dabei an der Schwelle des Todes, weil ich tagelang nichts gegessen hatte. Er brachte mich dann zur Ranch, gab mir etwas zu essen, brachte mich zu Bett und gab mir gewöhnlich einen kleinen Bericht über das Ergehen meiner Familie, um mich auf diese freundliche Art an meine familiären Verpflichtungen zu erinnern.

Als mein Leben mit der Zeit immer stärker von diesem Laster bestimmt wurde, verstand ich es immer besser, mit ein paar Pillen mehr meinen Kummer und sogar meine Schuldgefühle loszuwerden. So kam es dazu, daß meine Töchter trotz aller meiner Anstrengungen mehr und mehr ihren Vater verloren und ihr Vater mehr und mehr in Gefahr geriet, sein irdisches und geistliches Leben einzubüßen.

Floyd Gressett war immer freundlich zu mir, sogar dann, wenn ich mich ganz übel verhielt. Er, der dreizehn Jahre lang Gefängnisseelsorger gewesen war, war klug genug, um zu wissen, daß ein Mann, der drogenabhängig ist, nicht hinzuhören bereit ist – mag er sich auch noch so hörwillig geben. Auch ich wollte nicht hinhören – noch nicht!

Ich weiß heute, daß Gott seine Hand niemals von mir genommen hat, ganz gleich, in welcher Verfassung ich damals war, denn es gibt keine andere Möglichkeit zu erklären, warum meine Fluchtversuche und meine zahllosen Unfälle letztlich immer glimpflich verliefen. In diesen sieben Jahren habe ich nicht nur alle meine Autos zu Schrott gefahren, sondern auch an zwei Jeeps und einem Wohnwagen Totalschaden gehabt. Außerdem kippte ich zwei Traktoren und einen Bulldozer um. Bei zwei Unfällen kenterte ich mitten auf dem See mit einem Boot, und einmal sprang ich gerade noch rechtzeitig von einem Lastwagen, ehe er über einen Felsen 180 Meter in die Tiefe stürzte.

In der nervösen, ungezügelten Raserei, die von den Amphetaminen verursacht wurde, vermochte ich niemals, mit all den Einfällen fertig zu werden, die sich mein künstlich aufgeputschter Geist ausgedacht hatte. Ich mußte irgend etwas bauen und bin doch gar kein Zimmermann; ich mußte immer irgend etwas unternehmen. Ich nahm meine Gitarre auseinander und brachte es nicht fertig, sie wieder zusammenzubauen. Ich blieb ganze Nächte auf und schrieb Briefe an Leute, die ich kaum kannte. Glücklicherweise las ich sie, sobald ich nüchtern war, nochmals durch und schickte sie niemals ab.

Die kräftige Mischung von Amphetaminen und Alkohol sowie die schlaflosen Tage und Nächte trieben meine Gedanken in eine noch seltsamere Richtung. Ich begann, Stimmen zu hören. Obwohl ich nicht verstehen konnte, was gesagt wurde, wußte ich doch, daß sie mir galten.

Die ersten paar Male, als ich diese Stimmen hörte, wurde ich schnell nüchtern und hatte etwas Angst. Später jedoch, nachdem ich zwei bis drei Tage und Nächte in der Wüste war, von Amphetaminen und Bier gelebt hatte, schluckte ich Beruhigungspillen, um wieder zu mir zu kommen. Die Folge war, daß mein Körper von Muskelkrämpfen geschüttelt wurde. Darum kehrte ich mit meinem Jeep zur Ranch zurück, die ungefähr fünf Meilen entfernt war. Es war Nacht, und Pastor Gressett schlief bereits.

Ich war noch keine zwei Meilen weit gekommen, als ich hörte, wie eine Stimme meinen Namen rief.

Ich hielt den Jeep an und schaltete den Motor und die Scheinwerfer aus. Dann schrie ich: »Hallo!«

Niemand antwortete.

Ich fuhr wieder an und hörte erneut die Stimme. Nachdem ich den Motor ausgeschaltet hatte, schrie ich: »Sprich lauter!«

Keine Antwort.

»Wer bist du?« rief ich.

Eine Minute lang saß ich still da; dann kam eine Stimme aus mir heraus, aber es war nicht meine eigene. Ich grinste, drehte mich ruckartig im Jeep herum und sagte: »Sprich lauter!«

Und wieder hörte ich die Stimme, die aus meinem Innern heraustönte. »Nimm noch einen Bennie«, sagte der Dämon. »Diese Beruhigungspillen machen dich müde.«

»Nein«, grollte eine andere Stimme in mir, »ich bin ja schon mehr tot als lebendig.«

»Tot?« entgegnete die erste Stimme. »Dich bringt nichts um.«

Ich wühlte in meinen Taschen und holte meine Bennies

heraus.».. . neun, zehn, elf, zwölf, mehr nicht«, zählte ich laut. »Vor zwei Tagen waren es noch hundert Stück.«
Eine Stimme sagte: »Du mußt welche verloren haben.« Mit dem Rest des warmen Biers spülte ich zwei davon hinunter.
Als ich die Ranch erreicht hatte, setzte ich mich auf die Veranda. Die Bennies taten jetzt ihre Wirkung; die Stimmen waren still. Es war eine flaue, gefährliche Stille.
Da entdeckte ich im Mondlicht eine riesige alte Eiche. Sie stand auf dem Feld, war hohl, und ein Bienenschwarm bevölkerte sie. Bei meinem letzten Besuch auf der Ranch hatte ich versucht, die Bienen um ihren Honig zu erleichtern. Bei dieser Aktion hatte ich zwar vierzig Bienenstiche abbekommen, aber keinen einzigen Tropfen Honig »geerntet«.
Die Bienen werden jetzt alle schlafen, dachte ich. Ich könnte mein Abschleppseil holen, das eine Ende hinten in meinem Jeep festmachen und das andere Ende um einen der dicken Äste am Stamm wickeln, um ihn auf diese Weise abzureißen. Dann würde es einfacher sein, den Honig zu bekommen.
Es gelang mir, das Seil festzumachen, ohne die Bienen zu beunruhigen. Ich verknotete das andere Ende an der hinteren Stoßstange des Jeeps. Dann begutachtete ich die Lage.
»So wird es hinhauen«, sagte ich laut. »Jetzt werde ich es euch heimzahlen, ihr Biester!« Ich lachte, als ich mich hinter das Steuerrad setzte und den Motor anlaufen ließ. Ich schaltete den vierten Gang ein, trat das Gaspedal durch und ließ die Kupplung kommen.
Als das Abschleppseil völlig gespannt war, hielt der Jeep ruckartig an. Ich aber flog weiter. Als ich erwachte, lag ich sechs Meter vom Jeep entfernt flach auf dem Boden.
Pastor Gressett goß mir eben Wasser über den Kopf. Er konnte sich das Lachen kaum verkneifen, beherrschte sich aber, bis er festgestellt hatte, daß mir nichts passiert war. Dann konnte er sich nicht mehr halten. Ich war k.o. gegangen, als ich durch die ausgehängte Windschutzscheibe über

den Motor des Jeeps geflogen und auf meinem Kopf gelandet war.

Pastor Gressett brachte mich schließlich in die Ranch, und ich ging zu Bett.

Als ich gerade einschlafen wollte, sagte er: »Du kannst Gott für eins danken, John.«

»Für was?« fragte ich.

»Daß du die Bienen nicht aufgeweckt hast.«

Obwohl ich die Gesellschaft dieser Dämonen beibehielt und ihnen gestattete, um meine Gunst zu buhlen, mich zu belästigen, zu verwirren und zu verhöhnen, konnten sie mich doch niemals ganz auf ihre Seite bringen. Freunde, Menschen, die ich liebte, flüchtige Bekannte, sogar Fans, die mich niemals selbst gesehen hatten, aber mein Problem kannten und sich um mich sorgten, beteten für mich im ganzen Land.

Diese gläubigen Leute hielten sich an Gottes Verheißung, daß ich als sein Kind durchkommen und eines Tages wieder ganz in Ordnung sein würde.

Nach Zeiten, in denen ich tagelang aufgeputscht und high war, geschah es, wenn ich endlich wieder nüchtern sein und zur Ruhe kommen wollte, öfter, daß die wütenden Stimmen schwiegen und die bösen Geister mich verließen und statt dessen ein Gefühl von Geborgenheit und Wärme in mir aufkam. Und ich hörte eine ruhige Stimme in mir, die mir zuflüsterte: »Ich bin dein Gott. Ich bin noch bei dir. Ich warte noch auf dich. Ich liebe dich noch.«

Und dann schlief ich ein.

10

Die Taschen voller Pillen

Ende 1966 verbrachte ich die meiste Zeit zwischen den Tourneen in Nashville. Ich machte mir Sorgen um meine kleinen Mädchen in Kalifornien. Meine Ehe war nicht mehr zu retten. Ich war zu weit gegangen. Ich war zu lange fort geblieben. Zu viele Bande waren zerrissen. Die Mädchen sehnten sich zwar nach mir, aber jedesmal, wenn wir uns trafen, wurde es schwerer, ihnen gegenüberzutreten. Der Schaden, den ich angerichtet hatte, war nicht mehr zu reparieren. Selbst wenn ich stark genug gewesen wäre, es ernsthaft zu versuchen.

In der Weihnachtszeit nahm ich mir vor, nach Hause zu fahren, um sie wieder einmal zu sehen. Ich verließ Nashville am 20. Dezember; doch es wurde Heiligabend, bis ich in Kalifornien ankam. Überall, wo das Flugzeug eine Zwischenlandung machte, ging ich von Bord und suchte die Clubs und Kneipen auf und mischte mich unter die Leute, die genauso wie ich vom Tode gezeichnet waren.

Zwei Nächte verbrachte ich in Dallas, streifte durch alle

Clubs, hockte mit den Musikern zusammen und schluckte Pillen. Dasselbe machte ich in Tucson und Phoenix in einer Menge anderer Clubs, aber in der gleichen schlechten Gesellschaft.

Nur der Umstand, daß der Heilige Abend nahe war, brachte mich zum Flugzeug nach Kalifornien zurück.

Zu Hause reagierten sie sehr überrascht auf meine Ankunft. Sie hatten die Hoffnung bereits aufgegeben, daß ich zu Weihnachten zu Hause sein würde. Das Wiedersehen löste keine Freude aus, keine weihnachtliche Stimmung. Ich kam mir vor wie ein Fremder. Ich fühlte mich nicht nur so, ich wußte, daß ich auch wie ein Fremder aussah.

Vivian hatte bereits die Scheidung eingereicht, und ich unternahm nichts dagegen. In einigen Monaten würde nach dem kalifornischen Gesetz alles abgeschlossen sein, aber die Ehe war schon jetzt keine mehr.

Meine Eltern lebten wenige Meilen entfernt in der Nähe von Ojai, und ich verbrachte einige Zeit bei ihnen. Sie versuchten, das Gespräch auf die Rettung meiner Ehe zu bringen, »um der Kinder willen«, wie sie sagten. Es gelang ihnen aber nie, mit mir zu einer vernünftigen Aussprache zu kommen. Ich war nervlich zu sehr geschwächt, um irgend etwas wirklich Ernsthaftes unternehmen zu können, selbst wenn ich bereit gewesen wäre, mit ihnen darüber zu sprechen. So merkten sie schnell, daß die Lage nicht mehr zu ändern war.

Weihnachten kam und ging vorüber. Den größten Teil der Zeit verbrachte ich allein im Gästeschlafzimmer. Ich hörte die Mädchen lachen und spielen und ihre Geschenke auspacken. »Vati ist krank . . . Vati ist müde.«

Ich spürte die Kluft, die sich zwischen ihnen und mir aufgetan hatte. Kleine Kinder vergeben und vergessen zwar leicht, aber ich werde all das nicht vergessen, was mit ihnen zu teilen ich in ihren jungen Jahren versäumt hatte – jene Unzahl kleiner kostbarer Dinge, sie sich ereigneten, während Vati »unterwegs« war: wie Tara ihren ersten Zahn verlor, Cindys Vorspiel auf dem Klavier, die erste Kommunion,

Rosannes Teilnahme am Seniorplay, Kathys Geburtstagsparty, Cindys und Taras Geburtstagsparty und das Ostereiersuchen. Dazu die Unzahl kostbarer Augenblicke, in denen ihnen ein Vater fehlte, der sie ermutigte, tröstete, beriet, lehrte, ihnen die Richtung zeigte, sie beschützte und liebte.

Die Kluft war viel tiefer, als ich ausloten konnte. Noch viel weniger hatte ich die Stärke und Weisheit, sie zu überbrücken. So kehrte ich am zweiten Weihnachtstag nach Nashville zurück.

Von da ab verpaßte ich nicht nur ein oder zwei Konzerte wegen Kehlkopfentzündung, sondern sagte ganze Tourneen ab, da ich einsah, daß ich unfähig war, eine gute Show zu machen. Im allgemeinen ließen die Veranstalter die Konzerte ausfallen, aber in einigen Fällen, in denen bereits der Kartenvorverkauf erfolgreich gelaufen war, weigerten sich die Veranstalter, die Sache aufzugeben. Erst später fand ich heraus, daß die übrigen Mitwirkenden ohne mich aufgetreten waren und mich als erkrankt entschuldigt hatten.

Die Statler Brothers, die zu meinem Show-Programm gehörten, machten sich anfangs über meine Pillen lustig. Später aber, als sich die Sache dramatisierte, redete ich mir ein, sie wüßten gar nicht darüber Bescheid. Hatte Harold Reid von den Statler Brothers zunächst über diese Sache gelacht, wurde sie in meiner Nähe bald zu einem Tabu. Das führte so weit, daß sie geradezu Angst davor hatten, das Wort »Pille« überhaupt zu erwähnen.

Eines Morgens traf ich, nachdem ich die ganze Nacht ausgewesen war, meine Gruppe in der Hotelvorhalle, von wo aus wir abreisen wollten.

»Bist du schläfrig, Chef?« fragte Harold.

»Nein, ich habe etwas Kaffee getrunken«, antwortete ich.

»Du siehst aber müde aus«, sagte Harold. »Ich möchte es so ausdrücken: Es scheint mir, daß, wenn du deine Augen zumachen würdest, du schnell einschlafen würdest.«

»Ich habe die ganze Nacht über kein Auge zugemacht«, sagte ich.

»Du brauchst nicht viel Schlaf, nicht wahr?« fragte Harold.

»Ich bekomme schon meinen Schlaf«, sagte ich. »Ich werde das schon in Ordnung bringen.«

»Ich finde, du siehst müde aus«, sagte Harold. »Bist du ganz sicher, daß du nicht müde bist?«

Als wir aus der Halle hinausgingen, um in den Bus einzusteigen, legte Harold seinen Arm um mich und sagte: »Chef, laß es uns wissen, wenn du müde wirst. Wir werden dann versuchen, dir ein Bett zu verschaffen.«

So ging das Scherzen weiter. Es war und ist viel Liebe und Fürsorglichkeit in meiner Gruppe. Die »Statlers« und die »Tennessee Three« ließen mich alle wissen, daß sie an meinem Ergehen wirklich Anteil nahmen.

Außer den »Statler Brothers« und den »Tennesse Three« begleitete mich auf meinen Tourneen häufig auch die Carter-Familie. June Carter war Anfang der Sechziger Jahre die besondere Attraktion in meiner Show. Sie war die einzige, die mich ansprechen und mit mir reden konnte, wenn es niemand anderem gelang. Jeder wußte das. Als meine Tablettensucht wirklich schlimm wurde, begann sie, dagegen anzukämpfen, weil sie sah, wie mich dies fertigmachte.

Sie merkte auch als erste die Veränderung bei meinen Auftritten – diese unnatürliche Energie und Intensität, die ich in alles legte, und den kalten Schweiß und das blasse Aussehen hinterher.

Mutter Maybelle Carter und Junes Schwestern Helen und Anita, die als Carter-Familie mit uns zusammenarbeiteten, gingen mir, wo es ging, aus dem Weg und machten einfach ihre Arbeit. Wenn sie mich in einer Stimmung antrafen, in der ich ihrer Meinung nach ansprechbar war, boten sie mir etwas zu essen oder ein Glas Milch an, oder eine von ihnen erklärte sich bereit, mir ein Hemd zu bügeln, bevor ich auf die Bühne ging. Sie wollten mich durch ihre Freundlichkeiten wissen lassen, daß sie für mich da waren.

Aber June Carter tat mehr. Im Namen Gottes ging es ihr

um meine Genesung. Sie begann, für sie zu kämpfen. Sie studierte meine Angewohnheiten und bekam heraus, wo ich meine Pillen aufbewahrte. Wenn sich mein Zustand verschlechterte, suchte sie sie zusammen und warf sie weg. Sie sagte es mir immer erst, wenn sie es getan hatte, und versuchte, es mir beizubringen, wenn ich geschlafen hatte und in einer Verfassung war, in der ich ihr zuhören konnte.

Manchmal sagte ich: »Ich bin froh, daß du sie weggeworfen hast, denn sie bringen mich noch um.« In anderen Fällen war ich wütend und nahm es ihr übel. Ich schrie sie an und sagte ihr, sie möge sich um ihre eigenen Angelegenheiten kümmern und daß sie dazu kein Recht habe.

Einmal sagte ich zu ihr: »Wenn du keine Frau wärst, würde ich dir das Genick brechen.«

Da sah sie mir lächelnd in die Augen und sagte: »Du würdest mich vermissen.«

June hat niemals Angst vor mir gehabt und war sehr hartnäckig in diesem Kampf, den sie gegen die Pillen führte. »Ich versuche bloß, dir zu helfen«, sagte sie. »Gott hält seine Hand über dir, und ich versuche mitzuhelfen, daß du wirst, was du bist, ob du es willst oder nicht.«

Wenn ich in Ruhe darüber nachdachte, war ich sehr einverstanden mit ihrem Tun. Sehr oft suchten wir eine Kirche auf, die offen war, und beteten dort. Doch diese Bemühungen brachten nicht die große Wende, die ich so nötig gehabt hätte. Es war niemals eine völlige Kapitulation meinerseits, keine entschiedene Rückkehr zu Gott. Beim Verlassen der Kirche war es mir jedesmal quälend bewußt, daß ich noch immer geheime Vorbehalte hatte.

Manchmal rief ich den Vertragsarzt des Hotels an und bestellte mir per Telefon Aufputschmittel. Ich hatte so viel von meinem Körpergewicht verloren, daß mir der Arzt das Rezept verweigert hätte, wenn ich ihn persönlich aufgesucht hätte.

Deshalb meldete ich mich mit meinem Namen und sagte: »Herr Doktor, hier spricht Johnny Cash. Ich bin hier in der

Stadt und habe heute abend ein Konzert zu geben. Wir waren lange unterwegs, vor allem in der Nacht. Ich brauche etwas, um mich während dieser langen Fahrten wachzuhalten. Schreiben Sie mir bitte ein Rezept für etwas, das ganz sicher wirkt, zum Beispiel Fünf-Milligramm-Dexamyl-Tabletten.«

»Gewiß, Herr Cash. Wie lange dauert Ihre Tournee?«

»Nun, ich denke, sie wird ungefähr noch sechs Wochen dauern.« (Ich hatte noch nie in meinem Leben eine Tournee, die länger als drei Wochen gedauert hat.)

Und er sagte: »Nun, das werden wir gleich haben. Was meinen Sie, wieviel Tabletten Sie brauchen werden?«

Ich sagte: »Geben Sie mir fünfzig oder besser hundert. Ich weiß nicht genau, aber meinen Sie, es läßt sich machen, daß ich hundert bekomme?«

»Gewiß doch. Ich schicke sie gleich vorbei.«

Bis zum nächsten Tag hatte ich bereits fünfzehn bis zwanzig von diesen Pillen genommen. Dann ließ ich mich mit einem anderen Arzt telefonisch verbinden. Wenn es bei diesem nicht klappte, rief ich einen dritten an.

Oder ich rief in der Aufnahme an und fragte den Hotelmanager, ob er einen Doktor anrufen könne. Manchmal brachte ich ihn dazu, für mich anzurufen, und wenn der Hotelmanager im Auftrag von Johnny Cash anrief, war es so gut wie sicher, daß ich meine Pillen bekam.

Oder ich rief einen Arzt an und machte ihm den Vorschlag: »Kommen Sie doch einfach zu meinem Konzert heute abend. Ich werde Karten für Sie besorgen. Bringen Sie mir die Tabletten bitte hinter die Bühne.«

Dies waren die Tricks, gegen die June anzukämpfen lernte. Wenn wir ein Konzert hatten und mir jemand einen Arzt hinter der Bühne vorstellen wollte, war ihr sofort klar, daß ich ihn wegen eines Rezepts angerufen hatte und daß er es brachte. Wenn sie in einem Besucher einen Arzt vermutete, sagte sie: »Hallo! Ich bin June Carter. Ich sehe an Ihrer Tasche, daß Sie Arzt sind.«

Mein Temperament ging fast mit mir durch, während sie ihm schmeichelnd alles Wissenswerte so schnell wie möglich entlockte. Und wie sie das konnte!
»Wir freuen uns, daß Sie hier sind, Herr Doktor. Dies ist Johnny Cash. Wie geht es Ihnen?«
»Wir kennen uns bereits, June«, fauchte ich.
Der Doktor sagte: »Nun, Herr Cash, ich habe —«
June unterbrach ihn. »Ist hier irgend jemand krank?«
Ich sagte: »Herr Doktor, wenn Sie bitte in meine Garderobe mitkommen wollen.«
June stimmte zu. »Ja, bitte, kommen Sie herein. John, gehen wir hinein, setzen uns und ruhen uns ein wenig aus.«
Ich sagte: »Nun, June, wir sehen uns dann später.«
Sie tat, als ob sie es nicht gehört hätte. »Worum geht es, John?«
»O, um nichts«, antwortete ich. »Ich will mit dem Doktor nur etwas besprechen.«
»Was denn, John? Worüber möchtest du mit ihm reden?«
»Über nichts.«
»Bist du krank?«
»June, ich weiß, was ich zu tun habe. Bitte, laß uns allein.«
»Ich verstehe. Vielleicht kannst du ein Rezept für Dexedrine bekommen, John.« Sie gab auf und wandte sich schweren Herzens ab. Sie hatte ihr Spiel gespielt, solange es ging.
Später rief ich June an und fragte: »Was machst du gerade?«
»Ich lese in der Gideon-Bibel.«
Und ich fuhr fort: »Was liest du in der Bibel?«
Sie las mir eine Stelle vor, die genau für meine Situation paßte. Es war so, als ob sie auf meinen Anruf gehofft hätte, damit sie mir diese Zeilen vorlesen konnte. Sie hielt mir niemals eine Predigt. Sie setzte sich niemals hin und sagte: »John, ich will dir etwas aus der Bibel vorlesen.« Sie ließ mich fragen, und sie wußte, wie sie mich dazu bringen konnte, nach dem Wort des Lebens zu fragen. Sie wußte, an welchem Punkt meines Dahinsterbens sie in mir den Wunsch

nach Leben entfachen mußte. Sie spielte es wie ein Schachspiel, und ich wußte, wer gewinnen würde.

*

Ezra Carter, Junes Vater, und ihre Mutter Maybelle boten mir ihr bestes Zimmer an, als ich nach Nashville zurückgekommen war, und versuchten, mich von Säufern und Tablettensüchtigen fernzuhalten. Sie waren mit meinen Pillen nicht einverstanden, doch sogar wenn sie wußten, daß ich welche eingenommen hatte, blieben sie freundlich zu mir und ließen mich immer wissen, daß sie an mich glaubten.

Sie vertrauten mir den Schlüssel zu ihrem Haus an, den ich dann auch prompt verlor. Als ich dann ohne Schlüssel nach Hause kam und niemanden vorfand, trat ich die Tür ein, um hineinzukommen. Gewöhnlich versuchte ich, die Tür wieder in Ordnung zu bringen, wenn ich einmal drin war. Nach einiger Zeit konnte man jedoch keine der betroffenen Türen mehr reparieren, und auch viele Fenster waren zu Bruch gegangen, weil sie von mir mit Gewalt geöffnet worden waren.

Verschlossene Türen konnte ich nicht ausstehen. Für mich war das wie ein Zeichen für Gottes Ablehnung und für seine Mißbilligung des Zustands, in dem ich mich befand. Wenn ich an eine Tür klopfte, ganz gleich, welche Tür, und es wurde nicht geantwortet, versuchte ich, die Klinke herunterzudrücken. Wenn sie verschlossen war, trat ich die Tür ein.

In nüchternen Momenten merkte ich, wie schändlich ich die Hilfe meiner Freunde mißbrauchte. Schließlich mietete ich mir ein Appartement in der Nähe von Madison, Tennessee. Es hatte ein Schlafzimmer, ein Wohnzimmer und eine Küche.

In der ersten Nacht, die ich dort einsam verbrachte, lief ich bis zur Morgendämmerung im Zimmer auf und ab. Dies ist keine Lösung, dachte ich, daß ich vor mir selbst fliehe, weil ich mich nicht ausstehen kann.

Ezra J. (Pop) Carter

Dieses Buch ist
Ezra J. Carter
gewidmet, der in mir die Liebe
zum Wort Gottes weckte

Das Haus der Familie Cash in Dyess, Arkansas

Johnny (J.R.) Cash
im Alter von 10 Jahren

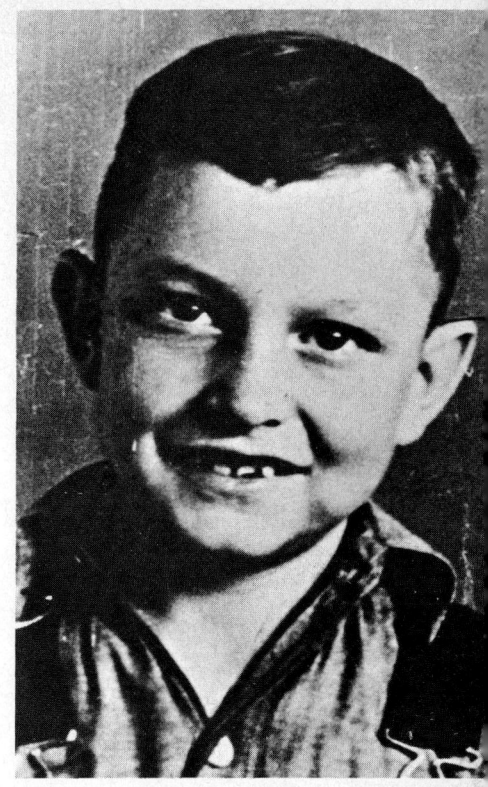

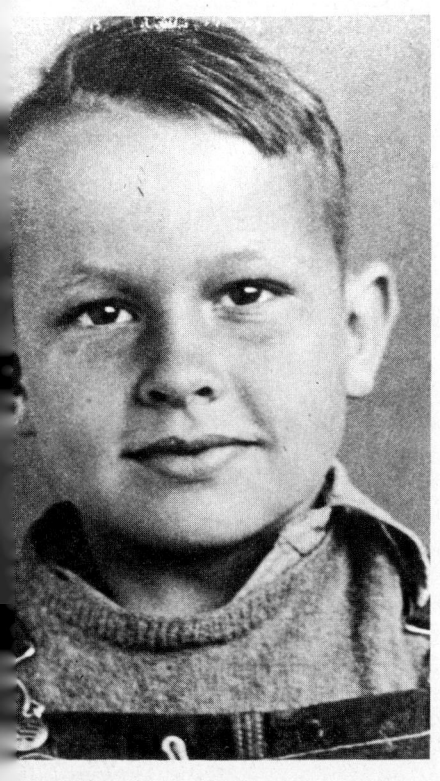

Jack Cash im
Alter von 12 Jahren

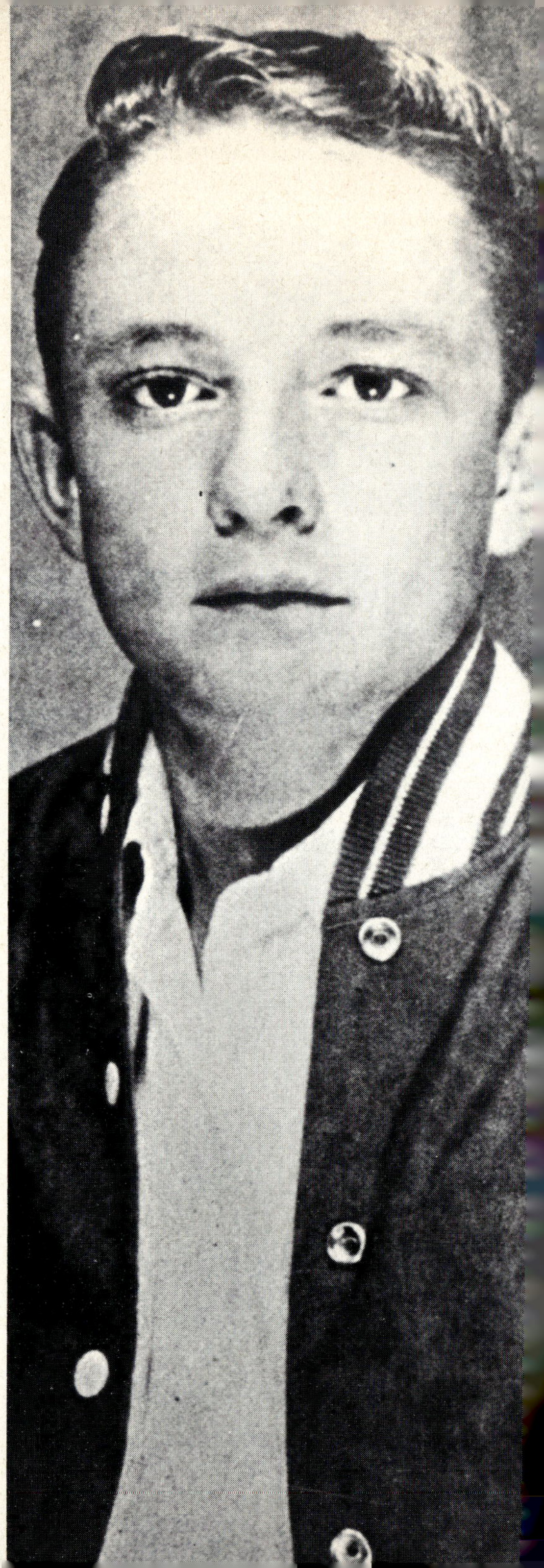

Johnny Cash, 18 Jahre alt, ein Foto aus seinem letzten Schuljahr

Johnny, etwa zu der Zeit, als das „High Noon Roundup"-Programm nach Dyess kam

Stabsfeldwebel John R. Cash 1954 bei der US-Luftwaffe in Deutschland

Feldwebel John R. Cash

Johnny Cash, 1974

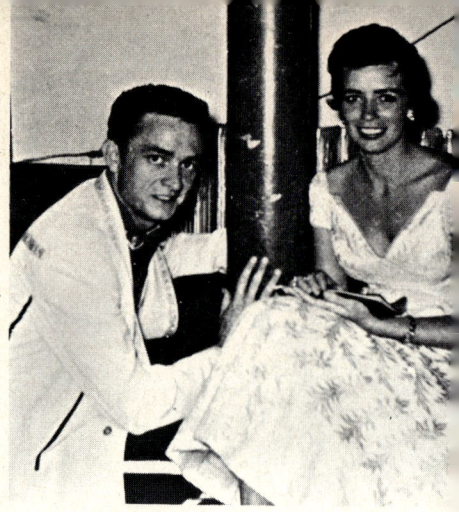

Johnny und June Carter hinter den Kulissen im Grand Ole Opry, Juli 1956

Es ist ein Junge! John Carter Cash, geboren am 3. März 1970

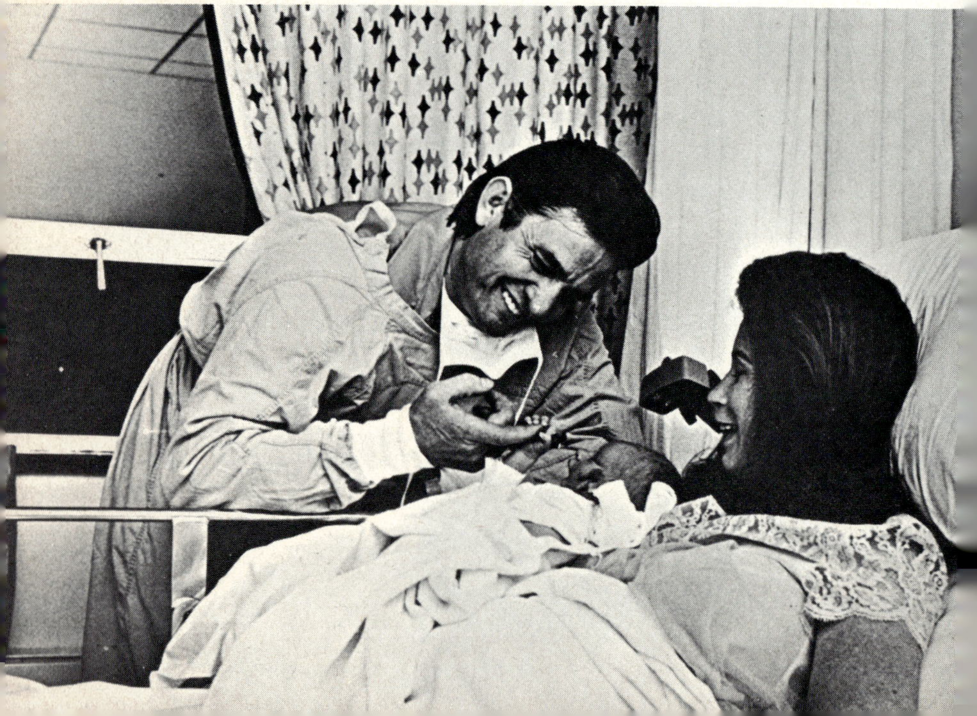

Carlene Smith Ruth,
Junes Tochter

Rosey Nix,
Junes Tochter

Rosanne Cash,
Johns Tochter

Cindy Cash,
Johns Tochter

Tara Cash,
Johns Tochter

Kathy Coggins,
Johns Tochter

John Carter beim Abhören des Playbacks zu einer Schallplatten-Aufnahme (Foto: Jim Marshall)

John, June und Billy Graham

Herr und Frau Cash bei ihrer Goldenen Hochzeit mit ihren Kindern (von links nach rechts): Roy, Louise, Johnny, Reba, Joann und Tommy

Das Haus der Familie Cash am S[...]

Ein lustiger Abend mit Freunden im Haus der Familie Cash
(Foto: Jim Marshall)

Die Brüder Statler

John und die „Zwei von Tennessee" im Jahre 1955
Von links nach rechts: Luther Perkins, John, Marshall Grant

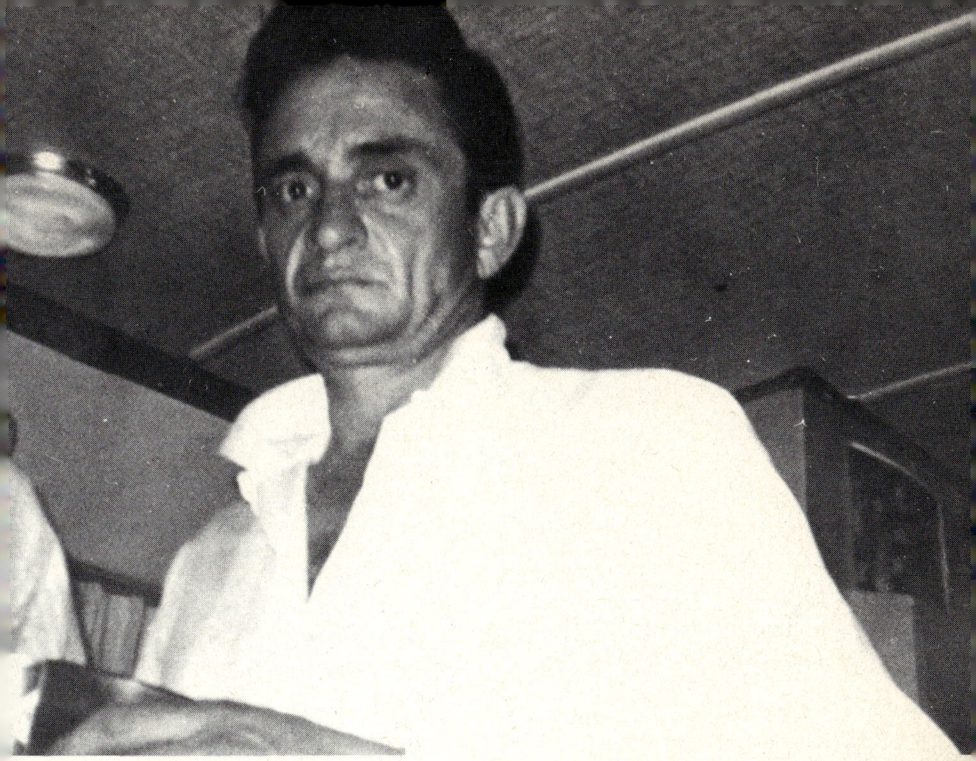

Johnny im Jahre 1966 – ein kranker Mann

1964

Marshall Grant,
Baß

Bob Wootton,
Erste Gitarre

Gordon Terry
mit seiner Fidel

W. S. Holland,
Schlagzeug

Bild oben: Johnny und „Hobo"

Bild rechts: Johnny und sein Vater Ray Cash. Beide Fotos sind Außenaufnahmen für das Fernsehprogramm „Ridin' the Rails"

Zu Besuch in Dyess (1969)

ohnny, June und Carl Perkins in Saigon im Jahre 1969 (Vietnam)

Johnny und Sam Phillips (Sun Records), 1972

Von links nach rechts: Pastor Jimmy Snow, Pastor Floyd Gressett,
Ray Cash und Johnny, in Las Vegas, 1971 (Foto: J. T. Phillips)

June und Johnn

Glen Sherley im Haus der Cashs, 1974 (Foto: Jim Marshall)

Die Familie Carter
Von links nach rechts: Anita Carter Wootton, Maybelle Carter, Helen Carter Jones

Bild links: John Carter Cash (Foto: Stephen Sparks)

Johnny Cash 1974
Bild oben: Johnny, Saul Holiff und June bei einer Preisverleihung (Foto: Jim Marshall)
Bild links: Ray Cash bei Außenaufnahmen
Bild rechts: Erste öffentliche Aufführung von „Gospel Road"

Am nächsten Tag traf ich im Hauptgeschäftsviertel Waylon Jennings, der gerade in unsere Stadt gekommen war. »Wenn du ein Appartement suchst«, meinte ich, »warum ziehst du nicht zu mir nach dort draußen? Ich werde sie veranlassen, noch ein zweites Bett aufzustellen.«

Waylon fuhr mit mir heraus und schaute es sich an. »Mann, du bist der schlechteste Haushälter, den ich je gesehen habe. Was hast du denn in der Küche angestellt? Gekämpft?«

»Ich habe mir ein Frühstück gekocht«, sagte ich. »Biskuits mit Soße.«

»Tu mir bitte einen Gefallen und koche mir nie etwas«, sagte Waylon.

Waylon zog zu mir, aber ich sah ihn selten. Er war den ganzen Tag und jede Nacht in der Stadt.

Ich hatte mir einen großen Vorrat an Benzedrinen und Barbiturat-Tabletten angelegt. Nun muß ich die vor Waylon verstecken, dachte ich. Ich redete mir ein, Waylon wisse nicht, daß ich Pillen nahm. Ich versteckte sie, wo immer ich konnte; unter dem Kühlschrank, im Polster des Sofas, in der Bettwäsche. Ich zog Fußleisten heraus, versteckte die Pillen in der Schrankwand und vergaß sofort wieder, wo ich sie versteckt hatte.

Eines Abends suchte ich wie rasend nach den Pillen, als Waylon nach Hause kam. Ich hatte den Entlüfter aus dem Fenster herausgenommen und ihn in Teile zerlegt, um hineinsehen zu können, falls Waylon heimkam.

»Was in aller Welt tust du da?« fragte er.

»Ich versuche, diesen Entlüfter zusammenzusetzen«, sagte ich.

»Dann sieh gleich mal nach, ob du irgendwelche Pillen darin findest, wenn du schon dabei bist«, grinste Waylon.

Nette Überraschung, dachte ich. Ich wette, daß er selber auch Pillen nimmt.

Waylon ging ins Bett und schlief ein. Ich hatte keine einzige von meinen Pillen gefunden, und ich mußte doch welche haben. Deshalb ging ich nach draußen zu Waylons Auto. Aber wie nicht anders zu erwarten war – das Handschuhfach war verschlossen. Da hat er sie drin, dachte ich. Ich nahm einen Schraubenzieher und versuchte, die Klappe des Handschuhfaches aufzubrechen. Ich klemmte den Schraubenzieher in den Spalt und drückte kräftig nach unten. Die unnachgiebige, spröde Plastikklappe zersprang in tausend Stücke.

Ich schaute hinein und riß Papier, Briefe, Tonbänder und alles mögliche heraus – aber ich fand keine Pillen. Ich ging in mein Zimmer zurück und legte mich zu Bett, wobei ich mich seelisch darauf vorbereitete, daß mich Waylon zur Rechenschaft ziehen würde, sobald er entdeckte, was ich getan hatte. Aber Waylon sprach mich niemals auf das zerbrochene Handschuhfach an.

Daß er es nicht tat, war ein weiterer Anstoß für mich, endlich nüchtern zu werden und aufzuwachen. Wenn er verrückt gespielt und mich angesprungen hätte, wäre mir wohler gewesen. Kampf und Streit gehörten ja zu meinem Lebensstil.

Ich hatte es mir so vorgestellt: Ich würde ganz wild kämpfen und es hartnäckig abstreiten, wenn er mit der Beschuldigung käme, ich hätte sein Handschuhfach aufgebrochen.

Tage vergingen. Er sprach immer noch nicht davon. Aber ich merkte, wie eine Veränderung in seinem Verhalten vorging. Er kapselte sich noch mehr ab als vorher und behandelte mich – das bildete ich mir jedenfalls ein – von oben herab. Und das ärgerte mich unbändig. Er weiß, daß ich es getan habe, dachte ich, aber er will es mir nicht vorhalten und mich dafür verantwortlich machen. Ich wollte dann später die Sache einmal zur Sprache bringen und mich entschuldigen, aber er ging seinen Weg und ich den meinen.

Wieder eine Freundschaft weniger, und es bleiben nicht mehr viele Brücken übrig, die ich noch abzureißen habe, dachte ich resigniert. Aber Waylon war ein großartiger Mann und kreidete mir das Ganze nicht an.

Wenige Wochen später saßen wir zusammen in unserem Wohnzimmer, schrieben und sangen.

»John«, sagte Waylon, »warum beschränkst du dich eigentlich auf dieses kleine Appartement, obwohl du es dir doch leisten könntest, ein Haus zu kaufen?«

»Ich weiß es nicht«, antwortete ich. »Vielleicht müßte ich mir wegen meiner Töchter in Kalifornien Vorwürfe machen, wenn ich mir hier ein Haus bauen würde.«

»Kauf dir ein nettes Haus. Vielleicht wird ihre Mutter dann erlauben, daß sie zu dir kommen und dich besuchen«, sagte er.

»Später vielleicht«, war meine Antwort.

Ich stieg in meinen Wagen und fuhr Richtung Osten auf der Gallatin Road und durch Hendersonville. Vielleicht ist an dem, was Waylon gesagt hat, doch etwas dran, dachte ich. Hör auf, dich an andere Leute zu hängen. Zieh aus deinem Appartement aus und such dir ein eigenes Anwesen. Vielleicht kannst du dann mit diesem Vagabundenleben Schluß machen. Vielleicht wirkt sich das auch auf dein Benehmen anderen gegenüber aus.

Die Landschaft in Sumner County hinter Hendersonville ist eine wunderschöne, hügelige Gegend. Rinder- und Milchfarmen, Tabakplantagen, einige schöne Häuser liegen malerisch in den Hügeln versteckt. Und dann ist da der alte Hickorysee. Der See ist nach Old Hickory selbst benannt. Das ist die Heimat von Andrew Jackson. Über dem See war seine »Einsiedelei«, und in den Feldern und Wiesen um den See hatte er einst seine Pferde eingefangen und zugeritten.

Ich kam an »Rock Castle« vorbei, dem Haus, wo Rachel wohnte, als sie aus dem Fenster sprang, um mit Jackson durchzubrennen.

Ich bog von der Autobahn ab und fuhr auf einer gewundenen Straße zum See hinunter. Ich war nun in der Gegend, wo mir die Häuser von einigen Künstlern und Freunden aus meiner Branche gezeigt worden waren. So kam ich an Red Foleys Haus vorbei, an den Häusern von Roy Acuff, Lester

Flatt und dann auf der anderen Seite des Sees von Roy Orbison.

In einer Bucht des Sees stand das ungewöhnlichste Haus, das ich je gesehen hatte. Ich hielt meinen Wagen an, stieg aus, ging zur Bucht hinunter, setzte mich ans Ufer und betrachtete eingehend das fast siebzig Meter lange Gebäude, das auf der anderen Seite der Bucht stand und noch im Bau war. Es war direkt auf den Felsen gebaut worden.

Ein Heim mit einem kräftigen Fundament, dachte ich. Das könnte der Anfang für einen Neuaufbau meines Lebens sein. Es könnte mir mit Gottes Hilfe zum Lebensfundament werden.

Ein drahtiger, sonnengebräunter Mann, der am Haus arbeitete, hatte mich bemerkt und kam zu mir herüber. »Ich bin Braxton Dixon«, sagte er. »Kann ich Ihnen behilflich sein?«

»Ja«, sagte ich. »Von wem kann ich dieses Haus kaufen?«

»Es ist nicht zu verkaufen«, lachte er. »Da hat schon mancher den Versuch gemacht, es zu kaufen, aber ich baue es für mich selbst.«

»Nein, es wird mir gehören«, sagte ich. »Wieviel soll es kosten?«

»Sind Sie Johnny Cash?« fragte er.

»Ja«, sagte ich, »und ich mache keinen Scherz. Das wird mein Haus werden.«

Braxton setzte sich hin, und wir redeten und redeten. »Es ist einfach so, daß ich in der ersten Minute, als ich dieses Haus sah, davon überzeugt war, daß ich hier leben werde«, sagte ich zu ihm.

Braxton war ungeheuer stolz auf dieses Bauwerk und erklärte mir, wie er durch ganz Tennessee und Kentucky gefahren wäre und alte Scheunenbalken und handgeschnittene Klötze, die hundert Jahre und älter waren, gekauft habe, um sie für diesen Bau zu verwenden. Er hatte das Haus auf der Seeseite des Hügels errichtet und es den Konturen der Landschaft angepaßt und nannte es sein »Naturhaus«.

»Ich kann es leider nicht verkaufen«, sagte er. »Meine Frau, mein Sohn und ich haben unser ganzes Herz hier mit hineingebaut, und wir wollen hier leben.«
Er führte mich durch das ganze Haus, und mir war zumute, als sei ich endlich nach Hause gekommen.
Das Haus hatte auf beiden Seiten je zwei übereinanderliegende Räume, etwa 100 Quadratmeter groß. Im Mittelbau, der etwa 48 Meter lang war, lag auch eine große Küche und ein Badezimmer.
»Ich nehme es Ihnen nicht übel, daß Sie es behalten wollen«, sagte ich zu ihm. »Aber in meinem Leben sind schon andere Dinge passiert, von denen ich vorher wußte, daß sie kommen würden. So weiß ich auch, daß ich dazu bestimmt bin, in diesem Anwesen zu leben.«
Das Gebäude war von rauher Schönheit mit offenen Dachsparren, groben Scheunenbrettern und Balken aus Pappelholz und einer langen Mauer aus natürlichem Kalkstein. Es gab hier nicht viel, was ich zerstören konnte, und die Räume boten ausreichend Platz zum Auf- und Ablaufen, was mir in meinem Zustand ein Lebensbedürfnis war und ganz sicher noch für eine Weile so bleiben würde.

*

Bald nachdem ich das Haus gekauft hatte, kamen Carl Perkins und W.S. Holland, um mich einige Tage zu besuchen. Ich hatte sie angerufen und sie gebeten, zu mir zu kommen.
»Ich glaube, es würde mir gut tun, wenn ihr beide einige Tage mit mir zusammen sein und mich ermutigen würdet«, sagte ich am Telefon.
W.S. sagte: »Wenn du das wirklich ernsthaft meinst, werden wir zu dir ziehen, solange du uns brauchen kannst.«
»Ich meine das wirklich so«, sagte ich.
Als sie ankamen, war ich high, und Carl fing an zu trinken, um es bei mir aushalten zu können.

»Auf, laßt uns eine Fahrt mit meinem Jeep machen«, sagte ich.

»Wenn du mich fahren läßt«, sagte W.S. »Laß uns vernünftig sein, John. Ich bin der einzige hier, der nüchtern ist.«

»Nein, ich fahre«, und ich setzte mich hinter das Lenkrad. Dann machte ich mit ihnen die schrecklichste Fahrt ihres Lebens.

Ich fuhr mit dem Jeep in den Wald, fuhr von der Straße herunter und bahnte mir einen Weg, die Hügel hinauf und hinunter und durch Zäune. Wir fuhren krachend durch Tore und scheuchten das Vieh auf, das auf den Feldern der Nachbarn graste.

W.S. wurde blaß und hielt sich am Sitz fest. Carl trank weiter.

Endlich drehte ich ab, nahm meine Fahrspur wieder auf, und wir fuhren auf die feste Straße zurück.

»Ich habe zum erstenmal in meinem Leben daran gedacht, einen Drink zu nehmen«, sagte W.S.

»Kommt rein, ich werde uns etwas zu essen kochen«, sagte ich. Ich begann, einen Schinken zum Braten zurechtzuschneiden. Dazu machte ich Biskuits und Soße und Rühreier.

Die Küche sah wie ein Schlachtfeld aus, aber Carl und W.S. aßen reichlich. Ich war natürlich nicht hungrig.

Als sie gegessen hatten, sagte Carl: »Nun, John, ich muß dir etwas sagen. Ich bin leider nicht in der Lage, dir zu helfen, auch wenn du es von mir erwartest. Ich fahre nach Hause.«

W.S. schloß sich an. »Nun, ich gehe nicht gern, weil ich eigentlich bis Weihnachten bleiben wollte, falls es eine Hilfe für dich wäre. Aber du bist noch nicht bereit, John, nicht wahr?«

Das ernüchterte mich ein wenig. »Ich glaube nicht«, sagte ich. »Ich dachte, ich sei es, aber es ist wohl noch nicht so weit.«

»Ruf mich an, wenn du Hilfe brauchst. Ich werde kommen«, sagte W.S. Und sie gingen.

*

Am 20. Mai 1967 jährte sich der Tod meines Bruders Jack zum 23. Mal. Zum Gedächtnis Jacks veranstaltete ich unter dem Einfluß von Pillen etwas sehr Merkwürdiges.

Ich hatte gerade das Haus von Braxton Dixon draußen am See gekauft, hatte ein Zimmer und die Küche eingerichtet und wohnte im Junggesellen-Appartement des Hauses. Ich beschloß, meine Mutter und meinen Vater von Kalifornien herfliegen zu lassen und meinen Bruder Roy und meine Schwester Louise, die in Memphis wohnten, einzuladen. Außerdem ließ ich meine Schwester Joanne von Houston und meinen Bruder Tommy aus Nashville kommen. Mein Plan war, am Jahrestag von Jacks Tod ein großes Essen in meinem Haus zu geben.

Meine Schwester Reba rief sie alle für mich an. Doch zuerst wollte niemand kommen. Ich bin überzeugt, daß sie alle der Meinung waren, ein solcher Vorschlag könnte nicht ernst gemeint sein. Ich bat Reba, ihnen klarzumachen, wie wichtig ein solches Wiedersehen für mich sei. Sie sprach noch einmal mit allen, und dann waren sie einverstanden.

Mein Vater und meine Mutter wollten nicht allein zu mir herkommen; deshalb flog ich nach Kalifornien, um sie abzuholen und sie dann hierher nach Tennessee zu bringen. Dort in Kalifornien besorgte ich mir einen großen Vorrat an Pillen, den ich mit nach Nashville nahm. Ich hatte drei Tage und drei Nächte ohne Schlaf hinter mir und nahm darum einige Barbiturate in der Hoffnung, dann bis Memphis schlafen zu können. Da ich aber offensichtlich viel zu viel genommen hatte, fiel ich, wie man mir später erzählte, mit dem Gesicht auf den Fußboden des Flugzeugs, als ich in Memphis von meinem Sitz aufstehen wollte.

Der Pilot sagte zu Mutter und Vater: »Sie müssen ihn hier

herausnehmen. Er kann mit diesem Flugzeug nicht bis Nashville weiterfliegen.«

Sie trugen mich hinaus, riefen Roy an, der Memphis noch nicht verlassen hatte, und brachten mich in ein Hotel. Ich kann mich erst wieder an den folgenden Tag erinnern, an dem wir mit dem Flugzeug nach Nashville weiterflogen.

Beim Aussteigen stolperte ich und taumelte, noch ganz benommen von den Barbituraten, aus dem Flugzeug.

Mein Bruder Tommy erwartete uns am Tor und fragte mich wütend: »Ist es dir egal, was du Vater und Mutter antust?«

Ich schrie zurück, und er versetzte mir einen Hieb. Ich erinnere mich, daß ich zurückschlug und es eine Rauferei gab, bis irgend jemand in den Kampf eingriff. Ich verfluchte und beschimpfte Tommy.

Er sah mich mit Tränen in den Augen an, schüttelte den Kopf und ging weg.

Fünf Minuten später hatte ich völlig vergessen, was passiert war. Es war, als hätte mich dieser Vorfall nicht im geringsten berührt. Ich dachte überhaupt nicht daran, daß irgend jemand im Flughafen von Nashville die Rauferei gesehen haben könnte oder wie ich aus dem Flugzeug getragen wurde oder wie ich auf mein Gesicht gefallen war. Irgend etwas flüsterte mir zu: »Niemand hat dich gesehen, Cash. Niemand hat dich gehört. Denk gar nicht daran.«

Als wir im Haus am See ankamen, hatte ich nicht einmal einen Stuhl, auf den sich meine Gäste hätten setzen können. Ich hatte sie von Kalifornien hierher gebracht, und es gab nicht einmal einen Platz, wo sie schlafen konnten.

Im ersten Stock des Hauses stand ein großes rundes Bett, das ich übernommen hatte. Schließlich merkte ich, daß auch Vater und Mutter ein Bett haben mußten. Für mich fand ich eine Steppdecke und legte sie unten neben den Kamin – allerdings nicht, um darauf zu schlafen, denn ich konnte gar nicht. Meine Eltern schliefen oben in meinem Bett.

Am nächsten Tag – es war der 20. Mai – kamen meine

Schwester Louise und Roy als erste an. Tommy hatte mir vergeben und kam ebenfalls. Reba kam aus Kalifornien geflogen und Joanne aus Houston.

Während des Vormittags saßen wir beieinander, bis mir plötzlich dämmerte, daß ich sie ja zu einem Essen eingeladen hatte. Es war aber nicht nur kein Essen da, sondern auch niemand, der es hätte kochen oder servieren können. Deshalb rief ich June Carter an und erzählte ihr von meiner Verlegenheit. Sie wollte gar nicht glauben, was ich da angestellt hatte, aber sie kam doch, um zu helfen.

Daraus ergab sich eine weitere peinliche Szene. Sie kam und versuchte, eine Mahlzeit herzurichten. Ich stritt mich mit ihr über das, was sie kochen sollte und was nicht. So konnte aus der Mahlzeit nichts Besonderes werden. Fast alles fehlte, um ein Festessen herrichten zu können.

»Ich wünsche, daß alles genauso gemacht wird, wie ich das für diese besondere Gelegenheit anordne«, sagte ich.

June ging hinaus und weinte und wollte nach Hause. Dann aber änderte sie ihren Entschluß, kam zurück und bereitete ein wunderbares Abendessen zu.

Ich hatte einen Fotographen angeheuert, der herauskommen sollte, um von der ganzen Familie Bilder zu machen. So weit ich mich erinnern kann, machten alle mit, ohne viel zu fragen. Erst viel später merkte ich, wieviel Liebe und Geduld meine Eltern mit mir gehabt hatten.

Ich glaube, daß in dem wirren Zustand, in dem ich mich befand, der kleine Junge in mir die Oberhand gewonnen hatte. Ich hatte Vater und Mutter und die Geschwister gerufen, am 20. Mai zu mir zu kommen, damit sie mit mir zusammen erleben sollten, was ich mir in meinem unter Drogeneinfluß stehenden Gemüt vorgestellt hatte: Jack sei zurückgekommen und sitze mit uns am Tisch. Obwohl ich es besser wußte – letzten Endes glaubte ich es ja selbst nicht –, hatten mich die Drogendämonen dazu getrieben, diese Idee zu verwirklichen.

Obwohl ich die Methoden und Tricks dieser Selbsttäuschung zu durchschauen gelernt hatte, habe ich doch erst kürzlich die abgründige Bedeutung dieses Jahrestags erkannt.

Ich hatte nämlich einen leeren Stuhl an den Tisch gestellt, auf dem Jack sitzen sollte. Wenn Jack nun nicht käme, würde ich in meiner tiefen Enttäuschung wohl auch den Gedanken an die Wiederkunft Jesu fallen lassen. So genial war der Plan Satans.

Außer mir gingen schließlich alle zu Bett. Ich streifte noch stundenlang um das Haus herum. Später stieg ich in mein Auto, um Bier zu holen. Doch ich blieb die ganze Nacht über weg.

Als ich bei Tagesanbruch zurückkam, nahm ich eine Handvoll Schlaftabletten und legte mich auf den Fußboden neben den Kamin. Ich hustete und wälzte mich noch längere Zeit hin und her. Ich hörte Vater und Mutter im Zimmer über mir auf und ab gehen. Sie dachten wohl, ich sei endlich eingeschlafen.

»Ich wünschte, er hätte wenigstens einen Stuhl für uns«, hörte ich Vater sagen.

Dann kam Roy ins Zimmer, und Mutter fragte ihn: »Roy, meinst du, daß es mit John noch einmal besser wird?« Es lag so viel Resignation in ihrer Stimme, daß mir deutlich wurde: Nur Gott kann dich jetzt noch vom sicheren Tod erretten!

»Er wird wieder in Ordnung kommen, Mama«, sagte Roy. »Er muß aus einem besonderen Grund durch dieses Feuer hindurch. Ich kenne den Grund nicht, aber ich weiß, er wird in Ordnung kommen.«

Mutter schien beruhigt zu sein. »Ich habe immer gesagt, daß Gott seine Hand in besonderer Weise auf John gelegt hat, und das ist immer noch so.«

Als ich aufwachte, war ich wieder allein. Sie waren alle gegangen. Mein Bruder Roy sagte mir später, er habe kaum damit gerechnet, mich noch einmal lebend wiederzusehen.

Am nächsten Tag kam June Carter zurück, machte mir etwas zu Essen und räumte das Haus auf.

11

Sieben Nächte im Gefängnis

Um im Hilton-Hotel in Las Vegas auftreten zu können, brauchte ich eine Arbeitserlaubnis. Es spielt keine Rolle, ob man Gitarrist oder sonst etwas ist; jeder muß eine Erlaubnis haben. So kam es, daß uns während unseres ersten Gastspiels im Hilton im Jahre 1971 die Personalbögen in die Garderobe hinter der Bühne gebracht wurden. Verschiedene spezielle Fragen waren zu beantworten. Ganz unten auf der Seite waren fünf Leerzeilen – falls man soviel braucht. Dort sollte man die Antwort auf die Fragen geben: Waren Sie schon einmal im Gefängnis? Wo? Wann? Weshalb?

Bis zu dem Augenblick, wo ich mit dem Ausfüllen dieses Fragebogens begann, wußte ich nicht, daß fünf Leerzeilen nicht ausreichen würden. Ich mußte das Blatt umdrehen und weitere Angaben auf die Rückseite schreiben. Zum erstenmal wurde mir dabei bewußt, daß ich schon siebenmal im Gefängnis gesessen hatte – insgesamt sieben Nächte an sieben verschiedenen Orten. Und bei fünf von diesen sieben Fällen konnte ich noch nicht einmal angeben, weshalb ich eingesperrt worden war. Eigentlich wußte ich das nie so richtig.

Siebenmal in sieben Jahren! Sieben Schritte nach unten! Als ich in der Garderobe im Hilton den Bogen ausfüllte, begann ich, über diese Vorfälle nachzudenken.

Da war ein Fall im Jahre 1959 in Nashville, als ich die erste Nacht im Gefängnis verbrachte. Ich erinnere mich, daß es dabei um die Erregung öffentlichen Ärgernisses wegen Trunkenheit ging. Ich hatte es wirklich verdient, ins Gefängnis zu kommen. Ich hatte versucht, eine Tür aufzubrechen und in einen Club zu kommen, der schon geschlossen hatte.

Ein andermal war ich nach einem Konzert in Starkville, Mississippi, zu einer Zechtour losgezogen. Es wurde erzählt, daß ich – als sie mich um zwei Uhr nachts aufgriffen – gerade in irgendeinem Garten Blumen pflückte. In Wirklichkeit war ich aber die Straße hinuntergegangen, um eine Tankstelle zu finden, die noch geöffnet hatte. Ich wollte dort ein paar Zigaretten kaufen. Die Polizei griff mich auf und setzte mich fest. Ich drehte beinahe durch vor Wut; ich schrie, ich tobte und trat die ganze Nacht gegen die Zellentür, bis ich mir eine Zehe brach. Als ich am anderen Morgen um acht Uhr ausgenüchtert war, ließen sie mich wieder gehen.

Die anderen Male wurde ich in Nevada, Texas und Kalifornien ausgenüchtert. Dort fand mich die Polizei, wie ich unter Tabletten- und Alkoholeinwirkung stand. Sie brachten mich zu anderen Betrunkenen in eine Zelle, bis ich meinen Rausch ausgeschlafen hatte.

In diesen Gefängnissen hatte ich einige haarige Erlebnisse. Da war das Abenteuer mit dem stämmigen Holzfäller, der mir gegenüber heulend auf der Bank saß. Er fiel von einem Extrem ins andere. Als ihn plötzlich die Wut packte, stand er auf und schlug sich mit den Fäusten gegen die Brust, wobei er wie Tarzan zu brüllen begann. Er zeigte mir seine starken Arme und sagte, daß er meinen Hals wie einen dürren Zweig brechen könne. Ich wußte, daß er recht hatte.

Darum sprach ich ein bißchen mit ihm und machte ihm wegen seiner Muskeln Komplimente. »Ich glaube dir, daß du es kannst.« Ich wurde mehr als nüchtern, als sich unvermittelt ein Arm, so groß wie der Schenkel eines Esels, um meinen Hals legte. In meinem Schrecken begann ich zu singen, und er hielt einen Augenblick an. Ich sang die Songs »Folsom Prison Blues« und »I Walk the Line«.

Er setzte sich hin und versuchte, aus mir klug zu werden. Dann sagte er: »Das hört sich an wie Johnny Cash.«

Mit einem Seufzer der Erleichterung sagte ich: »Ich bin Johnny Cash.«

Doch das machte ihn wütend. »Genug, du lügst!« sagte er und stand auf, um mich zu testen.

Jetzt war ich nicht nur nüchtern, sondern ich betete auch.

»Sing!« befahl er.

Ich sang eines der Lieder, die ich in meinen besseren Zeiten auf einer LP mit geistlichen Liedern aufgenommen hatte: »When He Reached Down His Hand for Me.«

>»Als er mich an den Händen nahm,
als er die Hand mir gab,
war ich tief gesunken,
weit weg von Gott und dem Sohn,
als er mich an den Händen nahm*.«

Der starke Holzfäller hatte jetzt Tränen in den Augen. »Sing noch eins«, sagte er, und ich sang ein weiteres Lied.

Nach dem Lied sagte er heulend: »Du und ich, wir sind ein paar Betrunkene, aber es hört sich tatsächlich wie Johnny Cash an. Sing noch ein Lied!« Er legte sich hin und machte seine Augen zu.

Ich sang, bis ich davon überzeugt war, daß er schlief.

Der Morgen kam, und sie ließen mich raus.

*

* Von G. E. Wright, © 1921 Quartet Music Co. Renewall © 1948 übertragen den Stamps-Baxter Music und Printing Co. Mit freundlicher Genehmigung.

Im Jahre 1965 nahm ich mehr Pillen, als mir die Ärzte, die ich auftrieb, verschreiben wollten. Aber sowohl in Nashville als auch in Kalifornien kam ich leicht an illegale Quellen heran. Einer meiner Freunde kannte beispielsweise jemanden, der in einer Apotheke arbeitete. Dieser Freund besorgte mir Hunderte von Pillen, indem er Großhandelsbestellungen fälschte. In anderen Fällen wurde ich von Apotheken versorgt, die sich wegen der großen Nachfrage durch Leute meines Schlages illegal mit Mengen solcher Medikamente aus Mexiko oder von Schwarzherstellern versorgt hatten.

Bei einem Aufenthalt auf einer Fahrt von Dallas nach Los Angeles entschloß ich mich, bei El Paso selbst über die Grenze zu gehen, um mich zu versorgen. Ich hatte meinen Pillenvorrat verbraucht oder verloren. Darum mietete ich ein Taxi und bat den Fahrer, mir soviel Psychopharmaka zu besorgen, wie er nur könne.

Ich war nervös und ein bißchen ängstlich, als ich etwas später in Juarez saß, während der Fahrer das Auto verließ, um in einer Kneipe nach Amphetaminen und Barbituraten zu fragen. Ich kam mir wie ein Verbrecher vor – ich war es ja wohl auch –, während ich in diesem Taxi in einer heißen, schmutzigen Hinterstraße am Hintereingang einer Bar darauf wartete, daß der Taxifahrer meinen Auftrag ausführte. Ich hatte es vorher noch niemals ausprobiert, aber ein Pillensüchtiger in Nashville hatte mir gesagt, ich könne in Mexico alles bekommen, was ich brauche.

Er hatte recht. Der Taxifahrer kam bald mit mehreren hundert Pillen beider Sorten zurück, und wir fuhren wieder über die Grenze zu meinem Hotel in El Paso.

Als ich in mein Zimmer zurückkam, nahm ich zwei oder drei Pillen und unternahm dann einen Bummel durch die Stadt. Ich landete in der Innenstadt von El Paso, wo ich in einem Leihhaus eine antike Pistole kaufte. Es war ein Modell aus dem 19. Jahrhundert mit Zündhütchen und Kugeln. Sie war in einwandfreiem Zustand.

Als ich aus dem Laden trat, hielt mich jemand an. Später stellte ich fest, daß er mir schon seit dem Überschreiten der Grenze gefolgt war. »Hallo, Johnny Cash! Ich bin einer Ihrer Fans«, sagte der Geheimpolizist.

Ich wußte sofort, daß es ein Polizist war, obwohl mir nicht klar war, wieso er von meiner Reise nach Mexico wissen konnte. Ich war der Meinung, daß er mich wegen des Pistolenkaufes überwachte.

»Ich sammle alte Pistolen«, sagte ich und zeigte sie ihm.

»Sehr hübsch«, sagte er freundlich. »Haben Sie eine Show in El Paso?«

»Nein, ich bin nur auf der Durchreise nach L. A.«, antwortete ich und wandte mich ab, um zu gehen.

»Ich habe alle Ihre Platten«, sagte er und ging neben mir her.

»Danke«, sagte ich und fragte mich, ob er wohl wüßte, daß ich unter dem Einfluß von Medikamenten stand.

»Wann verlassen Sie El Paso?« fragte er.

»Heute abend um neun Uhr«, sagte ich, sprang in ein Taxi und fuhr zum Hotel zurück.

Ich steckte die Pillen in zwei Socken und versteckte einen Socken in meiner Gitarre und den anderen im Futter meines Koffers. Der Gedanke um meinen Abflug um neun Uhr beunruhigte mich ein wenig, da ich dem Polizisten diese Zeit ja leider mitgeteilt hatte.

Aber die Pistole war ja legal erworben – ein antikes Stück. Außerdem hatte er sie ja schon gesehen. Die Pillen? Die waren gut versteckt – bis auf das Dutzend in meiner Tasche.

Auf dem Flughafen kam ich ein wenig früher an und gab meinen Koffer und meine Gitarre am Schalter auf. Sobald wie möglich ging ich an Bord des Flugzeuges, setzte mich und legte die Aktentasche mit der Pistole auf meinen Schoß.

Als die Flugzeugtür gerade geschlossen werden sollte, hörte ich einen Mann die Stewardeß rufen: »Einen Augenblick bitte! Wir müssen hier noch jemanden herausholen.«

»Wen?« fragte sie.

»Johnny Cash. Wo sitzt er?« Er kam herein, und ich erkannte ihn sofort. Es war der Mann, den ich draußen am Leihhaus gesehen und gesprochen hatte.

»Hier bin ich«, sagte ich kaum beunruhigt. »Was wollen Sie von mir?«

»Haben Sie eine Pistole bei sich?« fragte er.

Von diesem Augenblick an schaute und hörte jeder im Flugzeug zu. Er schwitzte, war nervös und etwas außer Atem, als ob er gerannt wäre.

»Das wissen Sie doch«, antwortete ich, »ich habe sie Ihnen doch heute nachmittag gezeigt. Was ist denn los damit?«

»Gehen wir«, sagte ein anderer Mann, der gerade aufgetaucht war.

Unter diesen Umständen war ich froh, aus dem Flugzeug herauszukommen und möglichst weiten Abstand von den Passagieren zu bekommen, die Zeuge meiner Verhaftung gewesen waren.

Die beiden Männer brachten mich in einen leerstehenden Raum, leer – bis auf meine Gitarre und meinen Koffer. Darum drehte es sich also. Sie hatten dies alles bloß arrangiert, um mich und mein Gepäck aus dem Flugzeug zu holen, bevor es abflog.

Sie durchsuchten mich von Kopf bis Fuß und fanden die Pillen in meiner Tasche. Sie öffneten meinen Koffer und begannen, jedes einzelne Kleidungsstück systematisch zu durchsuchen. Schließlich fanden sie die Pillen im Futter.

»Haben Sie noch mehr?« fragte einer von ihnen.

»Nein«, sagte ich.

Er öffnete den Gitarrenkasten, holte die Gitarre heraus und schüttelte sie. »Würden Sie bitte die Saiten lockern, daß wir sie herausholen können, oder sollen wir die Gitarre kaputtmachen, um dranzukommen?«

Ich antwortete nicht. Ich nahm die Gitarre, lockerte die Saiten, griff in das Schalloch hinein und holte die übrigen Pillen heraus.

Sie schütteten sie alle in einen großen Becher und sahen

sie sich an. Dann nahmen sie sich noch den Gitarrenkasten vor, setzten sich und sahen mich groß an.

»Wo ist das H?« fragte der eine.

»Das was?« fragte ich.

»Das H, das horse, das Heroin«, drängte der andere.

Ich war während der ganzen Suchaktion ruhig und höflich geblieben – bis zu diesem Augenblick. Doch jetzt erkannte ich den wahren Grund und wurde wütend. »Deshalb habt ihr mich verhaftet? Ihr habt gedacht, ich hätte Heroin?« sagte ich.

Sie antworteten nicht.

»Ich besitze kein Heroin«, sagte ich. »Ich habe noch nie welches angerührt.«

»Auf was für einem Trip sind Sie denn?« fragte der eine.

»Psychopharmaka«, antwortete ich. »Sie haben sie alle da im Aschenbecher drin.«

Nach einer Weile schaute der eine den anderen an und fragte, als ob ich nicht da wäre: »Glaubst du ihm?«

»Ich denke ja«, war die Antwort.

»Verstehen Sie, Cash«, fuhr der andere fort, »wir haben Sie festgenommen, weil Ihr Taxifahrer Ihren Einkauf bei einem bekannten Heroinhändler getätigt hatte. Darum waren wir sicher, daß es dabei um Heroin ging.«

Ich begann aufzuatmen und schöpfte Hoffnung, daß sie mich vielleicht nicht dabehalten würden. »Das sind Amphetamine und Barbiturate«, sagte ich. »Die verschreibt Ihnen fast jeder Arzt. Ich wollte mir nur einen kleinen Vorrat anlegen.«

»Aber Sie haben sie illegal erstanden«, sagten sie. »Wir müssen Sie verhaften.«

Meine Zelle im Gefängnis von El Paso war seit ihrer letzten Belegung nicht mehr gereinigt worden. Das »Plumpsklo« war kaputt, und es gab keine Matratze, kein Kopfkissen, nur eine einfache Wolldecke über der Sprungfedermatratze. Das Licht brannte die ganze Nacht, und ich konnte die Kakerlaken über den Boden kriechen sehen.

Einige der anderen Insassen lachten und trieben Ulk miteinander. Ich hörte, wie ein Junge weinte, ein anderer betete. Ich versuchte ebenfalls zu beten, aber ich brachte kein Wort heraus.

Bei Sonnenaufgang ließ die Wirkung der Pillen nach, und ich schlief endlich ein. Mittags brachten sie mir eine Schüssel Bohnen und ein Stück Brot. Ich aß alles auf.

»Da ist ein Anruf für Sie«, sagte der Mann mit den Schlüsseln, als er meine Zellentür öffnete.

»Wer ist es?« fragte ich.

»Woher soll ich das wissen?« sagte er. »Kommen Sie schon!«

»John? Hier ist Sam«, sagte die Stimme am anderen Ende. »Kann ich irgend etwas für dich tun?«

»Welcher Sam?« fragte ich mit zitternder Stimme.

»Sam Phillips«, sagte er. »Was kann ich für dich tun? Soll ich zu dir kommen, oder soll ich meinen Anwalt schicken? Ich möchte etwas unternehmen.«

Ich hätte ihn gern gefragt, wie er dahintergekommen sei, daß ich hier sitze, aber ich fürchtete, er würde mir sagen: Durch die Nachrichten. Ich hatte Sam zwei Jahre lang nicht gesehen, und jetzt, in einem Augenblick, in dem ich mich von aller Welt verlassen glaubte, kam dieser Anruf.

»Es ist alles in Ordnung. Auf jeden Fall herzlichen Dank.« Ich verschluckte mich und konnte nichts mehr sagen. Darum legte ich den Hörer auf.

Nach ein paar Minuten kam der Mann wieder in meine Zelle und sagte: »Da ist ein Anruf für Sie, Cash.«

Es war Neal Merritt, der Komponist und Diskjockey für Country-Musik vom Sender El Paso. »Tut mir leid, daß du Ärger hast, John. Kann ich etwas für dich tun?«

»Wie hast du das erfahren, Neal?« fragte ich.

»Es kam über den Fernschreiber«, antwortete er.

»O weh!« sagte ich. »Dann wissen ja auch meine Mutter, mein Vater, meine Frau und meine Kinder genau darüber Bescheid.«

Ich glaubte nicht, daß ich es bis zurück in meine Zelle schaffen würde.

Dann kam ein neuer Telefonanruf. Diesmal war es Don Law, ein Produzent aus meiner Kolumbia-Zeit. Wie oft waren seine Bemühungen, eine Aufnahme zustande zu bringen, gescheitert, weil ich nicht fähig war zu singen. Wie oft hatte Don die ganze Nacht im Kontrollraum gesessen, in der Hoffnung, daß ich doch noch in Stimmung kommen würde, um die Aufnahme hinzukriegen. Nie hat er sich beklagt, und nie hat er kritisiert. Er hatte mir sogar sein Appartement zur Verfügung gestellt, wenn ich nicht in der Lage war, unter Menschen zu gehen. Nun war er am Telefon, machte mir Mut und sagte mir seine Hilfe zu.

Ich war starr vor Betroffenheit, als ich auflegte.

»Ich will nicht mehr gestört werden«, sagte ich dem Mann mit den Schlüsseln, als ich mit weichen Knien zu meiner Zelle zurückging. Ich ließ mich einfach auf die Bank fallen.

»Aus dieser Zelle gehe ich nie wieder hinaus«, sagte ich leise zu mir selbst. »Ich will allein sein und beten, daß Gott mir vergibt und mich sterben läßt. Ich habe nicht mehr die Kraft, irgend jemandem gegenüberzutreten. Ich weiß, daß meine Familie verzweifelt ist und meine Freunde und Fans verletzt und enttäuscht sind. Das ist einfach zuviel und wird immer zwischen uns stehen.«

Ich sah meine Familie im Geist vor mir, wie sie weinten, und ich hörte sie fragen: »Warum, Vater?« – »Warum, John?« – »Warum, mein Sohn?«

Ich weinte. Ich wollte beten, aber ich konnte nur weinen.

»Da ist ein Anruf für Sie, Cash«, sagte der Mann wieder.

»Laß mich in Ruhe«, sagte ich.

Und er ging.

Ein paar Minuten später kam er wieder, öffnete die Zellentür und klopfte mir auf die Schultern. »Kommen Sie«, sagte er.

Im Büro warteten der Rechtsanwalt, Woodrow Bean, und zwei Polizisten auf mich.

»Marshall Grant hat mich kommen lassen«, sagte der Anwalt. »Kennen Sie ihn?«
»Ja«, antwortete ich.
»Verhaftet sein bedeutet, daß eine Akte angelegt wurde. Deshalb müssen wir zum Gericht hinübergehen, um Sie freizubekommen. Ziehen Sie diese Sonnenbrille auf!«
»Warum?« fragte ich.
»Weil Sie diese hier tragen müssen«, sagte ein Polizist und legte mir Handschellen an. »Tut mir leid, aber es ist nun mal Vorschrift.«
»Das wird Herr Cash bald hinter sich haben«, sagte Anwalt Bean. »Wenn wir zur Tür herauskommen, bleiben Sie dicht bei mir und gehen Sie schnell.«
»Warum?« fragte ich wieder. Ich war jetzt wie benommen, verschüchtert und verschämt wegen der Handschellen. Wie konnte ich nur so tief sinken?
»Weil«, sagte Herr Bean, »einige Pressefotografen draußen auf Sie warten.«
Die Bilder, die am nächsten Morgen in der Presse – einschließlich dem »Memphis Press Scimitar« – zu sehen waren, kennzeichneten den Tiefpunkt meiner ganzen Laufbahn. In den nächsten sechs Wochen rührte ich keine Tabletten an. So hatte mich dieses Erlebnis gedemütigt. Doch so bedrückend und beschämend das auch war, die Erinnerung daran verblaßte mehr und mehr, und ich griff wieder zu den Pillen, meinen tödlichen Begleitern.

*

Die letzte meiner Gefängnisnächte verbrachte ich im Oktober 1967 in Lafayette, Georgia. Sie wurde zum Wendepunkt in meinem Leben.
Gegen acht Uhr morgens kam Sheriff Ralph Jones in meine Zelle und weckte mich. Ich erhob mich mit dem mir so wohlbekannten Katergefühl und mit einem schlechten Gewissen.
Er sagte: »Kommen Sie mit in mein Büro, Herr Cash.«

Ich ging mit an seinen Schreibtisch und wartete auf die übliche Zurechtweisung und einige Mahnungen.

Sheriff Jones öffnete eine Schublade und holte mein Geld und die Pillen heraus. Er hielt sie in seiner Hand, schaute mich an und sagte: »Ich gebe Ihnen jetzt Ihr Geld und die Pillen zurück, weil Sie wohl besser als jeder andere Mensch wissen, daß Ihnen Gott die freie Entscheidung gegeben hat, mit Ihrem Leben zu tun, was Sie wollen. Hier ist Ihr Geld, und hier sind Ihre Drogen. Sie können die Pillen jetzt wegwerfen – Sie können sie auch weiter einnehmen und sich selbst damit töten. Wie Sie sich auch entscheiden, Herr Cash, ich werde nichts unternehmen.«

Ich stand da und schaute ihn lange an, bevor ich antworten konnte. »Ich verstehe nicht, wieso Sie mir diese ›Aufputscher‹ wiedergeben. Das ist doch nicht legal.«

»Ja, richtig, es ist illegal. Es wäre auch Sünde und ein Verbrechen, wenn Sie sich umbringen würden. Und das ist genau das, was Sie mit den Pillen tun. Ich habe Ihre Karriere über zehn Jahre lang verfolgt. Meine Frau und ich besitzen alle Ihre Schallplatten. Wir verehren Sie. Wir haben Sie im Fernsehen gesehen und im Radio gehört und auch Ihre letzte Langspielplatte mit den geistlichen Liedern gekauft. Wir sind wahrscheinlich die eifrigsten Fans, die Sie je hatten. Ich war erschüttert, als Sie gestern abend hier eingeliefert wurden. Ich verließ das Gefängnis, ging nach Hause und erzählte meiner Frau, daß man Johnny Cash verhaftet habe. Ich hätte beinahe mein Amt aufgegeben und alles hingeworfen, weil mich das so mitgenommen hat.«

Er knallte die Pillen auf den Tisch und sagte: »Nehmen Sie sie mit und gehen Sie schnell!«

Ich nahm sie auf und sagte: »Sheriff, Sie werden es nicht bereuen, daß Sie mich so gehen lassen.«

Er sagte: »Machen Sie mit Ihrem Leben, was Sie wollen. Denken Sie aber daran, daß die Entscheidung, ob Sie sich umbringen oder Ihr Leben behalten wollen, in Ihrer Hand liegt.«

Ich steckte das Geld in die Tasche und verließ das Gefängnis. Drei oder vier Dollar, das war alles, was ich besaß. Die Pillen warf ich fort.

Ein Freund, Richard McGibony, wartete auf mich im Auto. Er hatte herausbekommen, daß man mich aufgegriffen hatte, und war in der Hoffnung hergekommen, daß ich am nächsten Morgen entlassen würde.

Ich stieg in seinen Wagen und sagte: »Richard, ich will nach Hause, nach Nashville. Du wirst nie wieder erleben, daß ich high bin oder Drogen zum Aufputschen nehme.«

»Ich hoffe, du machst Ernst damit«, antwortete er.

»Der Sheriff dort ist ein besonderer Mensch«, sagte ich. »Gott hat ihn mir gesandt oder mich zu ihm. Er hat mir etwas klargemacht, nämlich daß ich auf dem besten Weg war, mich selbst umzubringen. Er hat mir aber auch bewußt gemacht, was es heißt, wirklich zu leben.«

Ich ging heim nach Nashville und rief June an. »Ich bin wieder zu Hause«, sagte ich.

»Wie geht es dir?« fragte June.

»Ganz gut. Könntest du bitte Dr. Nat Winston anrufen und ihn fragen, ob er mich einmal besuchen kann? Ich brauche dringend Hilfe. Er soll mir ein paar Ratschläge geben, wie ich über die teuflischen Qualen Herr werden kann, die meinen ganzen Körper durchziehen und mich zur Verzweiflung treiben.«

June rief später zurück und sagte: »Nat macht heute den ganzen Tag bis in die Nacht hinein Hausbesuche, aber er sagte, wenn du ihn bei dir haben möchtest, kommt er morgen abend auf dem Rückweg von Ost-Tennessee vorbei.«

Die kommende Nacht hielt ich noch durch, aber am nächsten Tag fand ich eine Flasche Amphetamine, die ich im Badezimmer versteckt hatte. Da ich schon zwei Tage lang ohne Amphetamine gewesen war, schluckte ich eine ganze Handvoll.

Ich kann mich nicht daran erinnern, was ich den Tag über gemacht habe. Doch als es dunkel wurde, beschloß ich, meinen Traktor aus dem Schuppen zu holen und am hohen Ufer des Sees entlang zu fahren. Ich wollte einfach ausprobieren, wie nahe ich am Rand entlangfahren konnte, ohne überzukippen. Es war später Oktober und schon ziemlich kalt. Ich trug einen langen Ledermantel und hatte die Pillen in meiner Tasche.

Ich fuhr mit dem Traktor ganz hart am Ufer entlang. Plötzlich gab die Erde unter mir nach. Dann fiel ich, soweit ich mich erinnere, in den See, und der Traktor kam hinter mir her. Ich rollte mich zur Seite und entging dem stürzenden Traktor nur um ein Haar.

Dann versuchte ich, aus dem eiskalten Wasser ans Ufer zu kraulen, aber ich war steif vor Kälte.

Wenige Augenblicke später kam Braxton Dixon wie aus dem Nichts herbeigerannt und streckte mir seine Hände entgegen. Direkt hinter ihm tauchten June und Nat Winston auf.

Ich war durchgefroren und konnte nicht sprechen. Sie brachten mich ins Haus. Ich sträubte mich dagegen, daß sie mir den Mantel auszogen, weil in der Tasche doch noch die restlichen Pillen waren. Aber schließlich hatten sie meinen Mantel abgestreift. Dann fanden sie die Pillen und warfen sie weg.

Ich ging ins Bett und schlief endlich vor Erschöpfung ein.

Gegen vier Uhr morgens wurde ich wach. Nat saß auf einem Stuhl neben meinem Bett. Dabei kannte ich ihn damals noch gar nicht so gut.

Er sagte: »Wie geht es dir, John?«

Ich richtete mich schnell auf, und mein erster Gedanke waren die Pillen. Ich versuchte, mich zu erinnern, wo ich sie hingetan hatte, und antwortete: »Ganz großartig, ganz großartig, Nat. Ich fühle mich wohl.« Dabei dachte ich: Wenn ich nur ein paar Pillen hätte! Denn das Verlangen wurde immer stärker und zerriß mich fast.

»Du siehst furchtbar elend aus«, sagte er.

Diese Bemerkung holte mich in die Wirklichkeit zurück,

und von diesem Augenblick an wußte ich, daß ich Nat Winston nicht hinters Licht führen konnte. Solange er im Haus war, konnte ich nicht an die Pillen herankommen.

Nat sagte: »Ich wollte ganz sicher gehen und anwesend sein, wenn du wach wirst. Als du anriefst, war ich überzeugt, du hättest es nicht ohne den festen Vorsatz getan, dein Leben wieder in Ordnung zu bringen.«

»Ich habe niemals irgend etwas aufrichtiger gewollt als das«, sagte ich. »Aber ich sehe ein, daß ich fachliche Beratung brauche, wenn ich mit meinem Problem fertigwerden will.«

»John«, sagte Nat, »ich bin Arzt. Ich bin Psychotherapeut und habe schon viele Menschen gesehen, die in einem ähnlichen Zustand waren. Aber, ehrlich gesagt, ich glaube nicht, daß du eine Chance hast. Ich kenne niemanden, der es mit sich so weit hat kommen lassen wie du. Du mußt wirklich wollen, und das würde dir um vieles leichter fallen, wenn du dir von Gott helfen ließest.«

Ich wußte, daß er recht hätte. Gott hatte die ganze Zeit darauf gewartet, daß ich umkehren würde. Nun, da er sah, daß ich es ernst meinte, schickte er mir Menschen, die mit mir zusammen kämpfen wollten – Nat Winston, June, ihre Eltern, meine Eltern, Braxton Dixon und andere. Und doch war es im wesentlichen mein Kampf. Nur ich selbst konnte ihn führen, und ich selbst mußte auf Gott vertrauen, daß er mich durchbringen würde.

»Ich bin bereit, Nat«, sagte ich.

»Dann bereite dich auf den Kampf deines Lebens vor«, sagte er. »Ich komme morgen abend wieder und werde dann sehen, wie es dir geht.«

Er ließ mich allein, und mir wurde deutlich, was ich schon lange gewußt hatte: Es gab gar keine andere Lösung. Ich mußte von den Pillen loskommen, oder ich würde sterben. Eine Pille – und ich müßte einfach die nächste haben und dann die nächste ohne Ende. Nur ich wäre der Leidtragende – ein Narr!

12

Splitter, Dornen und Würmer

Nat Winston sagte zu June: »Wenn Johnny Cash überlebt, muß jemand mit ihm in eine andere Gegend ziehen und die Leute, die für ihn schädlich sind, von ihm fernhalten.« Am nächsten Tag sprach June mit ihrem Vater darüber. »Nun, worauf warten wir noch?« sagte E. J. Carter. »Pack deinen Koffer. Maybelle und ich werden auch mitkommen.« June, Maybelle und E. J. Carter kamen zu mir heraus und schliefen dort in Schlafsäcken auf dem Boden. Was Nat Winston geraten hatte, war wirklich nötig. Ich brauchte die Freunde, weil ich in dieser Zeit nicht hätte allein sein können. Ihre Anwesenheit ermutigte mich sehr.

Braxton Dixons Frau Anna blieb freiwillig nächtelang auf, um sicherzustellen, daß mich niemand belästigte. Ich wußte nie, wer die Leute waren. Aber ich wußte genau, daß es hier nicht nur die Drogen zu bekämpfen gab, sondern daß sich mein ganzes Leben ändern mußte. Ich schloß mich in meinem Schlafzimmer ein und empfing niemanden. Dies sollten für mich »vierzig Tage in der Wüste« werden.

Eines Abends versuchte einer meiner langjährigen Freunde, sich den Zugang zum oberen Stockwerk des Hauses zu erzwingen, um mich zu besuchen.

Anna Dixon sagte: »Nein!«

Als er trotzdem darauf bestand und ins Haus eindrang, hielt sie ihn mit einem Schlachtermesser in der Hand auf und drängte ihn bis zu seinem Auto zurück, das Messer immer an seiner Gurgel. Sie hat mir nie verraten, wer es gewesen ist.

Nat besuchte mich jeden Tag. Manchmal war es fünf Uhr nachmittags und manchmal Mitternacht, aber an keinem dieser dreißig Tage vergaß er es, seinen Besuch zu machen. Jeden Tag wartete ich mit Schmerzen auf ihn. Mit seinen Ratschlägen gab er mir Mut weiterzukämpfen.

O, wer kennt wirklich die Qualen einer Entziehungskur? Verstehen Sie, ich war, wie die Leute sagen, an den Genuß von Amphetaminen und Barbituraten gebunden. Das hört sich besser an als der Ausdruck »tablettensüchtig«. Es gab Tage, an denen ich zwanzig Fünf- oder Zehn-Milligramm-Amphetamine geschluckt hatte. Dann brauchte ich ebenso viel Barbiturate, um für zwei oder drei Stunden schlafen zu können. Darauf folgten dann sechs oder acht Amphetamin-Pillen, damit ich am nächsten Tag wieder in Schwung kam. Mit den Amphetaminen konnte man verhältnismäßig leicht Schluß machen, aber beim Entzug von Barbituraten setzten Höllenqualen ein.

Am dritten Abend ging es mir schon etwas besser. June und ihre Familie beteten für mich. Lange Zeit konnte ich einfach nicht einschlafen, aber dann überwältigte mich doch die Müdigkeit.

Am anderen Morgen ging es mir schlecht. Ich hatte ein heftiges Verlangen nach etwas, das mich auf Trab bringen könnte. Dieser ganze Tag war schrecklich. Ich war nervös und schwitzte, verließ aber meinen Raum trotzdem nicht.

Als dann endlich Schlafenszeit war, wanderte ich den Flur auf und ab, machte Klimmzüge und versuchte alles, um zur Ruhe zu kommen. Den inneren Frieden, um länger beten zu können, hatte ich nicht. Aber jeder meiner Atemzüge war ein Gebet, ein Kampfgebet, und ich gab nicht auf. Ich hatte mich ja Gott anvertraut und mich vor ihm gedemütigt. Ich rief ihn um Hilfe an.

In dieser Nacht schlief ich erst gegen drei Uhr morgens ein. Und gerade um diese Zeit kamen die Alpträume, die mich so sehr bedrängten. Das ging etwa zehn Nächte lang so weiter.

Es war jede Nacht der gleiche Alptraum. Mein Magen krampfte sich zusammen – wohl weil die Pillen ja alle in meinem Magen landeten, sich dort zersetzten und ihre furchtbare Arbeit taten. Ich lag dann im Bett auf dem Rükken oder zusammengerollt auf der Seite. Die Krämpfe kamen und gingen. Ich döste eine Weile und schlief dann endlich ein.

Dann hatte ich plötzlich das Gefühl, als würde sich in meinem Magen eine Glaskugel ausdehnen. Obwohl meine Augen geschlossen waren, sah ich sie genau vor mir. Sie wuchs bis zur Größe eines Tennisballs an, dann eines Volleyballs und schließlich auf die Größe eines Fußballs. Mit der Zeit hatte ich das Gefühl, als habe sich der Ball auf den doppelten Umfang eines Fußballs vergrößert und hebe mich in die Luft.

Es war ein seltsamer Zustand zwischen halb schlafen und halb wachen. Meine Augen konnte ich nicht öffnen, ich konnte sie aber auch nicht schließen. In meinem Alptraum wurde ich bis zur Decke emporgehoben, und immer, wenn ich durch das Dach stieß, explodierte die Glaskugel, und viele winzige, silberne Glassplitter verteilten sich vom Magen aus in die ganze Blutbahn. Ich spürte, wie die Glasstückchen vom Herzen in die Adern meiner Arme, Beine, Füße, des Nackens und durchs Gehirn gepumpt wurden, ja einige kamen sogar durch die Poren aus meiner Haut. Dann sank ich langsam wieder durch die Zimmerdecke zurück auf mein Bett und wurde wach. Für einen Augenblick legte ich mich auf die Seite, konnte aber nicht schlafen. Dann drehte ich mich auf den Rücken, döste vor mich hin und schlief wieder ein – bis mich der gleiche Alptraum von neuem quälte.

In diesen Träumen sah ich nie ein Loch in der Decke. Ich trieb einfach so hindurch. Manchmal kam es mir vor, als könnte ich zusätzlich zu den Glassplittern, die aus meinen Poren drangen, Holzsplitter und Dornen, ja manchmal auch Würmer aus meiner Haut herausziehen. Ich versuchte zu schreien, konnte aber nicht.

Carters und Dixons brachten mir Essen, aber ich aß kaum etwas. Die Sucht gab mich nicht frei. Ich verschloß meine Zimmertür und stellte den ganzen Raum auf den Kopf, nur um noch ein paar Pillen zu finden. Ich sah in den Schuhen und im Kleiderschrank nach. Ich wußte, daß noch welche versteckt sein müßten; doch ich konnte sie nicht finden.

Manchmal stand ich mitten in diesen Alpträumen auf, riß Bilder aus ihren Rahmen, kippte das Bett um, verschmutzte das Bad, riß den Teppich hoch und die Vorhänge herunter. Ich versuchte alles mögliche und unmögliche, um die Pillen zu finden, die ich hier vor zwei oder drei Jahren versteckt haben könnte. Aber ich fand keine einzige.

Als ich meine erste Nacht zu Hause verbrachte, hatten June und Nat alle Pillen gefunden, die im Zimmer versteckt waren. Später erfuhr ich, daß sie einen Literkrug voll Pillen gesammelt hatten. Hätten sie das damals nicht getan, hätte ich es niemals geschafft.

Nach ein paar Tagen sagte ich: »June, gib nicht auf. Ich werde es schaffen.«

Sie glaube es diesmal ganz bestimmt, versicherte sie mir. »Vertraue auf Gott, John, werde nicht schwach.«

»Es war schon wieder soweit, aber ich habe keine Pille gefunden. Du hast sie gefunden, nicht wahr?«

»Ja«, sagte sie. »Tut es dir leid?«

»Nein«, sagte ich. »Gott sei Dank, daß du es getan hast. Ich bin jetzt ein bißchen stärker, und der Kampf scheint etwas leichter zu werden. Und doch habe ich das Gefühl, als komme jeden Tag ein neuer Berg auf mich zu.«

»Ich werde diese Berge mit dir besteigen«, sagte June. »Gott wird uns bis auf den Gipfel bringen.«
June hatte die Hauptlast des Kampfes getragen und gewonnen, und ich hatte Anteil am Sieg.

Am Ende dieses dreiwöchigen Kampfes gewann ich, besonders durch die Gespräche mit Nat, neue Zuversicht und Stärke. Ich konnte wieder schlafen. Ich blieb aber vorsichtig und wachsam und wußte, June war es auch. Nachdem ich aber vier Wochen ohne Pillen ausgehalten hatte, glaubten wir alle, daß ich durchhalten würde. Ich betete wieder voll Ernst und dankte Gott für das neue Leben, denn ich fühlte mich wie neu geboren.

Die Nachricht hiervon verbreitete sich schnell überall. Die Pillen- und Drogenhändler belästigten mich nicht mehr und ebenso die Leute, mit denen zusammen ich Drogen eingenommen hatte.

Da gab es Leute im Showgeschäft, die mich als hoffnungslosen Fall abgeschrieben hatten. Da waren aber auch solche, die jegliches Vertrauen zu mir verloren hatten. Von der Nachricht, daß ich freigeworden sei, hielten sie nichts. Das hatten sie alles schon öfter gehört.

Tief bewegt von meiner Umkehr waren die, die mir nahe standen: die Statler Brothers, die Carter-Familie, Luther Perkins, Marshall Grant und W. S. Holland. Es war schwer für sie, den alten Johnny Cash als etwas Vergangenes anzusehen, denn sie hatten ihn zu lange Zeit gekannt. Aber sie riefen mich an, beglückwünschten mich und nahmen freudigen Anteil an dieser guten Nachricht.

June bezeugte ihnen, daß mir Gott mein Leben zurückgegeben hätte. Sie glaubten ihr und freuten sich mit, daß ich durchgehalten hatte. Und doch würde es noch einige Zeit währen, bis man sah, daß keine Rückfallgefahr mehr bestand. Ich wußte genau, daß ich es meinen Freunden würde beweisen müssen, besonders aber mir selbst.

Zum 11. November 1967 war ich gebeten worden, in einem Wohltätigkeitskonzert für die Hendersonville High

School aufzutreten, um Geld für unsere Kinder aufzubringen, damit wir die Musikbands in neuer Uniform zur Orange-Bowl in Miami schicken konnten. Ich hatte mich damals bereit erklärt, dies im Sommer zu tun. Nun rückte der Zeitpunkt dieser Show immer näher. Ich hatte zu dieser Zeit schon vier Wochen lang keine Pillen mehr eingenommen und fühlte mich imstande, es durchzustehen.

Am Sonntag vor diesem Konzert rief mich June an und fragte mich, ob ich Lust hätte, mit ihr in die Kirche zu gehen.

»Ich weiß nicht so recht, ob ich den Leuten schon wieder unter die Augen treten kann.«

»Wir huschen schnell in die Kirche hinein und setzen uns hinten hin, wenn der Gottesdienst schon begonnen hat«, sagte June.

»Ich werde fahren«, sagte ich, als wir auf ihr Auto zugingen. Zum erstenmal seit einem Monat steuerte ich wieder ein Auto. Wir fuhren zur Baptistenkirche in Hendersonville.

Unterwegs begann June, mich zu necken. »Guck mal, wie gut du Auto fährst«, sagte sie, als wir auf halber Strecke waren. »Du überholst nicht dauernd und fährst auch nicht so ruckweise, wie du das sonst immer getan hast. Ich muß mich gar nicht mehr am Armaturenbrett festhalten.«

»Ich glaube, du wirst noch Gefallen an mir finden, wenn du mich erst einmal richtig kennenlernst«, sagte ich. »Langsam gefalle ich mir wieder selbst.«

Courtney Wilson, der Pastor, predigte über »Jesus, das lebendige Wasser«. Er sprach über Menschen, die sich freiwillig in eine geistliche Dürre begeben haben, wie sich Menschen in der Welt selbst zerstören, ein Leben leben, das leer und unfruchtbar ist, und wie viele Menschen so in den Tod gehen. Und dies alles, obwohl uns Gott davon überzeugen möchte, daß wir von Jesus, dem lebendigen Wasser, ja, dem Wasser des wahren Lebens, trinken dürfen.

Ich verschlang jedes einzelne Wort dieser Predigt, und es kam mir vor, als würde Pastor Wilson nur für mich predigen. Nachher lud mich June zum Mittagessen ein, und wir

sprachen über das bevorstehende High-School-Konzert.
»Ich habe nicht nur keine Angst davor«, sagte ich, »ich bin sogar überzeugt, daß ich große Freude daran haben werde.«
»Es ist doch wohl seit langem das erste Konzert, das du gibst, ohne Aufputschmittel genommen zu haben, John?« fragte June.
»Ja, so ist es. Ich kann mich kaum noch daran erinnern, wann ich die letzte Show ohne solche Pillen gegeben habe.«
»Daß dein erstes Konzert hier in deiner Heimatgemeinde stattfindet, macht die Sache sicherlich noch ein wenig schwerer«, sagte June.
»Ich werde es schon schaffen«, antwortete ich. »Ich werde von dem Wasser des Lebens trinken, von dem Courtney Wilson gesprochen hat.«

An diesem Abend ging ich mit dem größten Lampenfieber, das ich jemals hatte, auf die Bühne. Aber ich betete, ich lächelte und sang.

Nach zwei oder drei Liedern wuchs mein Selbstvertrauen. Dann drehte ich voll auf. Ich lachte, ich scherzte, und ich erzählte zwischen den Liedern. Ich sang eine Stunde lang, und ich kann mich an keinen Auftritt erinnern, bei dem ich mich so stark und sicher gefühlt hätte wie an diesem Abend.

Die Zuschauer merkten nichts von den Besorgnissen, die ich noch einige Tage vorher hatte, oder vom Lampenfieber zu Beginn der Veranstaltung.

June weinte vor Freude. Ich sah sie hinter der Bühne stehen. Sie lächelte mich an, und ich gab ihr das Daumen-nach-oben-Zeichen – alles in Ordnung!

Wir schlossen die Show mit dem Lied »Were you there when they crucified my Lord?« ab, und ich fühlte mich wie im siebten Himmel. Ich spürte die Verbundenheit mit Gott und durchlebte das Ganze bewußter als wohl jemals zuvor. Ich wußte, daß ich mich an den Mann halten würde, von dem ich in diesem Lied gesungen hatte. Und ich wußte, daß er mich halten würde.

»Warst du dort, als sie Jesus kreuzigten?
Warst du dort, als sie Jesus kreuzigten?
Oh, manchmal beginne ich zu zittern, zu zittern,
zu zittern.
Warst du dort, als sie Jesus kreuzigten?
Warst du dort, als sie ihn ans Kreuz nagelten?
Warst du dort, als sie ihn ans Kreuz nagelten?
Oh, manchmal beginne ich zu zittern, zu zittern,
zu zittern.
Warst du dort, als sie ihn ans Kreuz nagelten?«

13

Das Lied des Gefangenen

Carl Perkins war 1967 ständiges Mitglied meiner Show geworden. Ich hatte ihn in den letzten zehn Jahren zwar nicht oft gesehen, aber eine Menge über ihn gehört. Wir wußten voneinander, daß unser Leben außer unserer ähnlich verlaufenen Kindheit und der Musik noch eine dritte Parallele hatte. Er war Trinker geworden und bezeichnete sich selbst seit sieben Jahren als Alkoholiker. Er gab niemals ein Konzert, ohne vorher mindestens den fünften Teil einer Whisky-Flasche geleert zu haben. Aber ich nahm niemals wahr, daß dies seine Darbietungen in irgendeiner Weise beeinflußte. Ich war stolz darauf, daß ein alter Freund mit mir arbeitete, besonders deshalb, weil wir ein gemeinsames Laster hatten.

Carl nahm nur selten Pillen. Aber Amphetamine und Alkohol gleichen sich in mehrerer Hinsicht und ziehen einen so sehr in ihren Bann, daß man nicht mehr von ihnen loskommt. Je mehr Carl trank, je mehr weinte er auch und sprach über Gott. Mir ging es nicht anders, wenn ich längere

Zeit unter Tabletteneinfluß stand. Wir hielten ausgedehnte Gespräche miteinander, wenn unsere Zungen durch die falschen Anregungsmittel gelöst waren. Einer weinte sich an der Schulter des andern aus. Wie verdorben und verloren wir doch waren!

Einige Monate später bei der Wohltätigkeitsveranstaltung der High School in Hendersonville war Carl nüchtern und blaß. Er hatte gehört, daß ich es einen Monat lang ohne Tabletten ausgehalten hatte. Sowohl er wie auch viele andere wohnten der Show nur bei, um mich zu beobachten. Carl wußte, daß ich seit vier Wochen von meiner Sucht frei war. Er wäre also ein Einzelgänger, wenn er etwas tränke, denn niemand der anderen Mitwirkenden trank oder nahm Pillen, wie ich es getan hatte.

Carl sprach an diesem Abend wenig mit mir. Er beobachtete mich nur sorgfältig. Nach der Show war er verschwunden, und als ich ihn zwei Wochen später auf einer Tournee durch Kalifornien traf, war er betrunken.

In San Diego gab Carl eine gute Vorstellung. Aber er konnte es nicht lassen, sich anschließend zu betrinken. Er sonderte sich von uns ab. Als wir ihn am nächsten Tag kurz vor der Abfahrt wiedersahen, hatte er den Katzenjammer seines Lebens. Er stieg zu uns in den Bus, legte sich auf die Rückbank, seufzte, stöhnte und weinte, während wir auf der Küstenstraße nach Norden fuhren.

Als wir am Strand von Ventura anhielten, um Picknick zu machen, hörten wir Carl schreien: »Ich sterbe!«

June ging zu ihm und sprach mit ihm. »Sieh dir John an, Carl«, sagte sie. »Er war nahe daran, vor die Hunde zu gehen. Mach es wie er: Ruf Gott an, überlaß es ihm, und du wirst leben.«

»Ich kann nicht mehr leben«, schrie Carl, »ich muß sterben! Wie kann mich Gott noch länger lieben?«

»Er liebt dich«, sagte June. »Rede nur mit ihm.«

Wir stiegen aus dem Bus und ließen Carl auf dem Rücksitz liegen.

Nach ein paar Minuten ging ich zum Bus zurück. Carl stand gerade auf. Er weinte immer noch und hatte eine Flasche Whisky in der Hand. Die Tränen liefen ihm die Wangen hinunter.

»Willst du noch mehr trinken, Carl?« fragte ich.

»Nein, John«, sagte er. »Wenn ich aus diesem Bus herauskomme, dann werde ich die Flasche wegwerfen.«

»Komm, ich helfe dir«, sagte ich.

»Nein, ich werde es selbst versuchen«, sagte Carl. »Wenn du das gekonnt hast, dann kann ich es auch, denn Er ist auch mein Gott.«

Ich trat zur Seite, und Carl ging bis an die Brandung. June, Marshall, Luther, W. S. und ich ließen ihn nicht aus den Augen. Er warf die Flasche in den Ozean und fiel dann auf die Knie nieder. Wir konnten hören, wie er sagte: »Gott, erbarme dich meiner!« Und das sagte er immer wieder.

Er blieb dort am Meer, während wir picknickten.

Als er endlich aufstand und zu uns herüberkam, war er ein neuer Mensch. In Minutenschnelle hatte sich eine heilende Wandlung in ihm vollzogen.

»Willst du ein Sandwich, Carl?« fragte ich.

»Nein, danke, John, später. Ich denke, es ist das beste, wenn ich jetzt ein wenig schlafe.«

»Du siehst schon viel besser aus«, sagte June.

»Ja, ich werde leben«, antwortete Carl, und wieder kamen ihm die Tränen. »Ich werde leben!«

Die heilende Kraft Gottes tat ihr Werk an Carl Perkins in vollkommener Weise. Er hat bis zum heutigen Tag nicht mehr getrunken.

Die wirkliche Begabung von Carl Perkins ist eigentlich niemals richtig erkannt worden. Er war schon immer ein guter Balladen-Schreiber und -Sänger und kann als Begründer des Country-Rock bezeichnet werden.

Als Carl im Jahr 1967 den Weg zu Gott zurückfand, schrieb er ein Lied, das ich im vorigen Jahr auf eine Platte aufnahm, wie es Dutzende von Gospelgruppen und -Sängern später ebenfalls taten. Das Lied besingt unser beider Jugend, die Liebe in unseren Familien, die Familiengemeinschaft, die nie zerbrechen würde, weil wir uns eines Tages, singend um Gottes Thron versammelt, wiederfinden würden.

Es steht sogar eine Zeile über meinen Bruder Jack in diesem Lied, das »Daddy Sang Bass« heißt.

»Denk ich an meine Kinderzeit,
die so hart war und voll Leid,
ist doch ein Silberstreifen am Horizont.
Waren wir auch bettelarm,
hielten wir doch das Herz für das Schöne warm.
Wir waren zu Haus ein fröhliches Singen gewohnt.

Papa sang Baß, Mama sang Tenor,
ich und der Kleine stimmten ein in den Chor.
Im Singen ist der Ärmste nicht allein.
Einst kommt der Tag, vielleicht nicht mehr lang,
treff ich dort sie zum Gesang.
Vor Gottes Thron wird dann ein Wiedersehen sein.

Dort gibt's ein Zusammenbleiben
fort und fort, Herr, fort und fort.
Papa singt Baß, Mama singt Tenor,
ich und der Kleine stimmen ein in den Chor.
Dort bei dir, Herr, dort bei dir*.«

Mein erstes Gefängniskonzert gab ich im Jahre 1957 in einem Gefängnis in Huntsville, dem Staatsgefängnis von Texas. In späteren Jahren trat ich mit Carl zusammen in vielen Gefängnissen auf. Auch die Statler Brothers und die Carter-Familie waren oft beteiligt. Ich sah in diesen Auftritten eine Möglichkeit, dem amerikanischen Volk etwas von

---

* Von Carl Perkins, © Cedarwood Publishing Co.

dem Guten erstatten zu können, was es uns mitgegeben hatte.

Durch unsere Gefängniskonzerte ließen wir die Inhaftierten wissen: Da draußen in der Freiheit sind Leute, die nehmen an eurem Schicksal Anteil. Sie sehen euch als Menschen an. Es könnte auch sein, daß in unserem Land und auf unseren Straßen die Zahl der Verbrechen sinkt, wenn diese Menschen unter dem Eindruck, daß sich jemand um sie kümmert, in unsere Mitte zurückkehren. Dann wird sich in ihnen kein Haß gegen die Gesellschaft festsetzen.

Wir haben bis jetzt etwa 35 bis 40 Gefängniskonzerte gegeben.

Ein Brief, den ich nach einem Konzert von einem Insassen des Nevada Staatszuchthauses erhielt, entschädigte mich für alle Mühen, Kosten und allen Zeitaufwand. Ich hatte an diesem Tag den Inhaftierten gesagt: »Falls ihr nicht wissen solltet, warum wir hier sind: Wir haben verschiedene Gründe. Wir sind hier, weil ihr uns eingeladen habt. Wir sind hier, weil wir euren Beifall gern hören. Und ich bin hier, weil ich ein Christ bin.«

Der Brief, den ich erhielt, lautete: »Lieber Johnny! Ich weiß jetzt, was Jesus meinte, als er sagte, er sei zu den Gefangenen gesandt, weil er mir heute in Dir begegnet ist.«

Die Insassen der Gefängnisse bedachten uns mit rasendem Beifall. Das war für sie eine Möglichkeit, einmal Dampf abzulassen. Sie trampelten mit den Füßen, trommelten auf die Tische, schrien, pfiffen, klatschten in die Hände und machten soviel Lärm wie möglich, weil es ja »erlaubt« war. Ich dachte immer, diesen Applaus müßte man einmal auf einer Schallplatte festhalten, das wäre bestimmt eine aufregende Sache.

Merle Haggard war als Häftling im Gefängnis von San Quentin, das wir zum erstenmal am 1. Januar 1958 besuchten. Wir befanden uns auf einer Tournee durch Kalifornien mit allabendlichen Vorstellungen. Meistens spielten wir in Clubs und Tanzsälen. Gordon Terry, der drei oder vier Jahre lang eine wichtige Rolle in meiner Show spielte, arbeitete vertraglich mit mir zusammen. Johnny Western, Liedermacher und Sänger der »Ballad of Paladin«, wirkte als Ansager in meinen Shows und sang selbst auch ein paar Lieder. Gordon und Johnny waren immer gute Unterhaltungskünstler.

Nachdem mich Gordon zu diesen Tabletten verführt hatte, verführte ich wieder andere Leute wie Johnny Western und Luther Perkins dazu. Keiner meiner Freunde wurde in einem solch starkem Maße abhängig wie ich, obwohl Gordon Terry viel länger als ich drogen- und alkoholsüchtig blieb. Schließlich trennte er sich von uns und spielte in Clubs, Bars und Spelunken Solo. Er begab sich damit auf einen langen Weg der Selbstzerstörung, bis er endlich im Jahre 1974 während eines »Bob-Harrington-Kreuzzuges« zu Christus fand. Bald darauf wurde er wieder ständiges Mitglied meiner Show – aber jetzt als ein besserer Unterhaltungskünstler und als ein Mann, der weiser und glücklicher war. Er spielt nun bei unseren Auftritten eine Hauptrolle und ist eine ganz große Shownummer.

Aber weder Gordon Terry noch ich selbst waren die großen Stars unserer Show, als wir zum erstenmal in San Quentin auftraten; es war vielmals mein Gitarrist Luther Perkins. Um Merle Haggard zu zitieren: »Du hattest Halsschmerzen, John. Du hast uns erzählt, daß du am Abend vorher in einem Club in Brisbane gespielt und dann die ganze Nacht über deine Stimme strapaziert habest. Du hast nicht schlecht gesungen, aber du warst schon bedeutend besser. Die Kumpels hatten Verständnis dafür, daß du eine tolle Nacht verlebt hattest und daher völlig erschöpft warst. Niemand sagte etwas Schlechtes über dich, denn alle freuten sich zu sehr über dein Kommen, als daß sie deinen miesen Zustand kritisiert hätten.«

In diesem Gefängnis waren etwa vierzig Jungs, die Gitarre spielten. Am Tag nach der Show versuchte jeder von ihnen, so wie Luther Perkins zu zupfen.

Merle Haggard wurde nach drei Jahren aus dem Zuchthaus entlassen. Der Country-Sänger Wynne Stewart bot ihm eine Chance, und Merle Haggard entwickelte sich zu einem der Großen unter den Country-Musikern. Er ist einer der Stars im Showgeschäft, die stets bereit sind, die öffentliche Anerkennung, die ihnen zuteil wird, mit anderen zu teilen – nämlich mit ihren Musikern, die ja keinen geringen Beitrag zum Ruhm des Stars liefern. Einmal sagte er: »Mir graut vor dem Gedanken, einmal eine Show durchführen zu müssen, ohne Roy Nichols als Gitarrenspieler zu haben.«

In dieser Bereitwilligkeit, seine Mitspieler voll anzuerkennen, glich Merle Ernst Tubb, der Billy Byrd, oder Roy Acuff, der Oswald, oder Hank Williams, der Don Helms als Begleiter hatte. So hatte auch Bill Monroe früher einen Banjospieler namens Earl Scruggs. Wenn die Mitspieler die Anerkennung bekommen, die sie verdienen, kommt das immer dem Leiter der Gruppe selbst zugute.

»Von den Alten können wir eine Menge lernen«, sagte Merle.

Im Grunde komme es immer auf die Nächstenliebe an, dachte ich bei mir selbst. Es ist die alte Regel: Du gewinnst, wenn du gibst.

Das Konzert, das im Februar 1968 im Folsom-Gefängnis auf Schallplatte aufgezeichnet wurde, war unsere zweite Show im Folsom. Im Jahre 1966 hatte mich Pastor Gressett gebeten, dort ein Konzert zu geben. Ich wurde so begeistert aufgenommen, daß ich mich zwei Jahre lang mit dem Gedanken trug, einmal in einem Gefängnis eine Aufnahme für Schallplatten zu machen. So wurde ich dann für 1968 zu diesem Konzert eingeladen, das dann auf Schallplatte aufgenommen wurde.

Nachdem ich nun die Tablettengeschichte hinter mich gebracht hatte, war ich wieder in der Lage, solche Pläne selbst voranzutreiben und erfolgreich zu Ende zu bringen.

Robert Johnston, zu dieser Zeit mein Produzent, war begeistert, als ich ihm diesen Gedanken vortrug. Er führte die Verhandlungen mit der Schallplattenfirma und mit der Gefängnisleitung. Am 10. Februar 1968 reisten wir dann nach Sacramento.

Im Motel, ein paar Meilen vom Folsom-Gefängnis entfernt, hatten wir eine Generalprobe. Die Statler Brothers, Carl Perkins, die Tennessee Three (Marshall Grant, Luther Perkins und W. S. Holland) und June Carter waren dabei.

Wir gingen das Programm der Show durch, wie ich sie für den kommenden Morgen geplant hatte, und beendeten die Probe gegen Mitternacht. Anschließend ging ich mit June noch in eine Kaffeestube, um einige Minuten mit ihr zu plaudern.

»Glaubst du, daß wir auf dem richtigen Weg sind?« fragte sie.

»Davon bin ich überzeugt«, erwiderte ich. »So etwas hatte ich schon seit Jahren vor. Und ich finde es richtig.«

»Ich habe dafür gebetet, daß morgen alles gut geht«, sagte June. »Ich glaube, so etwas ist bis jetzt noch nie versucht worden. Niemand weiß so recht, wie sich eine Aufnahme anhört, die in einem Gefängnis-Speisesaal gemacht wurde.«

»Ich habe auch gebetet, June«, sagte ich. »Nicht nur wegen der Plattenaufnahme morgen, sondern auch wegen vieler anderer Dinge. Ich habe auch lange über uns beide nachgedacht und darüber, was du mir bedeutest.«

June lächelte mich an. »Du gehst jetzt besser schlafen; um acht Uhr müssen wir im Gefängnis sein.«

Als ich mich gerade hinlegen wollte, klopfte Pastor Gressett an meine Tür. Als ich öffnete, drückte er mir ein Tonband in die Hand.

»Ich weiß, daß Sie sich jetzt noch über viele Dinge den Kopf zerbrechen, aber ich würde es für ein Versäumnis halten, wenn ich Sie nicht dringend bäte, sich dieses Band noch heute nacht anzuhören.«

»Heute nacht?« fragte ich schläfrig.

»Ja, heute nacht«, sagte er. »Gute Nacht!«

Auf der Tonbandspule stand der Name Glen Sherley. Er war ein Insasse des Folsom-Gefängnisses. Der Name des

Liedes war »Greystone Chapel« – ein Lied über die Gefängniskapelle. Ich spielte es wieder und wieder, über eine Stunde lang, ehe ich schlafen ging.

Der Manager des Konzerts am nächsten Morgen war Hugh Cherry, Radiosprecher, Schriftsteller und für jeden, der mit unserer Branche zu tun hatte, ein alter Bekannter. Er war von Los Angeles herübergeflogen. Hugh »heizte« die Zuhörer auf, stellte meine Gruppe, Pastor Gressett und meinen Vater vor, der auch mitgekommen war.

Hugh hatte seinen Zuhörern gesagt: »Wenn Johnny Cash kommt, applaudiert bitte nicht. Laßt ihn sich selbst vorstellen, und dann gebt eurem Gefühl ungezwungen Ausdruck.

Ich ging zum Mikrofon und sagte: »Hallo, ich bin Johnny Cash.«

Luther Perkins stieg mit dem Lied »Folsom Prison Blues« voll ein. Dies war der Anfang dessen, was ich als Entstehungsgeschichte jener Schallplatte bezeichnen möchte, von der fünf bis sechs Millionen Langspielplatten und zwei Millionen Singles verkauft wurden.

Man hatte mich auf Glen Sherley aufmerksam gemacht. Er saß in der ersten Reihe, applaudierte und lachte mit all den anderen, die um ihn saßen.

»Leute«, sagte ich, »gestern abend brachte mir Pastor Gressett ein Lied, das von einem von euch geschrieben worden ist.« Ich warf einen Blick auf Glen Sherley. Er hatte noch keine Ahnung von dem, was kommen würde. »Für mich ist dies eines der bedeutendsten Lieder, die ich je gehört habe. In diesem Lied ist Hoffnung enthalten, Hoffnung, auf die so viele von euch angewiesen sind. Ich möchte mich bei Glen Sherley bedanken, daß er mir dieses großartige Lied überlassen hat. Glen, wenn du nichts dagegen hast, werden wir dein Lied jetzt einmal ausprobieren.«

Glens Gesicht wurde rot. Sein Mund öffnete sich, und dann wurde er bleich. Am Schluß des Liedes weinte er. Nach über dreizehn Gefängnisjahren hatte er endlich auch einmal einen Beitrag liefern können.

»Kennst du das graue Kirchlein hier auf Folsom?
Ein Haus der Andacht an dem Ort der Schuld.
Und denkst du, für Gott ist kein Platz hier auf Folsom
– er errettete manchen schon mit Geduld.
Ist auch mein Körper hinter den Gittern nicht frei,
machte Gott meine Seele doch neu*.«

Die Show lief ohne Störungen ab. Die Gefangenen wurden in ihre Zellen zurückgebracht, und wir stiegen in den Bus, um ins Motel zurückzufahren.

Ich drehte mich zu June um. »Ich habe den Eindruck, daß noch manches Schöne auf uns zukommen wird.«

»Es wird ja auch Zeit, John«, sagte sie. »Wir hatten unsere ›vierzig Jahre in der Wüste‹. Aus einem ganz bestimmten Grund mußten wir durch das Feuer der Prüfung gehen. Ich bin davon überzeugt, daß die Platte, die wir heute aufgenommen haben, ein Erfolg werden wird.«

»Wie geht der Vers noch mal: ›Trachtet zuerst nach dem Reiche Gottes . . .‹?« begann ich zu summen.

». . . und nach seiner Gerechtigkeit, so wird euch alles andere zufallen«, fuhr June fort.

Mein Vater hatte sich in seinen Sessel zurückgelehnt und strahlte eine Freude aus, die überall von ihm ausging, wo er war. Ich hatte ihn gebeten, auf diese Reise mitzukommen, und er war Feuer und Flamme gewesen. Nun war ich ungeheuer stolz, daß er miterlebt hatte, wie ich ein Konzert durchzog, ohne eine einzige Tablette genommen zu haben.

Es war schon lange her, daß mich Vater auf der Bühne gesehen hatte. Er war still und empfand dasselbe wie wir alle: Wie herrlich, daß wir durch die Gefängnistore hindurch in die Freiheit fahren konnten.

---

* Von Glen Sherley, © 1968, Southwind Music, Inc. Mit freundlicher Genehmigung. Alle Rechte vorbehalten bei Hill and Range Songs, Inc.

14

Brief an einen Freund

Mein Leben kam nun allmählich in geordnete Bahnen. Ich arbeitete noch an meinem Haus in Hendersonville und konnte es mir jetzt leisten, meine Töchter zu einem kurzen Besuch aus Kalifornien kommen zu lassen.

Das war einer der glücklichsten Zeitabschnitte meines Lebens. Da mir die Mädchen den mir neu geschenkten Frieden und mein Wohlbefinden abspürten, fühlten sie sich bald heimisch. Sie lachten und spielten und behandelten mich, als sei ich nie fort gewesen. Meine Älteste, Rosanne, war damals 13 Jahre alt, Kathleen 12, Cindy neun und Tara sechs.

Draußen herrschte bittere Kälte. Darum zündete ich im Kamin ein großes Feuer an und röstete Maiskolben. Wir setzten uns alle im Kreis um den Kamin auf den Fußboden und hofften, daß es bald schneien würde.

June wohnte mit ihren Töchtern Carlene, die zwölf, und Rosey, die neun Jahre alt war, ein paar Meilen von uns entfernt in Madison. Als es jetzt zu schneien begann, kam June mit ihren Töchtern zu uns heraus. Die Mädchen waren schnell miteinander vertraut und wurden gleich Freunde, nachdem June ihre Betten im Schlafzimmer meiner Töchter gemacht hatte.

Plötzlich vermißten wir Tara. Ich suchte sie im ganzen Haus und fand sie schließlich draußen, wie sie, unter einer Lampe stehend, die Schneeflocken beobachtete. Dabei hielt sie ihr Gesicht den fallenden Schneeflocken entgegen.

»Ist es hier draußen nicht viel zu kalt, Tara?« fragte ich vorsichtig.

»Es ist so wunderbar, Vati«, sagte sie. »Ich habe noch nie in meinem Leben Schnee gesehen. Ich dachte, ich hätte schon alles gesehen, was Gott macht – Regen, Bäume und Gras. Aber Schnee habe ich noch nie gesehen – und er ist das Schönste von allem.«

Ich blieb eine Weile bei Tara stehen und nahm diesen Augenblick tief in mich auf. In den letzten sieben Jahren meines Lebens waren Zeiten des Friedens und der Besinnlichkeit sehr rar gewesen.

»Der Schnee wird immer höher«, sagte June, als Tara und ich wieder hereinkamen. »Wenn du nichts dagegen hast, werde ich mit meinen Töchtern die Nacht über hierbleiben. Wir können alle sieben in dem einen Zimmer schlafen.«

Als dann schließlich die Schlafenszeit kam, ging ich allein in mein Zimmer. Ich konnte lange Zeit noch nicht einschlafen. Ich stellte mich ans Fenster und sah zu, wie die weißen Flocken auf den See fielen. Um das Haus herum wurden die Schneewehen durch den stürmischen Wind immer höher.

Morgen würde man gut Hasen jagen können, dachte ich. Es würde einfach sein, ihre Spuren im Schnee zu verfolgen. So hatte ich es schon als kleiner Junge getan. Aber der Gedanke zu töten widerstrebte mir. Jetzt wird nicht mehr gestorben, dachte ich, jetzt wird gelebt, und ich will wachsen.

Ich zog mich aus und kniete an meinem Bett nieder, um zu beten. Aber die rechten Worte wollten nicht kommen. Ich fand meine Worte zu armselig, um das zum Ausdruck zu bringen, was ich gern als Dank gesagt hätte – Dank für den

Frieden in meinem Herzen, Dank für die Jahre, in denen Gott mich in großer Geduld durchgetragen hatte, Dank für die tolle Zukunft, ja Dank für das ganze Leben.

So blieb ich lange, lange Zeit auf den Knien, während meine Gedanken in die vergangenen Jahre zurückeilten und dabei all das aufrührten, was ich falsch gemacht hatte. Ich wollte endlich mit mir selbst ins reine kommen.

Auch die Gegenwart rückte in mein Blickfeld. Ich fand noch immer keine Worte. Aber meine Seele dankte Gott für die Millionen empfangener Segnungen. Es blieb mir einfach unbegreiflich, womit ich sie verdient hatte.

Meine Gedanken gingen auch in die Zukunft. Ich legte sie in Gottes Hände und sagte ihm, daß ich bereit sei, alles zu tun, was er mir zeigen würde. »Nur gib mich nicht auf«, betete ich leise, »denn ohne dich schaffe ich es nicht.«

So legte ich mich in tiefem Frieden auf mein Bett. Draußen fielen unentwegt die Schneeflocken. In meinem Herzen fühlte ich neue Zuversicht.

Noch vor kurzem hatte ich mich in diesem Zimmer selbst erniedrigt, aber jetzt war alles anders geworden; damals hatte ich aus diesem Raum freiwillig ein Gefängnis für mich gemacht, um Schutz zu haben, während ich die Tablettensucht bekämpfte. Ich war buchstäblich die Wände hinaufgeklettert, um auf den vorstehenden Gesimsen nach Pillen zu suchen. Ich hatte das Bett immer wieder auf den Kopf gestellt und dabei wie ein Hund gewinselt. Dann hatte ich es endlich aufgegeben und Gott angerufen, daß er die Sache in die Hand nehmen möchte.

In dieser Nacht genoß ich die Frucht des Sieges. Eine halbe Stunde lang hatte ich in stiller Anbetung vor dem ewigen Gott auf den Knien gelegen und fühlte jetzt seine Kraft in mir, als ich mich schlafen legte.

*

»June, willst du mich heiraten?« Diese Frage stellte ich nicht bei Kerzenlicht an einem Tischchen in der Nische eines Lokals. Ich stellte sie auf der Bühne in London, Ontario, vor fünftausend Zuschauern. Irgendwie fiel es mir leichter, June öffentlich auf der Bühne zu fragen als unter vier Augen. June starrte mich freundlich, aber ungläubig an. Ich wiederholte die Frage. »Willst du mich heiraten? Ich liebe dich.«

Mit Erregung in ihrer Stimme sagte sie darauf: »Laß uns erst einmal unsere Show beenden!«

Aber das Publikum schaltete sich jetzt ein und rief: »Sag ja! Sag ja!«

»Du mußt mir antworten«, sagte ich.

Mit einem süßen Lächeln im Gesicht sagte sie schließlich: »In Ordnung. Ja, ich will.«

Ich drückte ihr einen zarten Kuß auf die Wange und flüsterte: »Ich konnte nicht anders. Ich mußte dich einfach fragen.«

»Singen wir noch ein Lied«, flüsterte June zurück.

»Ich habe hier ein Lied, das besonders gut in diese Situation paßt«, sagte ich.

John: »Wäre ich ein Zimmermann und du eine Lady, würdest du mich dennoch lieben und mein eigen sein?«

June: »Wärst du ein Zimmermann und ich eine Lady, hätte ich dich trotzdem lieb und würde dein eigen sein.«

John: »Wär' ich ein Müller und hätte viel zu mahlen, möchtest du dann mit schönen Schuhen und mit Kleidern prahlen?«

June: »Wärst du ein Müller und hättest du viel zu mahlen, braucht' ich keine schönen Schuh' und kein Kleid zum Prahlen.«

John: »Und wär ich ein Töpfer,
wolltest du mich loben?«

June: »Ich würde alle Töpfe, die du machst,
auf den Markt dir tragen*.«

*

London, Ontario, ist die Heimatstadt Saul Holiffs. Er war seit Jahren mein Manager. Saul hatte uns in persönlichen und auch in geschäftlichen Dingen immer wieder mit guten Ratschlägen geholfen. Wir hatten in ihm einen verständnisvollen Freund. Er blieb immer kühl und beherrscht und behielt den Überblick, auch wenn er durch den Unfug, den ich unter Drogeneinfluß anstellte, manchmal in arge Verlegenheit geriet. Es gelang ihm immer wieder, alle Schwierigkeiten aus dem Weg zu räumen, die durch meine Unzuverlässigkeit entstanden, wenn ich beispielsweise den Termin einer Vorstellung nicht einhielt. Er regelte dies alles, ohne mich dabei mit Einzelheiten zu belasten. Mit den peinlichen Fragen, die ihm gestellt wurden, wenn ich wieder einmal versagt hatte, belästigte er mich nie.

Doch so glücklich wie heute abend nach der Show in London hatte ich ihn noch nie gesehen. »Wie lange hast du schon durchgehalten?« fragte er mich, als ich von der Bühne kam.

»Ich habe schon über drei Monate keine Pillen mehr genommen«, entgegnete ich.

»Ich habe heute abend deinen außergewöhnlichen Heiratsantrag mit angehört und möchte der erste sein, der dir herzlich gratuliert. Du hast in den letzten sieben Jahren viel versäumt. Du brauchst June, und sie braucht dich. Alle haben sich in dir getäuscht, auch ich. Ich dachte immer, daß du bald sterben würdest.«

»Ja, ich wäre auch fast gestorben, Saul, wenn mich Gott nicht gerettet hätte«, antwortete ich.

* »If I were a Carpenter« von Tim Hardin, © Hudson Bay Music

»Da erwähnst du etwas, worüber ich einmal mit dir reden muß«, sagte Saul. »Mit Gott wieder ins reine kommen, heißt ja noch lange nicht, daß man auch mit den Menschen wieder in Ordnung gekommen ist.«

»Ich will das natürlich in Ordnung bringen«, sagte ich. »Doch es gibt wohl keine Möglichkeit für mich, alles Unrecht und falsche Verhalten, womit ich die Leute gekränkt und verletzt habe, wiedergutzumachen. Aber wo immer sich eine Möglichkeit bietet, werde ich sie wahrnehmen. Ich werde alles versuchen, und vielleicht wird am Ende das Gute das Schlechte aufwiegen. Und diese Worte sage ich nicht nur so dahin. Ich weiß, daß ich vieles getan habe, was nicht dadurch gut werden kann, daß ich jetzt versuche, anders zu werden und zu handeln.«

»Überleg dir doch einmal, ob du nicht einige Konzerte für solche Veranstalter geben könntest, die Konkurs gemacht haben, weil du eine vereinbarte Show kurzfristig abgesagt hast«, schlug Saul vor.

»Arrangiere die Konzerte«, sagte ich. »Jede berechtigte Forderung werde ich bezahlen. Für mich ist es weit wichtiger als für dich oder sonst jemanden, meine Vergangenheit zu bereinigen.«

»Okay, aber dann bleibt noch eine Frage«, sagte Saul und schaute mich und June eine Weile an. »Über wen werden sie denn jetzt in Nashville reden?« fragte er mich schmunzelnd.

»Das weiß ich nicht«, gab ich lächelnd zurück. »Aber es ist sicher an der Zeit, daß sie ein anderes Opfer finden. Es gibt auch einige recht geeignete Anwärter in der Stadt.«

*

June und ich heirateten am 1. März 1968 in einer Kirche in Franklin, Kentucky, nördlich von Nashville. Hunderte von Verwandten, Freunden und Musikern kamen an diesem Abend zu dem Empfang im Haus am See.

Merle Kilgore war bei unserer Hochzeit Brautführer. Beim Hochzeitsempfang war er der Mittelpunkt der Party.

Wir boten keinen Alkohol an, aber er war »high« von Glück und Freude darüber, daß sein alter Freund wieder unter den Lebenden war.
»Laßt uns doch die Krawatten ablegen, Kilgore«, sagte ich.
»Nein, laß sie June zu Ehren an«, antwortete er.
»Nein, dann lasse ich sie deinetwegen an«, scherzte ich weiter. »June mag mich lieber ohne Krawatte.«
Merle Kilgore war so ziemlich der Letzte, der ging. Als er zu seinem Auto ging, rief er zurück: »Erinnerst du dich ganz bestimmt nicht an seinen Namen?«
»Wessen Namen?« fragte ich.
»An den Pharao von Ägypten«, lachte er.

*

Im Jahre 1968 gab es viele Veränderungen. Manche zum Guten, manche zum Schlechten. Aber trotz allem erlebten June und ich das glücklichste Jahr unseres Lebens.
Wir hingen zusammen wie die Kletten. Ich kam wieder zu Kräften und wuchs auch in geistlicher Hinsicht durch das gemeinsame Bibelstudium und durch lange Gespräche mit June über die Bibel. Vor allen Dingen sprachen wir über Jesus und seine Lehre.
Wir gewannen Interesse an der jüdischen Geschichte, besonders da, wo sie irgend etwas mit der Bibel zu tun hat. Wir studierten Josephus, den jüdischen Geschichtsschreiber, lasen die Bücher von Taylor Caldwell und Thomas B. Costain, die alle zur Zeit Jesu spielen. Mit geistlichen Erkenntnissen stillte ich einen Hunger, der jahrelang nicht befriedigt worden war.
Im Juni machten wir eine Tournee durch Europa und gaben Konzerte in Frankfurt, München, Hamburg, Glasgow, Dublin, Manchester und im Londoner Palladium.
Nach Abschluß der Tournee fuhren June und ich für eine Woche nach Israel. Mit einem Tonbandgerät ausgerüstet, besuchten wir viele heilige Stätten der Juden, Christen und

Moslems und nahmen dabei unsere Gedanken und Eindrücke auf Band auf. Wir gingen wie auf heiligem Boden und dachten daran, daß Jesus hier umhergewandelt war.

Wenn wir später die Bibel lasen, kam uns alles viel lebendiger vor, weil wir all die Plätze und Wege selbst gesehen hatten, wo Jesus geweilt hatte.

Kurze Zeit nach unserer Rückkehr aus Europa und Israel kam Luther Perkins durch einen Brand in seinem Haus ums Leben. Dieser schmerzliche Verlust erschütterte Marshall, W. S. und mich tief.

»Wie sollen wir ohne ihn überhaupt weitermachen?« fragte Marshall einen Tag nach der Beerdigung.

»Ich werde alles in meiner Macht Stehende tun, um euch zu helfen«, sagte Carl Perkins. »Aber niemand wird Luther ersetzen können.«

Alle Gitarristen in unserer Branche trauerten über Luthers Heimgang.

Obwohl eine Anzahl von Konzerten bereits gebucht war, konnte ich einfach nicht darüber sprechen, wie man Luther ersetzen könnte. Carl Perkins sprang als Hauptgitarrist ein — wie er es uns angeboten hatte.

Zwei Monate später hatten wir in Fayetteville, Arkansas, ein Konzert. June, W. S. Holland und ich waren mit dem Auto hingefahren. Marshall und Carl Perkins sollten von Memphis mit dem Flugzeug kommen. Wegen schlechten Wetters bekamen sie aber keine Starterlaubnis.

Der Auftritt sollte beginnen, und nur June, W. S. und ich waren da.

»Wir müssen heute abend unser Bestes geben, W. S.«, sagte ich. »Du stellst heute abend die ganze Band dar.«

W. S. betrachtete sich die 7 000 wartenden Menschen im Saal und scherzte: »Das ist ›die‹ Chance für mich, ein Star zu werden.«

Überraschend stellte sich ein schwarzhaariger junger Mann namens Bob Wootton vor. Mir fiel mein dreister Annäherungsversuch vor dreizehn Jahren bei Sam Philips von

Sun Records ein, als der junge Mann sagte: »Sie brauchen mich. Ich kann alle Ihre Lieder spielen.«

»Spielst du wie Luther?« fragte ich.

Er sagte: »Das kann niemand. Aber ich werde es versuchen, wenn Sie wollen.«

»Geh auf die Bühne und schließ deine Gitarre an«, sagte ich.

Auf der Bühne spielte Bob jedes Lied, das ich ihm zurief, haargenau, wie ich es aufgenommen hatte, ja sogar in der gleichen Tonlage.

»C-Dur!« rief ich ihm gegen Schluß der Show zu, als er ein Lied anspielte und ich annahm, er habe die falsche Tonart gewählt.

»Auf der Schallplatte ist es in D-Dur!« rief er zurück. Ich hörte auf zu singen. »Aber ich will es in C-Dur singen«, entgegnete ich.

»Okay«, sagte er beschwichtigend und begann noch einmal in C-Dur. »Aber auf der Schallplatte ist es in D-Dur.«

Nach der Show bat er mich um eine Anstellung.

Ich sagte ihm, daß ich darüber nachdenken wolle und versprach, ihn anzurufen.

Marshall arbeitete genau wie Luther von Anfang an mit mir zusammen. Sie nannten sich damals »The Tennessee Two«. W. S. Holland hatte anfangs mit Carl Perkins gearbeitet, sich aber wegen eines Autounfalls im Jahre 1957 entschlossen, nicht mehr auf Tourneen zu gehen. Einige Monate später fragte ich ihn, ob er sich uns nicht anschließen wolle. Und so wurden aus den »Tennessee Two« die »Tennessee Three«.

Am Tag nach Fayetteville sagte ich zu W. S.: »Der Gitarrist Wootton war doch in Ordnung. Denkst du nicht auch?«

»Ich kann mit dieser Sache nicht fertig werden«, antwortete W. S. »Manchmal kommt es mir so vor, als lebten wir ein Leben, von dem das Drehbuch längst geschrieben ist. Marshall und Carl konnten nicht kommen, und du hattest keinen Gitarristen. Es ist die erste Show, die Carl jemals versäumt hat. Und plötzlich erscheint da ein Gitarrist, der sich selbst ausgebildet hat, und spielt für dich ein ganz hervorragendes Konzert. Er kommt gerade an dem Abend, wo sonst niemand da ist, der für dich hätte Gitarre spielen können. Du hättest ihn dir sonst bestimmt nie angehört und ganz sicher niemals mit dir auf die Bühne gelassen.«

»Mir gefällt er«, sagte June. »Er spielt fast wie Luther, hat aber seinen eigenen Stil.«

»Und seine eigene Meinung«, setzte ich ihren Satz fort. »Habt ihr mitbekommen, wie er mit mir darüber gestritten hat, in welcher Tonart ich zu singen hätte?«

»Wir fragen ihn am besten, ob er heute abend kommen will, damit ihn Marshall und Carl einmal hören können«, schlug June vor.

Ich hätte niemals jemanden angestellt, ohne vorher Marshall, Carl, W. S. und June zu Rate zu ziehen. Ein ganz entscheidender Grund dafür, daß sich so viele Bands auflösen, liegt im Unvermögen der Musiker, miteinander auszukommen. Man muß nicht nur gemeinsam auftreten, sondern auch miteinander leben können, und das Tag für Tag, in Autos, Bussen, Flugzeugen und Hotels.

Für eine Gruppe ist es wichtig, daß jedes Mitglied bereit ist, auch »die zweite Meile zu gehen«, persönliche Bedürfnisse und Ansichten aufeinander abzustimmen, alles miteinander zu teilen und jeden in der Gruppe so zu behandeln, als sei es der eigene Bruder oder die eigene Schwester.

Weil wir so viele Jahre in dieser Weise zusammengelebt hatten, standen wir uns näher als Brüder und Schwestern.

Marshall und Carl waren vom ersten Augenblick an für Bob eingenommen.

»Ich hätte nie gedacht, daß wir jemals einen Gitarristen finden würden, der die Lücke schließen könnte«, sagte Marshall. »Wenn ihr einverstanden seid, nehmen wir ihn mit. Wir werden schon feststellen, ob wir auch miteinander leben können.«

(Marshall erzählte mir später: »Wir hatten in Memphis

zwei verschiedene Flüge mit Anschluß nach Fayetteville gebucht. Und beide fielen wegen des Wetters aus. Das dritte Flugzeug, in das wir schon eingestiegen waren, wurde wegen einer technischen Störung kurz vor dem Start zurückgerufen. Carl und ich stiegen aus und charterten ein kleines Flugzeug. Aber als wir endlich in der Luft waren, hatte die Show schon ohne uns begonnen. Alles arbeitete zu Woottons Gunsten, damit er die Chance bekäme, in unserer Gruppe mitzuarbeiten.«)

Eins lernte ich an Bob besonders schätzen, nämlich seine Liebe für die Hymnen und Gospellieder, die ich einmal aufgenommen hatte. Er kannte sie so gut wie alles andere, was ich jemals produziert hatte. Dies und seine umgängliche Art, die Fähigkeit, mit Menschen auszukommen, seine Liebe und Hingabe für seinen Beruf festigten die Gemeinschaft unter uns sehr.

Er ist nun mittlerweile wie ein Bruder für mich und wurde zusätzlich noch mein Schwager, als er im Jahre 1974 Anita Carter heiratete.

*

Eine Tournee folgte nun der andern. Die Hörer strömten. Meine alten Schulden waren bezahlt und früher versäumte Auftritte wieder gutgemacht. Ich entschuldigte mich bei allen Leuten, die ich beleidigt hatte – jedenfalls soweit ich mich erinnern konnte –, und nahm neuen Kontakt mit ihnen auf. Bei vielen hatte ich mich zu bedanken, unter anderem bei Pastor Gressett, Sheriff Ralph Jones und Nat Winston sowie E. J. und Maybelle Carter und meinen Eltern.

Dabei erlebte ich, wie ich es eigentlich auch erwartet hatte, daß manche Leute vergeben und vergessen können und andere nicht.

Auf einem Flug von Nashville nach Washington setzte ich mich auf den Sitz neben dem Sänger Jimmy Dean. Wir sprachen über recht belanglose Dinge aus dem Showgeschäft. Jimmy flog nach New York weiter, und kurz vor der Landung in Washington sagte er: »Ich habe bis jetzt noch nie gesehen, daß deine Augen so klar waren. Ich glaube, du hast mir auch noch nie so offen in die Augen gesehen wie heute.«

Ich hatte das Gefühl, als sei dies der Anfang eines Gesprächs, das er eigentlich schon die ganze Zeit über hatte führen wollen.

»Ich habe doch keinen Grund, warum ich dir nicht in die Augen sehen könnte«, sagte ich.

»Davon bin ich nicht so ganz überzeugt«, sagte Jimmy. »Ich bin schon seit Jahren wütend auf dich, und es ist Zeit, daß ich dir das einmal sage. Ich höre zwar so allerhand über deinen Glauben, aber ich glaube nicht, daß allein dadurch, daß dein Leben jetzt in Ordnung gekommen ist, die Schäden ungeschehen gemacht werden können, die du vielen Leuten im Showgeschäft einschließlich mir zugefügt hast. Mir wurden beispielsweise Hotelzimmer verweigert, weil Johnny Cash vorher dagewesen war und die Zimmer verwüstet hatte. Du hast unseren Berufsstand in den Dreck gezogen, Cash.«

Er sprach leise und langsam und bedächtig, als wenn er sich endlich etwas von der Seele redete, wofür er seit langem eine Gelegenheit gesucht hatte.

Ich überlegte mir meine Antwort sehr genau. Tausend Dinge, die ich hätte sagen können, gingen mir durch den Kopf, Antworten, die ich einem Kollegen noch vor ein paar Jahren auf eine solche Anklage gegeben hätte. Doch ich wußte, daß Jimmy Dean nicht nur für sich selbst sprach, sondern für viele andere im Showgeschäft, die nicht den Mut oder das Interesse hatten, mir das zu sagen. Jetzt war der Zeitpunkt für mich da, wo ich mein Bedauern und meinen Mut zu zeigen hatte.

»Du hast recht, Jimmy«, sagte ich. »Es tut mir leid.«

Das Flugzeug war inzwischen ausgerollt, und alle Passagiere, die hier aussteigen wollten, hatten das Flugzeug bereits verlassen – bis auf mich. Jimmy und ich standen jetzt im Gang.

Jimmy schmunzelte, nein, er grinste. Trotz allem bestand so etwas wie ein Band der Bruderschaft und eine gegenseitige Wertschätzung unter Künstlern. Das war einfach nicht zu leugnen.
»Ich freue mich, daß du so gesund aussiehst«, sagte er. Ich schüttelte seine Hand und antwortete: »Ich hoffe, du bist mir nicht länger böse.«
»Nein«, sagte er mit einem Achselzucken. »Aber ich würde mich gern bald einmal mit dir zusammensetzen, damit wir uns über all das unterhalten, was mit dir passiert ist. Ich kann weder verstehen noch glauben, was ich da so alles gehört habe.«
»Du solltest wirklich nicht viel auf Gerüchte geben«, sagte ich. »Es sind aber viele wunderbare Dinge geschehen. Ruf mich an, wenn du nach Nashville kommst. Dann können wir uns zusammensetzen.«
Jimmy nahm wieder Platz und sagte: »Sorg dafür, daß deine Augen klar bleiben, Cash.«

*

Ich wußte, daß ich auch meinen eigenen Brüdern und Schwestern, vor allem Tommy, eine Menge Ärger bereitet haben muß. Da Tommy auch Unterhaltungskünstler ist, hatte er ein Sperrfeuer von Fragen seiner und meiner Fans verkraften müssen.
Tommy veranstaltete schon seit langem seine eigenen Shows und hatte wegen seiner Lauterkeit und Zuverlässigkeit einen guten Ruf. Wir kamen überein, einige Veranstaltungen zusammen durchzuführen.
Während eines unserer langen Gespräche beim Abendessen versuchte ich, mich dafür zu entschuldigen, daß ich Schande auf den Familiennamen gebracht hatte.
Tommy sagte: »Du brauchst dich bei mir nicht für die Fehler zu entschuldigen, die du begangen hast. Ich war nur sehr in Sorge über das, was du dir selbst antatest. Und darüber war die ganze Familie besorgt. Aber laß mich dir sagen«,

fuhr er fort,»manchmal machte es auch Freude, dein Bruder zu sein, und manchmal war es – hm – interessant.«
»Du hast alles richtig gemacht, Tom«, sagte ich.»Du bist ein guter Mensch.«
»Du machst deine Sache jetzt aber auch nicht schlecht«, antwortete er.
»Ich wünsche mir, daß du auf mich immer so stolz sein kannst wie ich auf dich«, sagte ich.
»Reich mir bitte das Brot und laß uns das Thema wechseln«, antwortete Tommy.

*

Am Silvesterabend des Jahres 1968 setzte ich mich hin und schrieb mir selbst einen Brief. Und das tue ich seitdem an jedem Silvesterabend.

Hendersonville, Tennessee
1. Januar 1969

»Lieber Cash!
Werfen wir mal einen Blick auf das Jahr 1968. Du hast in vielerlei Hinsicht vieles richtig gemacht. Du lebst frei von Pillen; trotzdem bist Du noch immer sehr fleischlich gesinnt. Du kennst Deine kleinen Laster genau. Mach Dich daran, sie zu überwinden, bevor sie stärker werden und Deine Widerstandskraft gegenüber anderen Versuchungen – wie beispielsweise den Pillen – schwächen ... Du kannst mich nicht belügen, das weißt Du. Von Zeit zu Zeit denkst Du immer noch an sie. Darum solltest Du mehr beten. Ist Dein Beten wirklich beten?
Im Jahre 1969 werden große Dinge auf dich zukommen. Vielleicht eine eigene Fernsehshow; aber das Größte wird sein, daß Du jetzt Deine Familie und ein Zuhause hast. Du solltest Deinem Gott voll vertrauen, wenn Du willst, daß aus Deinen Plänen etwas werden soll ...

Dein Freund Cash.«

15

Die Hunde der Hölle

Unsere jungen Soldaten waren in Vietnam. Unser Freund, der Country-Sänger Jan Howard, hatte seinen Sohn Jimmy im Krieg verloren. Jimmy war bei allen, die ihn kannten, sehr beliebt – ein guter Kamerad in der Schule, ein braver Sohn zu Hause, kurzum ein guter Junge. June und ich waren in den schweren Tagen vor und nach der Beerdigung bei Jan geblieben.

Als wir dann von Veranstaltern gefragt wurden, ob wir den Fernen Osten und besonders Vietnam auf einer Tournee besuchen wollten, beschlossen June und ich, das Angebot anzunehmen.

»Da sind Tausende von Jungens wie Jimmy Howard«, sagte June. »Sie sind dort, weil ihr Vaterland sie dort hingeschickt hat.«

»Man sagt von uns, June, daß wir in Ballsälen und Clubs spielen«, sagte ich. »Wir haben aber seit Jahren nicht mehr in Clubs gespielt. Und nun sollen wir plötzlich in Okinawa, auf den Philippinen, in Vietnam und in Japan in den Kasinos der amerikanischen Stützpunkte auftreten.«

»Würdest du es gern tun?« fragte June.

»Die Sicherheit ist in Vietnam, wie man uns gesagt hat, kein Problem«, sagte ich. »Aber wir werden nicht gehen, wenn du es nicht willst.«

»Wenn du es kannst, dann kann ich es auch«, sagte June.

»Dann sollten wir es tun«, schloß ich unser Gespräch ab.

Auf Hawaii machten wir zwei Tage und auf Okinawa drei Tage Zwischenaufenthalt. Auf Okinawa war es kalt, naß und regnerisch. Durch die zwei Shows pro Abend in den verrauchten Clubs, die wir den GI's zuliebe auch noch über die Zeit hinaus ausdehnten, war ich ziemlich am Ende meiner Kräfte. Mit einer bösen Erkältung verließ ich Okinawa.

Dort hatten wir auch Militärkrankenhäuser besucht, und June hatte sich viele Namen von verwundeten GI's notiert und ihnen versprochen: »Ich rufe deine Mutter (oder deine Frau) an und sage ihr, daß es dir gut geht.« — Bei unserer Rückkehr in die Staaten hatte sie dann zwei Tage zu tun, dieses Versprechen einzulösen.

Als wir in Manila ankamen, hatte ich etwas Fieber, und meine Lunge war angegriffen. Da ich aber an diesem Abend frei war, nahm ich Aspirin und legte mich sofort schlafen, während June einkaufen ging.

Ziemlich bedrückt dachte ich: Morgen abend hast du zwei Shows auf den Marinestützpunkten in der Subic Bay. Wie willst du das jemals schaffen?

Ich rief den Hotelarzt an, um von ihm eine Spritze mit Antibiotika zu bekommen.

Der Doktor kam hoch, maß die Temperatur, untersuchte mich und gab mir eine Spritze mit der Anweisung, im Bett zu bleiben.

Als er gerade zur Tür hinauswollte, sagte ich: »Morgen abend habe ich zwei Shows. Könnten Sie mir etwas geben, das mir hilft, sie durchzustehen?«

»Was wollen Sie denn haben?« fragte er.

»Dexedrine oder Dexamyl«, sagte ich. »Etwas Mildes, was mir nicht schadet.«

»Mal sehen, was ich habe«, sagte er, während er in seinem Köfferchen nachsah. Dann gab er mir etwa zwei Dutzend Dexamyl, Zwölf-Stunden-Kapseln. »Das ist alles, was ich habe«, sagte er. »Nehmen Sie nicht mehr als eine pro Tag.« Damit ging er.

Ich machte mir etwas vor, als ich mir sagte: »Ich nehme nur die eine Kapsel. Sie wird mir in meiner Krankheit schon helfen.« Ich hatte vergessen, was es mit den Pillen auf sich hat. Ich wußte nur, daß ich im Augenblick ziemlich krank war, und redete mir ein: »Ich werde den Anweisungen des Doktors folgen und nur eine Kapsel nehmen. Dann wird es mir schon besser gehen, und niemand wird etwas merken. Es wird wohl nicht so schlimm sein!«

Da ich krank war und Fieber hatte, war meine Widerstandskraft durch die starke Beanspruchung während der Konzerte in den Clubs stark zurückgegangen.

Als June zurückkam, war ich schon aufgestanden und angezogen. Fünf Kapseln hatte ich in meiner Tasche, und der Rest, anderthalb Dutzend, waren in meinem Koffer versteckt.

»Ich bin froh, daß es dir besser geht«, sagte June und dachte nicht im entferntesten an Pillen.

Wir gingen zum Essen aus, aber ich stocherte appetitlos auf dem Teller herum. Nachdem ich ein paar Bissen gegessen hatte, fühlte ich, wie das Fieber wiederkam. Deshalb entschuldigte ich mich und ging in den Waschraum.

Ich sah in den Spiegel. Meine Augen waren leicht gerötet. June würde denken, daß es vom Fieber und von der Kälte komme.

Ich wollte hinausgehen, um zu June zurückzukehren. Doch dann ging ich noch einmal zurück und schluckte schnell eine zweite Zwölf-Stunden-Kapsel.

Als wir ins Hotel zurückkamen, wurde June unruhig. »Leg dich bitte hin und schlaf ein wenig«, bat sie, »sonst kannst du morgen abend nicht auftreten.«

Ich legte mich hin, aber nur, damit sie keinen Verdacht

schöpfte. Ich schlief die ganze Nacht nicht und ließ auch June durch mein unruhiges Hin- und Herwerfen während der ganzen Zeit nicht zur Ruhe kommen.

Als wir uns am frühen Morgen auf den langen Weg zum Offiziersclub an der Subic Bay machten, sah ich schrecklich aus. Die Nacht über hatte ich nur an Dexedrine gedacht und führte mich selbst wieder einmal an der Nase herum, indem ich mir einredete: »Nimm noch zwei Kapseln, und du wirst großartig in Form sein!«

Damit hatte Satan im Kampf um mein Leben einige Runden Vorsprung bekommen. Ich nahm gleich zwei, und bald war die Angst vor der anstrengenden Fahrt zur Subic Bay vorüber.

June wußte nun, was los war. Sie hatte noch nichts gesagt, aber ich merkte, daß sie es wußte. Sie saß niedergeschlagen in ihrer Ecke.

Ich ließ einen Kellner in das Hinterzimmer des Offizierskasino rufen, wo wir auf unseren Auftritt warteten. »Bringen Sie mir einen doppelten Brandy«, sagte ich. »Ich muß meine Kehle putzen.«

June wurde bleich. Sie kam herüber und flüsterte: »O, John, du weißt doch, was los ist, wenn sich der Brandy mit dem Zeug vermischt, das du eingenommen hast.«

»Kümmere dich um deine Angelegenheiten«, sagte ich, während ich den Brandy herunterschüttete. »Ich muß schließlich eine Show durchstehen.«

Die Scheinwerfer blendeten mich, als ich auf die Bühne kam. Ich fand das Mikrofon und flüsterte hinein: »Hallo, Freunde, ich bin Johnny Cash.«

Darauf Applaus, Getrampel und Gepfeife.

Als das Scheinwerferlicht auf mich gerichtet wurde, sagte ich: »Ich kann heute leider nichts Besonderes bieten. Ich habe eine böse fiebrige Erkältung. Aber ich werde mein Bestes geben.«

»Sing«, spornten sie mich an, »›Folsom Prison Blues‹ und ›I Walk the Line‹!«

Ich kämpfte mich durch eine einstündige Show und versuchte, alles zu singen, was gewünscht wurde.

Zwei Stunden später im Soldatenclub wiederholte sich die Szene. Ich nahm noch eine Kapsel und noch einen Doppelten. Der einzige Unterschied zur ersten Show war lediglich, daß ich mich an die zweite kaum noch erinnern kann.

Als June auf die Bühne kam, um mit mir »Jackson« zu singen, versuchte sie zu lächeln, brachte es aber nicht fertig.

Ich erinnere mich noch sehr deutlich daran, wie ich auf dem Rückweg in unser Hotel in Manila auf dem Sitz des Busses mit dem Kopf auf Junes Schoß lag. Sie weinte die ganze Zeit, während sie mein Gesicht mit nassen Handtüchern abrieb und mir zärtlich die Kopfhaut massierte.

»Du siehst doch, was passiert ist«, sagte sie. »Bitte, wirf sie weg!«

»Ich habe sie schon alle genommen«, sagte ich, wobei ich die Kapseln nicht mitzählte, die ich im Hotel im Koffer versteckt hatte.

Durch die Mischung von Amphetaminen und Alkohol war ich in einem solch schrecklichen Zustand, daß ich nicht stilliegen konnte. Meine Haut juckte, und Muskelkrämpfe quälten meinen Hals und den Rücken. Schließlich rief June einen anderen Hotelarzt herbei. Er spritzte mir ein Gegenmittel ein, damit ich schlafen konnte.

Als wir am nächsten Tag das Flugzeug betraten, war ich schwach und erschöpft von den schlaflosen Nächten und den Tagen ohne Nahrung. Ein wenig konnte ich dies dadurch ausgleichen, daß ich während des ganzen Fluges nach Saigon schlief.

Dort hatten wir den ersten Abend frei. Die Militärpolizei brachte uns zum Abendessen in den Offiziersclub und dann zu den Wohnwagen, die während unseres Aufenthalts in Long Binh, dem Luftwaffenstützpunkt, unser Quartier sein sollten.

In Vietnam ist im Januar Sommer. Die Außentemperatur war über 40 Grad, und abends war meine Körpertemperatur genauso hoch. Als man mich ins Krankenhaus brachte, zeigten die Röntgenaufnahmen, daß ich Lungenentzündung hatte. Ich erhielt weitere Antibiotika und wurde dann zum Wohnwagen zurückgebracht.

Plötzlich erinnerte ich mich daran, daß ich noch 18 Kapseln in einem Umschlag im Koffer hatte. Ich versteckte die Kapseln im Polster der Couch in der Absicht, sie dort zu lassen. Ich ließ sie auch dort – vier Tage und vier Nächte lang, denn mit Einbrechen der Dunkelheit hatte ich ein Erlebnis, das mich sehr ernüchterte.

June und ich waren früh zu Bett gegangen und schon fast eingeschlafen, als die erste Granate explodierte. Das Gedonner der Mörser, das Geknatter der Gewehre und das Explodieren der Granaten hielt beinahe die ganze Nacht an. Die Geschosse kamen so nahe an Long Binh heran, daß unser Wohnwagen durchgeschüttelt wurde. Das schreckliche Getöse in der Nähe ließ uns kaum zum Schlafen kommen. Erst gegen Morgen hörte die Schießerei auf.

Am anderen Morgen besuchten wir das Lazarett, um mit den Kranken und Verwundeten zu sprechen. Wir konnten beobachten, wie sie mit Ambulanz-Hubschraubern eingeflogen wurden. Schreckliche Szenen voller Leiden. Wir versuchten, jeden Verwundeten zu besuchen. Carl Perkins hatte seine Gitarre dabei, und er, June und ich blieben in einigen Abteilungen des Lazaretts, um den Verwundeten ein paar Lieder zu singen.

Kurz vor meinem Auftritt war mein Fieber wieder gestiegen, und drei Shows waren geplant. Ich dachte an die Amphetamine, doch ich kämpfte gegen das Verlangen an, sie zu nehmen.

Als ich in die Gesichter der jungen Soldaten schaute, für die ich spielte, bekam ich neuen Mut. Sie sammelten sich an diesem Abend direkt vor der Bühne. Sie pfiffen und trampelten mit den Füßen, und manche weinten vor Freude darüber, daß jemand von »zu Hause« gekommen war, um sie zu unterhalten. Sie ließen noch mehr Dampf ab als eine

Gefängniszuhörerschaft. Jedes neue Publikum war begeisterter und dankbarer dafür, daß wir gekommen waren, als das vorige.

Am anderen Morgen machten wir uns für die Reise nach Tokyo startklar. Es war noch sehr früh, und ich fühlte mich nach dem starken Schwitzen während der 18 oder 20 Konzerte, die ich gegeben hatte, um einiges wohler. Ich setzte mich auf meine Couch, griff in das Polster und fand die Kapseln. Ich steckte sie in meine Tasche.

Beim Kaffeetrinken dachte ich darüber nach, was ich in der letzten Woche doch alles mitgemacht hatte. Ich war ein bißchen stolz darauf, daß ich alle Shows durchgestanden hatte. Jetzt lag nur noch eine vor mir, ein Konzert auf dem Tachikawa-Luftwaffenstützpunkt in der Nähe von Tokyo. Nach allem, was wir hinter uns haben, wird das eine Kleinigkeit sein, dachte ich. Das einzige, was ich fürchtete, war der lange Flug nach Tokyo. Ich wußte, daß er mich sehr ermüden würde.

»Nimm dir ein paar Kapseln Dexedrine; du verdienst es, den Flug zu genießen«, sagte der Dämon »Eitelkeit«.

»Das ist ganz allein deine Angelegenheit«, fügte der »Hochmut« hinzu.

»Es wird bestimmt niemand merken«, sagte mein alter Quälgeist »Selbsttäuschung«.

Ich nahm zwei 20-Milligramm-Kapseln. Als wir den Flughafen von Saigon erreicht hatten, wußte June, daß ich es doch wieder getan hatte, denn meine Reaktion auf dieses Medikament war stärker, als ich erwartet hatte. Ich redete ununterbrochen mit dem Busfahrer, bis ich heiser wurde.

Als ich am Terminal den Bus verließ, tappte ich, mich stützend, vorwärts und redete vor mich hin. June schwieg – es war ein verletztes, resigniertes Schweigen. Dieser Tag lag wie eine schwere Last auf ihren Schultern.

Am Terminal traf ich Pastor Jimmy Snow aus Nashville, mit dem ich schon seit den Fünfziger Jahren befreundet war. Ich hatte ihn schon gekannt, bevor er Prediger war. Er war selbst drogensüchtig gewesen, ehe er Christ wurde, und ich wußte, daß man ihn nicht täuschen konnte. Er merkt bestimmt, daß ich unter dem Einfluß von Pillen stehe, dachte ich, bevor ich ihn ansprach.

»Wie kommst du hierher?« fragte ich. »Was machst du in Vietnam?«

»Predigen und Singen«, sagte Jimmy. »Gibst du hier Konzerte?«

»Wir haben es gerade hinter uns gebracht«, sagte June schnell. »John hat eine Lungenentzündung.«

»Ja, ich bin wirklich krank«, flüsterte ich.

»Es tut mir leid, ich muß zu meinem Flugzeug«, sagte Jimmy, schüttelte mir die Hand, sah mir tief in die Augen und lief zu seinem Flugzeug.

Als wir in unserem Flugzeug saßen, ging ich gleich zur Toilette. Ich besah mich im Spiegel. »Jimmy Snow hat es gemerkt, June weiß es, wen willst du eigentlich täuschen?«

»Was soll's?« sagte »Hochmut«.

Noch zwei Kapseln, und ich würde alles vergessen.

Mit zwei Stunden Verspätung kamen wir am Tachikawa-Luftwaffenstützpunkt an. Während der ganzen Fahrt zum Stützpunkt saß June auf dem Rücksitz und weinte. Aber ihre Gefühle ließen mich völlig kalt.

Ich konnte nur noch flüstern, als ich zur Bühnentür des Clubs hereinwankte. Es war ein großer Club, ungefähr 2 000 Soldaten waren da, die tranken, schrien, klatschten. Sie wollten eine Show erleben.

Plötzlich dachte ich, ich hätte meinen Verstand verloren, und war fast augenblicklich nüchtern, als ich die Räume hinter der Bühne betrat und mich selbst »Greystone Chapel« singen hörte. Es hörte sich wenigstens genauso an, als wäre ich es selbst.

Der Sänger, der dieses Lied in Wirklichkeit sang, war mein japanischer Freund namens Takahiro Saito, den ich während meiner ersten Reise nach Japan im Jahre 1961 kennengelernt hatte. Er kannte alle meine Lieder und sang sie hier, um die Zuhörer, die dauernd meinen Namen riefen, zu beruhigen.

Vielleicht brauche ich gar nicht auf die Bühne, dachte ich. Doch Saito hatte mich schon gesehen und stellte mich vor.

Ich ging zum Mikrofon, schüttelte Saitos Hand und sagte in einem kaum verständlichen Ton: »Hallo, Freunde, ich bin Johnny Cash.« Dann folgte die traurigste, demütigendste Stunde meines Lebens.

Zweitausend brüllende, klatschende, pfeifende, schreiende und trinkende Soldaten hörten mir mit ungläubigem Schweigen zu, als ich »Folsom Prison Blues«, »I Walk the Line«, »Ring of Fire« und die übrigen Lieder durch das Mikrofon flüsterte.

Ich blieb auf dem gleichen Fleck stehen und flüsterte meine Lieder durch das Mikrofon, weil ich Angst hatte umzufallen: »Es tut mir leid, daß ich zu spät kam, Leute, und es tut mir leid, daß ich in einer solch schlechten Verfassung bin, aber ihr werdet mich nie wieder in solch einem Zustand sehen.« Damit ging ich ab.

Im Hotel sagte ich dann zu June: »Ich weiß nicht, wie lange es dauern wird, bis ich einschlafen kann. Ich habe heute sechs oder acht Kapseln genommen.«

»Wir wollen beten«, sagte June.

Wir knieten vor dem Bett nieder, und ich tat Buße. Wir beteten um Stärkung und Heilung, und der »große Arzt« ließ ein großes Wunder geschehen. Denn in Junes Armen schlief ich sofort ein, ohne es zu merken.

Als ich am nächsten Tag wach wurde, zeigte ich June die Kapseln, die ich übrigbehalten hatte. »Ich werde sie alle eigenhändig wegwerfen«, sagte ich und tat es auch.

Die Lektion, die ich während dieser Fernosttournee lernte, lernte ich gründlich: Gott ist Liebe, und er vergibt. Er wird dir siebzigmalsiebenmal vergeben. Er ist langmütig und geduldig, er ist voller Mitleid und versteht dich, bevor du es unternimmst, ihm dein Versagen und deine Schwachheiten zu bekennen.

Die Hunde der Hölle werden zwar nicht aufhören, nach deinen Fersen zu schnappen. Satan und seine Dämonen werden nicht aufgeben, solange sie eine verwundbare Stelle an dir finden.

Es war ein ständiger Kampf, um sie zu überwinden. Aber der Kampf wird auch immer siegreicher.

Ich habe gelernt, nicht über Satan zu lachen und seine Angriffe ernst zu nehmen. Ich darf es heute sagen: Seit jenem Januar im Jahre 1969 habe ich nie wieder Amphetamine angerührt – keine bunte, keine Fünf-, keine Zehn- oder Zwanzig-Milligramm-Pille, keine gelbe, grüne, schwarze, wirklich keine einzige.

16

Eine bessere Seifenblase

Über diesen vorübergehenden Rückfall im Fernen Osten sprachen June und ich nie – weder mit den anderen Mitgliedern unseres Teams noch unter uns. Wir wußten, daß wir durch das Aufgreifen dieses Themas den dunklen und vernichtenden Mächten eine unangemessene Anerkennung zukommen lassen würden. Daß ich in einem langandauernden Kampf eine Runde verlor, hatte ich mit niemandem als mit mir selbst, mit June und mit Gott auszumachen. Ich habe mein Versagen vor mir selbst eingestanden. Denn abzuleugnen, daß ich gefallen war, wäre schon wieder ein neuer Fehler gewesen.

Aus diesem Fehltritt lernten wir sehr viel. Durch Gottes Weisheit und Verständnis für mich wurde mir dieser Sieg über die Tablettensucht größer denn je – sogar größer als nach meiner ersten Befreiung. Ich erkannte deutlich, wie ich versucht worden und gefallen war. Der Rückfall in meine alte Bindung war so kurz gewesen, daß ich seinen Ablauf in allen Einzelheiten durchleuchten konnte.

Beim Nachdenken über Gottes Handeln wurde mir die Tatsache, daß er mich nicht hatte sterben lassen, immer wunderbarer. Je mehr ich nachdachte, um so deutlicher wurde mir, daß Gott in Manila, in Vietnam und auch in Tokyo, als ich der widerlichste und übelste Kerl war, den ich mir vorstellen kann, immer bei mir gewesen war. Mein Stolz und meine Überheblichkeit verschwanden in dem Augenblick, als ich mich demütigte und Gott anrief. Auf die Wirkung mußte ich nicht lange warten. An diesem Abend in Tokyo kam der sanfte reinigende Friede der Vergebung über mich wie eine Taufe, und ich konnte wieder wie ein Baby schlafen.

*

June und ich lebten (man verzeihe mir den abgedroschenen Ausdruck) wie in den Flitterwochen. Carlene und Rosey liebten das Haus am See. Von Zeit zu Zeit kamen meine Töchter zu Besuch, und manchmal fuhr ich zu ihnen nach Kalifornien.

Die Columbia-Plattengesellschaft bat mich, ein weiteres Konzert in einem Gefängnis zu geben, und so wurde ein Auftritt in San Quentin vorbereitet.

Einen Tag vor der Abreise nach San Quentin rief mich Don Davis, ein Musikverleger aus Nashville, an. »Ich weiß, daß Sie eine Menge Lieder zugeschickt bekommen«, sagte er, »ich würde Sie auch nicht belästigen, wenn ich nicht wüßte, daß Ihnen dieses Lied gefallen wird.«

»Wie heißt es?« fragte ich.

»Es heißt ›A Boy Named Sue‹. Shel Silverstein hat es geschrieben.«

»Bringen Sie es doch heraus«, sagte ich in dem Gedanken, daß Don Davis diesmal wohl falsch getippt hätte. Der Titel klang eigenartig, und ich meinte im voraus zu wissen, daß mir das Lied nicht zusagen würde.

Als es mir Don Davis jedoch vorspielte, wußte ich, daß er doch recht gehabt hatte. Aber am Morgen meiner Abreise hatte ich so vieles am Hals, daß ich den Text von »A Boy Named Sue« vergessen hätte, wenn ich nicht von June daran erinnert worden wäre.

Ich hatte keine Zeit dazu gehabt, den Text auswendig zu lernen. So legte ich ihn in San Quentin vor mich auf den Fußboden und las ihn nur einmal flüchtig durch.

»Ich habe ein neues Lied«, sagte ich. »Ich kann es noch nicht ganz. Aber ich werde es so gut wie möglich für euch singen.«

»A Boy Named Sue« und die San-Quentin-Langspielplatte übertrafen noch den Erfolg, den ich mit der »Folsom Prison«-Aufnahme gehabt hatte. Diese Platte machte mich für 1969 zum Künstler mit dem größten Plattenumsatz bei der Columbia-Schallplattengesellschaft. Es wurden sechs Millionen Langspielplatten und ebensoviel Singles verkauft.

Die rein weltliche Prägung dieser Schallplatte kommt in den Texten zum Tragen. Gedankenlos sang ich einen Ausdruck wie »Hurensohn«, was aber später gelöscht wurde. Es dauerte eine geraume Zeit und setzte auch ein gewisses Wachstum voraus, bis ich auch in meiner Sprache mein neues Leben zum Ausdruck bringen konnte. Ich hätte mir darüber im klaren sein müssen, daß, wenn ich einen Fehler machte, dieser in der ganzen Welt bekannt werden würde.

Der weltweite Erfolg im Musik- und Unterhaltungsgeschäft kam so schnell, daß es mir schwer wurde, dem von mir eingeschlagenen Weg treu zu bleiben.

Als von der amerikanischen Rundfunkgesellschaft ABC das Angebot kam, im Fernsehen aufzutreten, sahen wir kein Unrecht darin, diese Möglichkeit wahrzunehmen. Denn wir konnten damit Millionen von Zuschauern die Musik präsentieren, die wir gern machten.

Die meisten Fernsehshows bereiteten mir sehr viel Freude. Ich konnte mit vielen großen Talenten, die als Gäste eingeladen waren, zusammenarbeiten. Auch konnte ich nicht nur viele Freunde in diesen Shows vorstellen, sondern auch manche, die dann Freunde wurden.

Auf zwei Gäste war ich besonders stolz – auf Merle Haggard und Charlie Pride. Beide waren groß herausgekommen und gehörten zu den beliebtesten Darstellern in unserer Branche.

Merle Haggard hatte seine bescheidene, umgängliche Art nicht verloren und war für die Begeisterungskundgebungen seiner Fans stets dankbar. Für alle vom Leben Benachteiligten und besonders für die Gefangenen ist er ein Symbol menschlicher Hoffnung.

Im Blick auf Charlie Pride hoffte ich, wenn auch mit ein paar Jahren Verspätung, nun endlich die Lüge wettmachen zu können, die ich ihm einst aufgetischt hatte, als ich ihm versprach, ihm einen Auftritt im Heiligtum der Country-Musik in der Grand Ole Opry zu vermitteln. (Dies war zwar nicht die »Grand Ole Opry«. Die hatte er längst ohne meine Hilfe erobert. Dies hier war meine eigene Show. Aber sie wurde für das Fernsehen im Gebäude der »Grand Ole Opry« aufgenommen.)

Die erste Show, die wir dort machten, war für mich das erfreulichste Erlebnis meiner ganzen Karriere. Bevor die Vorstellung begann, ging ich auf die Bühne, von der ich vor vier Jahren verbannt worden war, und erhielt tosenden Beifall.

Als ich von der Bühne abging, war der Manager der Grand Ole Opry dort, um mir die Hand zu schütteln. Wir sagten beide kein Wort, aber wir waren sehr glücklich.

Durch das Fernsehen gelangte ich jede Woche in die amerikanischen Wohnzimmer und brachte Lieder, die meiner Überzeugung nach zu mir paßten und auch von den Zuhörern gewünscht wurden. Das Herz meiner Zuhörer erreichte ich mit meinen geistlichen Liedern und der Sammlung »Ride This Train«. Mit der Zeit wurde ich in mancher Hinsicht zu einer Art öffentlichen Eigentums und unser Haus zu einer Sehenswürdigkeit.

Mike Nesmith, der zu dieser Zeit bei den Monkees spielte und Gast in meiner Show war, sagte mir einmal während des Frühstücks bei uns zu Hause: »Du bist jetzt ein Superstar,

John. Wollen wir wetten, daß deine Ehe nicht mehr lange halten und du nicht mehr lange dieses schöne Heim haben wirst?«

Diese Herausforderung von Mike Nesmith war die schärfste, die je an mich gerichtet wurde. »Warum sollte meine Ehe nicht halten?« fragte ich.

»Weil Ruhm vergänglich ist und seinen Glanz mitnimmt, sobald er flieht.«

»Meine Ehe und dieses Heim sind nicht Früchte meines Ruhms, Mike. Das alles hat uns Gott gegeben, und wenn er es uns wieder nehmen will, ist es in Ordnung. Was aber meine Ehe und mein Heim betrifft, so ist Gott das Siegel und der Bürge. Wenn wir ihm immer unser volles Vertrauen schenken, wie wir es vorhaben, dann wird die Ehe halten und das Heim unser bleiben.«

»Nun, es spricht manches dafür«, sagte Mike, »aber ich habe eine Menge Seifenblasen platzen sehen. Vielleicht wird deine nicht platzen, weil sie nicht von dieser Welt ist.«

»Sie ist bestimmt nicht nur von dieser Welt, Mike. Ich will keine Wette abschließen, aber beobachte uns doch bitte und urteile dann danach. Okay?«

»Okay. Ich werde euch die Daumen drücken und hoffe, daß ihr eine bessere Seifenblase habt.«

*

Woche um Woche kamen Tausende von Karten und Briefen. Wir kauften uns ein großes Haus etwa eine Meile von unserem Heim entfernt, und meine Schwester Reba kam aus Kalifornien, um für mich die Öffentlichkeitsarbeit und die Abstimmung und Ordnung meiner Termine zu erledigen.

Sie stellte einen Stab von Mitarbeitern an, die die Post erledigten und den Kontakt zur Öffentlichkeit hielten.

Reba baute den Verlag »House of Cash Music Publishing Company« auf und machte aus diesem Verlag zusammen mit Larry Lee, einem alten Freund, ein erfolgreiches Unternehmen. Wir richteten in diesem Haus auch ein Aufnahmestudio ein, das June in blauer Farbe dekorierte.

Reba wurde in allen geschäftlichen und persönlichen Angelegenheiten meine rechte Hand. Ich hörte auf ihren Rat und folgte ihren Empfehlungen in vielen schwierigen Situationen, die auf uns zukamen. Ich fühlte mich durch Reba abgesichert. Sie war eine gläubige Christin, die es verstand, alles nüchtern und sachlich zu regeln.

Konzertbüros in Kalifornien regelten meine persönlichen Veranstaltungen; die APA-Agentur kümmerte sich um Fernsehen und Film, und Reba hielt meinen Terminkalender in Ordnung.

Von Wohltätigkeitsvereinen, von Kirchen, von Predigern, aus Gefängnissen und aus Drogenentziehungsanstalten kam eine Flut von Bittbriefen, dazu persönliche Empfehlungen für notleidende Menschen in allen Lebenssituationen. Manchmal schien es mir, als strömten alle Lasten der Welt auf meinem Schreibtisch zusammen – ein Platz, für den ich sowieso sehr selten Zeit hatte. Reba, June und ich (soweit es meine Zeit erlaubte) gingen die Briefe durch und beantworteten die Bittschriften. Wir hatten nie genug Zeit, alle Wünsche zu erfüllen und jeder echten Not zu begegnen. Dazu hätte ich mich verhundertfachen müssen.

»Ich schreibe Ihnen, weil Gott es mir gesagt hat«, begannen viele Briefe.

»Gott hat mir klar gemacht, daß ich Sie um Hilfe bitten soll«, sagten viele Menschen, die zu jeder Tages- und Nachtzeit an meine Haustür kamen.

Das legte sich zuerst schwer auf meine Seele. Ich versuchte, jedem zu helfen und konnte es doch nicht. Schließlich mußten wir unser Gartentor rund um die Uhr bewachen lassen, um wenigstens etwas von unserem Privatleben zu retten.

»Gott, hast du mir wirklich all diese Leute geschickt?« fragte ich verwirrt.

Ich kam zu dem Schluß, daß ich nicht zu sorgen brauchte,

wenn ich mein Bestes gäbe, auf mein Gewissen hörte, mich um meine Familie kümmerte und täglich um Weisheit betete. Gott würde mir den Weg zeigen. Im täglichen Gespräch mit ihm würde ich Klarheit darüber erhalten, wie ich auf die zahllosen Anfragen zu antworten hätte.

Einmal kam jemand zu dem Wachtposten an unserem Gartentor. »Gott schickt mich zu Johnny Cash.«

Ich war nicht zu Hause, und der Wachtposten konnte sich die Frage nicht verkneifen: »Hat Ihnen Gott denn nicht verraten, daß Johnny Cash in Pittsburgh ist?«

Dann kamen Reisegesellschaften mit dem Bus zu unserem Haus. Am Anfang waren es wenige, dann vierzig oder fünfzig täglich. Ich freute mich auch darüber.

Meine Eltern zogen von Kalifornien zu uns. Sie kauften sich ein Haus in unserer Nachbarschaft. Aber ich hatte keine Vorstellung davon, wie sehr man sich auch in ihr Privatleben drängen würde. Meine Eltern vermißten das ruhige, friedliche Leben in Kalifornien. Sie brauchten eine lange Zeit, bis sie sich an die Flut von Leuten gewöhnt hatten, die ohne Unterbrechung an ihre Tür kamen, Fotos machten oder sie nach mir ausfragten. Sie waren gütig und höflich, posierten für Aufnahmen, schrieben Autogramme und beantworteten Millionen von Fragen.

Wenn ich zu einem Termin wollte, mußte ich immer ein paar Minuten früher aus dem Haus gehen, um mit den Leuten vor meinem Tor ein wenig zu plaudern.

Nur einmal habe ich die Geduld verloren. Das war, als ich bei meiner Rückkehr nach Hause einen Mann in Roseys Schlafzimmer antraf. Rosey war vor mir gekommen und stand wie versteinert da.

»Ich tue dir nichts«, sagte er zu Rosey und grinste. Er schien nicht ganz nüchtern zu sein.

»Wer sind Sie, und wie sind Sie hier hereingekommen?« fragte ich.

»Ich bin hereingeschlüpft«, lachte er. »Die Tür stand offen. Sie kennen mich nicht.«

Ich packte ihn am Kragen, schleppte ihn aus der Tür und stieß ihn auf den Hof.

Er drehte sich um und rannte davon.

»Ich glaube nicht, daß der Herr ihn gesandt hat«, brummte ich.

*

Während einer meiner wöchentlichen Fernsehserien wurde ich für eine Vorstellung im Waldorf-Astoria Hotel in New York verpflichtet. Senatoren, Mitglieder des Kongresses, Generale, Bob Hope, Bing Crosby, Raquel Welch und eine Menge anderer bekannter Persönlichkeiten hatten sich im prächtigen Ballsaal zu einem Essen versammelt, das zu Ehren von Mamie Eisenhower gegeben wurde. Ich war als Sondergast im Programm, das vom Fernsehen ausgestrahlt wurde, eingeladen.

Das ist nicht verwunderlich, denn »A Boy Named Sue« war ein Hit geworden, der auf Platz eins in den Hitparaden stand. Ich hatte alle Auszeichnungen der Schallplattenkonzerne und der Countrymusik-Vereinigungen erhalten und eine eigene TV-Show. Ich hatte all das erreicht, was irdischer Ruhm und irdische Freuden zu bieten vermögen. Ich war in der Carnegie Hall und der Hollywood Bowl aufgetreten und wurde von verschiedenen Magazinen auf der Titelseite vorgestellt. Das alles machte mich ein bißchen eingebildet.

Die Kleiderprobe am Nachmittag und die technischen Vorbereitungen für die Fernsehübertragung verliefen reibungslos. Danach wurden wir alle gebeten, an etwas teilzunehmen, was mir zuwider ist, nämlich an einer Cocktailparty. Diese Cocktailparties hasse ich nicht erst seit kurzem. Ich habe sie schon immer leidenschaftlich gehaßt. Ich mache mir nichts aus Cocktails. Aber das ist nicht der eigentliche Grund.

Jedermann glaubt, sich so geben zu müssen, als ob die Party ihm wunderbar gefalle. Man steht mit dem zierlichen

Gläschen in der Hand herum, den kleinen Finger etwas abgespreizt.

Ich kann mich nicht erinnern, daß auf einer Cocktailparty je etwas Wichtiges gesagt worden ist. Niemand hört dem anderen wirklich zu. Man beginnt mit irgend jemandm ein Gespräch, und während man redet, schaut der Betreffende links oder rechts an einem vorbei, in der Hoffnung, irgendeine Berühmtheit zu entdecken.

Ich sprach eine Dame an. »Hallo, Madam, ich bin Johnny Cash. Meine Großtante ist neulich gestorben. Wie geht es Ihnen?«

Sie schaute sich gerade nach dem Präsidenten oder nach sonst jemandem um und hörte mich gar nicht.

»Ich bin Johnny Cash. Meine Großtante starb vor kurzem. Wie geht es Ihnen?« wiederholte ich.

»O, Herr Cash, wie nett, Sie zu sehen.« Dann drehte sie sich um und versuchte, jemanden zu entdecken, den sie noch nicht gesehen hatte.

Als ich endlich alle Leute begrüßt und mit ihnen gesprochen hatte, war ich nur noch ein Nervenbündel, und als es Zeit für die Show wurde, war ich aufs äußerste erregt.

An diesem Abend sprang ich auf die Bühne, um mein sechs Minuten langes Liederpotpourri zu beginnen. Als ich über die Schar der Zuhörer blickte, kam es mir vor, als hätte ich nie zuvor in meinem Leben ein solches Meer von schwarzen Fräcken, Smoking-Hemden und Fliegen gesehen. Links von mir saßen in etwa vier Metern Entfernung Bob Hope und Mamie Eisenhower.

Als Auftakt zu meinem Potpourri schlug ich auf meiner Gitarre einen Akkord an. Dabei ließ ich mein Plättchen fallen. Als ich mich bückte, um es aufzuheben – ich hatte an diesem Abend meinen Andrew-Jackson-Anzug an, der besonders enge Hosen hat, die unter den Schuhen, ähnlich wie bei den Schihosen, mit einem Band zugebunden sind –, riß meine Hose vom Knie bis zur Leiste auf. Der Riß war innen rechts, und Mamie Eisenhower saß links von mir. Ich sah zu ihr hinüber. Sie war rot geworden und unterdrückte krampfhaft das Lachen.

Da stand ich nun , bückte mich und versuchte, das Plättchen wieder aufzuheben, was mir aber nicht gelang. Ich hatte kein Ersatzplättchen bei mir; so mußte ich es immer wieder versuchen. Während der ganzen Zeit, die mir wie eine Ewigkeit vorkam, schaute mein nacktes Bein aus der zerrissenen Hose hervor.

Während ich mich immer wieder bückte, um das Plättchen aufzuheben, ging ein Kichern durch die Reihen, wobei sich alle bemühten, nicht laut loszulachen, weil sie Mitleid mit mir hatten.

Ich durchlitt eine ganze Gefühlskala. Zuerst kam Verwirrung, dann Angst, weil ich das Plättchen nicht fassen konnte, dann nervliche Überreizung, dann Wut und schließlich so etwas wie Hochmut, als ich das Plättchen endlich wieder hatte und mit meinem Potpourri begann.

Als ich meine Lieder beendet hatte, gelang mir weder ein Lächeln noch eine Verbeugung vor dem Publikum, weil mich das Ganze so aufgebracht hatte. Wortlos verließ ich die Bühne.

June war natürlich auch da und hatte gesehen, was geschehen war. Sie folgte mir in den Aufzug und durch die Hallen. Ich stürmte in unser elegantes Appartement, schlug die Tür zu, riß mir mein Jacket und meine Hose vom Leib und warf sie auf den Boden. Ich trampelte auf ihnen herum, schrie, fluchte und weigerte mich, mit June zu sprechen. Dann schloß ich mich im Badezimmer ein, stand dort herum und bedauerte mich selbst.

Als ich nach einer Weile wieder herauskam, saß June traurig in der Ecke auf einem Stuhl.

Ich setzte mich, noch immer wütend, in die andere Ecke. Allmählich wurde ich ruhiger.

June sah zu mir herüber und lächelte. Ich senkte meinen Blick zu Boden. Ich konnte und wollte ihr Lächeln nicht erwidern.

Als ich wieder aufsah, lächelte sie mich zum zweitenmal an. Ich blieb stur, hielt aber ihrem Blick stand.

Da breitete sich ein Grinsen auf ihrem Gesicht aus, und sie begann zu lachen.

Ich wurde wieder wütend. »Was gibt es da zu lachen? Du findest das wohl lustig?«

June lachte weiter, während sie in ihrem Stuhl vor- und zurückschaukelte. Das Ganze war so lächerlich, daß ich sie schließlich auch angrinste und dann in ihr Lachen einstimmte.

June beruhigte sich, schaute mich an, und ich wußte, daß sie jetzt etwas sagen würde, was die ganze Sache wieder ins Lot brächte.

»John«, sagte sie, »heute abend hat Gott deine Hosen zerrissen!«

Plötzlich lachten wir beide und fielen uns in die Arme.

Was ich an diesem Abend gelernt habe, werde ich wohl nie vergessen: Hochmut kommt vor dem Fall.

*

June und ich wünschten uns von ganzem Herzen einen Sohn. Aber im ersten Jahr unserer Ehe hofften wir vergeblich. Im Sommer des Jahres 1969 verbrachten wir unsere Ferien auf den Jungfraueninseln. Es war eine wunderbare Zeit – heiße sonnige Tage am Strand und in der Brandung, und nachts bezauberte uns das Mondlicht, das durch die Palmen in unser Fenster schien.

Auf der Heimfahrt aus den Ferien sagte ich: »Wir werden ihn John Carter Cash nennen.«

June lachte. »Du hast es aber eilig! Wer sagt denn, daß ich schwanger bin?«

»Ich«, sagte ich. »Ich glaube es einfach.«

Ein paar Wochen später sagte June an einem herrlichen Tag: »Ich glaube es jetzt auch.«

»Was?« fragte ich.
»Daß ich schwanger bin«, antwortete sie.

*

Dr. Frederec Cothren am Krankenhaus in Madison, Tennessee, hat sicher Tausenden von Babies zum Eintritt in die Welt verholfen. Aber ehe er bei einer Geburt Hilfe leistete oder eine Operation durchführte, kniete dieser Arzt neben dem Operationstisch nieder und bat Gott, seine Hände bei der Geburt oder der Operation sicher zu führen.

Als June in den Kreißsaal gebracht wurde, betete er auch mit ihr. Ich war schon etwa drei Jahre früher mal bei Dr. Cothren gewesen. Damals hatte ich ihn gebeten, mir doch in der Drogennot zu helfen. Es war in einer Zeit, wo ich genau wußte, daß ich in einem miserablen Zustand war. Und doch war ich noch nicht tief genug gesunken, um mich wirklich Gott auszuliefern.

»Dr. Cothren«, hatte ich gesagt, könnten Sie mir ein paar Musterpackungen von Antidepressiva geben? Vielleicht Dexamyl, das ich im Krankenhaus einnehmen kann, weil es ja ein harter Kampf für mich werden wird.«

Er antwortete damals: »Sind Sie verrückt? Ich werde Ihnen doch nicht gerade das Zeug verschreiben, das Sie umbringt! Ich werde Sie ins Krankenhaus einweisen, Sie gut füttern und viel schlafen lassen. Aber Ihrer Tablettensucht müssen Sie selbst radikal den Abschied geben. Das würde natürlich einfacher für Sie sein, wenn Sie sich dabei von Gott helfen lassen.«

Diese drei Tage damals im Krankenhaus erwiesen sich als eine recht sinnlose Sache. Ich nahm meine Pillen und meine Gitarre mit dorthin und blieb auf. Nachts brachten mir die Schwestern eine Schlaftablette; aber ich nahm zusätzlich Amphetamine.

Am dritten Tag warnte mich Dr. Cothren, daß ich das Krankenhaus verlassen müsse, wenn ich mich nicht fügen und schlafen würde.

Als er den Raum verlassen hatte, zog ich mich an und verschwand durch die Hintertür.

Meine Sorge war nun, daß ich bei ihm alles verscherzt und eine weitere Brücke hinter mir abgebrannt hätte. Aber Menschen wie Dr. Cothren haben eine bewundernswerte Art, die Fehler anderer Menschen zu vergeben und zu vergessen. Ich spürte, daß er dieses belastende Erlebnis mit mir längst vergessen hatte, als er jetzt auf mich zukam und mir zur Geburt meines Sohnes gratulierte.

Als John Carter geboren wurde, arbeitete ich gerade an der Grand Ole Opry, nahm Fernsehshows auf und hatte jeden Tag Proben. Jede Minute, für die ich mich freimachen konnte, war ich im Krankenhaus, um June und das Baby zu besuchen.

Während dieser Besuchszeiten führten June und ich lange Gespräche. Wir waren beide schon verheiratet gewesen, und beide Ehen waren in die Brüche gegangen. Obwohl June und ich uns wirklich innig liebten, hatten wir doch schon soviel miteinander erlebt, daß wir genau wußten, auch unsere Ehe könnte in Gefahr kommen, wenn wir nicht zusammenständen und zusammenarbeiteten.

Die Geburt unseres Babys besiegelte das Band unserer Ehe aufs neue. Ich wurde durch dieses Ereignis aufs neue daran erinnert, wie sehr ich June wirklich brauchte. Wenn sie nicht bei mir war, fehlte mir die Hauptsache, und ein Konzert ohne sie war für mich einfach etwas Unvollkommenes.

Ich hatte vor June als Darstellerin immer die höchste Hochachtung, aber erst als ich während ihrer Schwangerschaft ein paar Konzerte allein geben mußte, wurde mir überdeutlich, wie unentbehrlich sie mir als Partnerin war. June wirkte immer belebend auf mich, und ich merkte immer, daß mir die Arbeit besser gelang, wenn sie mir zur Seite stand.

Wir sprachen darüber hinaus aber auch über den Preis, den wir bezahlt, über die Kämpfe, die wir ausgefochten hatten, das Auf und Ab, die guten und bitteren Zeiten, die Niederlagen und die Siege, bis wir endlich zusammenfanden.

Ich litt sehr darunter, daß meine Töchter so weit von mir weg wohnten. Wir alle hatten gelitten. Aber jetzt war eine neue Chance da – ein neues Kind.

June und ich sprachen über die kommenden Veranstaltungen und Konzerte, die in unserem Terminkalender standen. Wir wußten beide, daß wir John Carter auf unseren Reisen mitnehmen müßten. So würde er täglich bei uns sein, und wir hätten dadurch die Möglichkeit, ihn zu lehren und zu ermutigen, eine selbständige Persönlichkeit zu werden. Dann würde er uns genau kennenlernen und in unserem Leben eine bedeutende Rolle spielen – und wir in seinem.

June sagte: »Ich brauche aber jemanden, der mit uns reist und für John Carter sorgt, damit ich dich begleiten und mit dir auftreten kann.«

Ich sagte: »Wir werden schon irgend jemanden finden, June.«

June sagte: »Irgend jemand, das reicht nicht aus. Es müßte schon jemand ganz Besonderes sein, jemand, der ihn wirklich lieb hat. Es sollte ein bewußter Christ sein, der ihm beisteht, daß er sich gut entwickelt.«

Ich sagte: »Deine Gebete sind so oft beantwortet worden. Warum bittest du Gott nicht um diesen besonderen Menschen?«

Sie wollte gerade sagen: »Ich werde es tun«, als eine gutaussehende, freundliche, zierliche Schwester namens Winafred Kelley ins Zimmer kam. June stellte sie mir vor, und sie beglückwünschte mich zu dem Jungen und drückte durch ihre »Ah's« und »Oh's« aus, wie hübsch er wäre. Sie räumte das Zimmer auf, arrangierte die Blumen und schüttelte June die Kissen auf.

»Es war mein Pech, daß ich gerade da dienstfrei hatte, als John Carter geboren wurde. Zwanzig Jahre bin ich jetzt hier, und ausgerechnet diese Geburt mußte ich verpassen. Nun ja«, sagte Schwester Winafred Kelley und ging.

Ich sagte: »Wenn sie schon zwanzig Jahre hier ist, könnte es doch sein, daß sie bereit ist, hier wegzuziehen.«

June schmunzelte und sagte: »Ich hatte auch schon ein Auge auf sie geworfen.«

Einen Monat später wurde Frau Kelley dann tatsächlich Mitglied unserer Familie.

*

Im April des Jahres 1970 wurden wir für eine Veranstaltung im Weißen Haus verpflichtet. Wir sollten dem Präsidenten und geladenen Gästen ein Konzert geben.

Drei Tage vor dem Konzert rief mich Reba an. »Der Präsident möchte drei spezielle Lieder hören, wenn du dein Programm im Weißen Haus aufführst«, sagte sie.

»Du nimmst mich wohl auf den Arm«, erwiderte ich. »Kennt er meine Lieder denn überhaupt?«

»Sie sind nicht alle von dir«, sagte Reba. »Er möchte ›A Boy Named Sue‹ hören, aber auch ›Welfare Cadillac‹ und ›Okie From Muskogee‹.«

Es dauerte einige Zeit, bis ich mich gefaßt hatte. »Willst du damit sagen, daß Präsident Nixon um diese Lieder gebeten hat?«

»Nun, garantieren kann ich dafür nicht, John«, sagte Reba. »Diese Bitte wurde mir von Bob Haldemans Büro zugeleitet.«

»Wer ist Bob Haldeman?« fragte ich.

»Er ist ein Berater des Präsidenten«, antwortete sie.

»Rufe bitte Herrn Haldeman an und richte ihm von mir aus, daß ich mich über sein Interesse an meinem Konzert freue und auch seine Wünsche zu schätzen weiß. Deshalb werde ich ›A Boy Named Sue‹ singen.

Aber ›Welfare Cadillac‹ kann ich nicht bringen«, fuhr ich fort. »Ich habe es erst einmal gehört. Ich habe keine Zeit mehr, es einzustudieren, selbst wenn ich wollte.

›Okie From Muskogee‹ ist Merle Haggards Lied. Wenn ich nun zu einem Konzert ins Weiße Haus gebeten werde, wird es auch nicht lange dauern, bis man auch Merle Haggard ins Weiße Haus bitten wird. Dann können sie das Lied von ihm selbst hören.«

Reba berichtete mir später, daß mich Herr Haldeman verstanden habe und daß dem Präsidenten alles gefiele, was immer ich singen würde.

Für mich war die Sache damit erledigt. Aber als ich später nach Washington kam, hörte ich überall: »Johnny Cash hat dem Präsidenten eine Bitte abgeschlagen.«

Eine ganze Horde von Reportern umringte mich, um mich darüber auszuquetschen.

»Ich habe dem Präsidenten keine Bitte abgeschlagen«, sagte ich. »Aber ich hätte es vielleicht getan, wenn er wirklich diese Bitte ausgesprochen hätte, denn ich habe bestimmte Gründe, wenn ich diese beiden Lieder nicht vortrage.«

»Welche Gründe?« fragte ein Dutzend Leute.

»Das Lied ›Welfare Cadillac‹ kenne ich nicht genügend, und ›Okie From Muskogee‹ ist das Lied von Merle Haggard. Ich kann es nicht so gut wie er.«

Bis zum Beginn unseres Konzerts war das Gerücht von meiner »Weigerung« bis zum Präsidenten Nixon vorgedrungen. Als er mich vorstellte, sagte er in einer netten, humorvollen Art: »Johnny Cash hat seinen kleinen Sohn John Carter mitgebracht, und ich höre eben, daß er oben in Lincolns Bett liegt und schläft. Bei der Schnelligkeit, mit der John Cash Karriere macht, könnte es sein, daß John Carter eines Tages in meinem Bett schläft ... Im Blick auf die Musik von Johnny Cash muß ich eingestehen, daß ich sie bei weitem nicht so gut kenne, wie ich es müßte.« (Lachen.)

Dann beendete er die freundliche Vorstellung, und es wurde nicht mehr über die Lieder gesprochen, die ich nicht singen wollte.

Wir gaben ein einstündiges Konzert und beschlossen es mit Gospelsongs, die von unserer ganzen Gruppe mitgesungen wurden – von Carl Perkins, den Tennessee Three, den

Statler Brothers und der Carter-Familie. Die Zuhörer und auch der Präsident waren sehr freundlich und aufgeschlossen. Anschließend stellten wir uns mit dem Präsidenten zu einem Empfang zusammen und begrüßten alle Gäste.

Später blieben wir noch mit den Nixons eine Stunde zusammen. Sie zeigten June und mir ihre Wohnräume im Weißen Haus und unterhielten sich herzlich und freundlich mit uns.

Im Hotel fragte ich June: »Haben wir eigentlich Bob Haldeman bei dem Empfang kennengelernt?«

»Natürlich«, sagte sie. »Er hat uns auch begrüßt.«

»Ich wollte mich doch für die Liedvorschläge bedanken. Vielleicht klappt es später einmal.«

*

Als wir aus Washington zurückkehrten, zog sich John Carter eine Erkältung zu. Wir brachten ihn ins Madison Krankenhaus, wo er für einige Tage unter einem Sauerstoffzelt liegen mußte.

In diesem Krankenhaus darf man nicht rauchen. Ich ging deswegen in die Herrentoilette, um mir eine Zigarette anzustecken. Dann ging ich in das Krankenzimmer zurück und legte mich neben John Carter aufs Bett. Dann mußte ich husten, und jedes Mal, wenn ich hustete, weckte ich ihn auf, und er fing an zu schreien. Es gelang mir, meinen Husten eine Zeitlang zu unterdrücken. Aber wenn er dann wieder eingeschlafen war, hustete ich erneut, und mein Sohn wachte wieder auf.

Am nächsten Tag kam John Carters Kinderärztin und mit ihr ihr Ehemann, Dr. Billy Burks, um nach John Carter zu sehen. Ich stand gerade da und hustete.

Dr. Burks sah mir direkt in die Augen und sagte: »Mann, Sie müssen das Rauchen aufgeben, und zwar sofort!«

»Ja, ich weiß das, Billy«, sagte ich, überrascht von seiner Offenheit.

„Sie werden ihn umbringen, wenn Sie es nicht bleiben lassen«, fuhr er fort.

»Ich weiß es«, sagte ich.

»Nun, wir wollen Ihnen helfen, das Rauchen sofort aufzugeben. Wir haben hier in der Klinik ein Programm ›Höre auf zu rauchen‹ mit einem Fünf-Tage-Plan.«

Dieses Programm begann am nächsten Montagabend und dauerte bis Freitag, zwei Stunden jeden Abend. Thema des Programms: Ich habe mich entschlossen, nicht mehr zu rauchen.

Jeden Abend wurde die erste Stunde von einem Arzt geleitet, die zweite von einem Pastor. Das Ganze ist wirklich ein Augenöffner. Man führte uns medizinische Filme vor, appellierte an unseren gesunden Menschenverstand und gab uns Ratschläge, wie wir das quälende Verlangen nach Nikotin bekämpfen können. Sie nannten uns Speisen und Getränke, die wir vermeiden sollten, weil sie das Verlangen nach einer Zigarette steigern.

Am Freitagabend den 23. April 1970 hörte ich endgültig auf zu rauchen.

Das hört sich alles so einfach an. Ich hatte geraucht, seit ich Teenager war. Jetzt kostete es mich doch noch dreißig Tage, bis ich im Gebetskampf das Verlangen nach Nikotin überwunden hatte.

Ich träumte von Zigaretten. Ich ertappte mich dabei, wie ich den Rauch des Küchenofens inhalierte oder die Blätter der Bäume betrachtete und darüber nachdachte, wie diese wohl schmecken würden.

Nach drei bis vier Wochen begann es leichter zu werden. Und schließlich hatte ich den Sieg davongetragen.

Mit dem Sieg über die Nikotinsucht verschwand auch der Husten.

*

Im Rahmen einer wöchentlichen Fernsehshow brachten wir all die Lieder und Hymnen, die ich schon seit meiner Kinderzeit gesungen hatte. Die Carter-Familie, die Statler Brothers, Carl Perkins und June wirkten dabei mit.

Es war mir eine besondere Freude, diese Lieder mit meiner »Familie« singen zu können. Keiner von uns mußte diese alten Lieder erst einstudieren. Jeder kannte sie schon von Jugend auf.

Dankbare Hörer stellten in ihren Briefen dauernd persönliche Fragen. Immer wieder wurde die Frage gestellt: »Sind Sie ein Christ? Man merkt deutlich, daß Sie eine Beziehung zur Kirche haben, weil Sie Gospelsongs gesungen haben. Aber sind Sie wirklich ein Christ?«

Ich brannte darauf, diese Fragen zu beantworten – und zwar öffentlich.

Etwa mitten im zweiten Jahr unserer Fernsehauftritte fragte mich June lächelnd, als wir auf dem Weg von Hendersonville in die Innenstadt von Nashville waren, wo die Show im Grand Ole Opry aufgenommen wurde: »Mit welchem Lied machen wir in dieser Woche den Abschluß?«

Ich antwortete: »Weißt du, June, eigentlich sollte es überhaupt kein programmiertes Schlußlied geben. Warum muß denn jede Show ein Schlußlied haben? Sollte man nicht lieber das Lied besonders herausstellen, von dem man weiß, daß es für die Show wichtig ist?«

June entgegnete: »Wenn du meinst, daß ein Lied wichtig ist, warum sagst du es dann nicht vorher an, warum es dir wichtig ist?«

Ich antwortete: »Das ist eine gute Idee. Warum sage ich eigentlich nicht, was ich wirklich empfinde? Ich bin zwar nicht der Eigentümer der Rundfunkanstalt, aber ich werde von jetzt an in meinen Shows das sagen, was ich in meinem Herzen empfinde. Und ich werde das tun, solange man mich läßt.«

Als wir in der Grand Ole Opry ankamen, sagte einer der Produzenten zu mir: »Wir brauchen die einleitenden Worte Ihres Abschlußliedes, damit wir Ihnen die Stichworte aufschreiben können.«

Ich sagte: »Ich verzichte heute auf Stichworte. Wenn Sie nichts dagegen haben, möchte ich frei das sagen, was mir gerade einfällt.«

Sie antworteten: »Nun, wir müssen genau wissen, was Sie sagen werden, weil wir die Zeit dafür genau ausrechnen müssen.«

Ich sagte: »Ich brauche fünfzig Sekunden.«

»Schön, wollen Sie auch wirklich keinen Spickzettel haben?«

»Nein, danke«, versicherte ich.

Als der Regisseur »Achtung, Abschlußhymne, fünf, vier, drei, zwei, eins« rief, gab man mir das Zeichen, daß ich mit dem Sprechen beginnen solle.

»Nun, ihr Leute«, begann ich, »ich habe eine Menge Lieder und Gospelsongs in dieser Show angesagt. Ich möchte nun besonders betonen, daß ich das auch wirklich empfinde, was ich im nächsten Lied vortragen werde. Ich bin ein Christ.

Ich habe schon immer gewußt, daß in unserer Welt zwei Mächte am Werk sind, die Macht des Rechts und die Macht des Unrechts. Die Macht des Guten und die Macht des Bösen. Ich möchte sie die Macht Gottes und die Macht Satans nennen.

Gott hat in dieser Welt die größte Macht. Erst dann kommt Satan, und weil er nicht nachläßt, um einen Platz in meinem Leben zu kämpfen, möchte ich mit diesem Lied zum Ausdruck bringen, daß Gott der Sieger in meinem Leben ist. Ohne ihn wäre ich nichts. Ich habe gerade jetzt ein tiefes Verlangen nach dieser Macht Nummer eins.

Und dann sang ich »I Saw A Man«.

»Ein Engel kam, als ich noch schlief,
der meine Hand nahm und mich rief.
Er bat mich: ›Schau dort drüben hin!‹
Da stand ein Mann. Ich hörte ihn.
Er sagte: ›Wenn ich oben bin,
dann hol ich euch zu mir.‹

Und ich sah seine Hand,
die Nägelmale sah ich drin.
Ich rührte seinen Mantel an,
der ihn weit umgibt,
und schenke ihm mein Herz,
weil er mich so sehr liebt.

Als ich erwachte, schlug mein Herz.
Das war kein Traum, das war kein Scherz.
Er selbst war da, kam durch die Tür.
Und nochmals sprach mein Herr zu mir.
Er sagte: ›Wenn ich oben bin,
dann hol ich euch zu mir*.‹«

Als die Aufnahme beendet war, kam der Produzent kopfschüttelnd auf mich zu und sagte: »Sie haben den Leuten heute eine ziemlich schwere Kost verabreicht, Cash.«

Ich sagte nichts darauf, sondern nickte nur mit dem Kopf, als wolle ich sagen: »Ich weiß.«

*

Ein anderer Teil meiner Fernsehprogramme, bei dem ich viel Freude hatte, war die Serie »Ride This Train«. Merle Travis, Red Lane, Larry Murray und ich schrieben das Drehbuch dazu. Die Idee dazu stammte aus einem Schallplattenalbum, das ich im Jahre 1959 unter dem gleichen Titel aufgenommen hatte.

Es war eine der ersten Schallplatten, die unter einem bestimmten Thema standen. Merle Travis hatte eine Platte mit dem Titel »Back Home« aufgenommen, auf der er das Leben in seiner Heimat im Kohlenrevier Kentuckys besang. Dieses Album enthielt einige seiner großen Kompositionen wie »Dark as the Dungeon«, »Nine-Pound Hammer« und »Sixteen Tons«.

---

* Worte und Musik von Arthur Smith, © 1954, Lynn Music Corp.

Im zweiten Jahr meiner Fernseharbeit machte ich mir Gedanken darüber, wie wir in dieser Show das Besondere, das den Erfolg der Serie »Ride This Train« bewirkte, nämlich Aufrichtigkeit und Wirklichkeitssinn, behalten könnten.

Wir machten in jeder Woche eine Gedankenreise zurück in die Geschichte unseres Landes. In unseren Liedern besangen wir dann alte Geschichten wie den »Goldrausch in Kalifornien«, den »Pony Expreß«, den »Wilden Westen« und den »Bürgerkrieg«. Dazu brachten wir andere interessante Ereignisse aus vergangenen Zeiten wie die »Karriere des Jimmy Rodgers« oder die »Carter-Familie« und den »Letzten Lauf von Casey Jones«.

Aufgrund der großartigen Drehbücher von Merle Travis konnte ich Ereignisse wie die »Austreibung der Cherokeesen« unter Andrew Jackson besingen und auch »Geschichten aus dem Bergwerksleben« oder »Songs und Erlebnisse der Fernfahrer« vortragen.

Mit der Zeit schlichen sich alle möglichen unerwünschten Einflüsse von der West- und Ostküste in die Show ein. Da wurden Gäste eingeladen, mit denen ich nichts gemein hatte. Da gab es mit einemmal Sänger, die im Kabarett und in den Bars zu Hause waren. Mit ihnen fühlte ich mich einfach fehl am Platz. Meine Zuhörer waren der gleichen Meinung.

»Befehl vom Hauptquartier«, war die Antwort, wenn ich danach fragte, warum gerade diese Leute in meiner Show herausgebracht würden.

Schließlich beschloß man, die Serie »Ride This Train« ganz abzusetzen. Aber gerade diese Serie und die Gospelsongs waren meiner Meinung nach die ganze Mühe wert gewesen.

»Lassen Sie das Hauptquartier wissen, daß ich nach Australien gehe«, sagte ich am Ende meines Vortragsjahres zu meinem Produzenten. »Wenn ich nicht mehr das bringen kann, was gehaltvoll ist und der Wirklichkeit entspricht, und auch nicht sagen kann, was die Menschen direkt angeht, wie in unserem Programm ›Ride This Train‹, wenn ich mir außerdem meine Gäste nicht mehr selbst aussuchen kann und diese Gäste auch nicht mehr aus meinem Freundeskreis der Country-Musik kommen dürfen, wenn diese Shows auch nicht mehr länger in Nashville aufgenommen werden können, dann sagen Sie bitte dem Hauptquartier, daß June und ich es nicht bedauern, wenn der Vertrag für diese TV-Show nach dieser Saison nicht erneuert wird.«

Das Hauptquartier erneuerte den Vertrag nicht.

Zwei von diesen letzten Shows, die wir gaben, waren wirklich bemerkenswert und für uns besonders wertvoll. Eine Show war ein Konzert für die Studenten der Vanderbilt Universität.

Für diesen Auftritt schrieb ich das Lied »Man in Black« (Der Mann in Schwarz).

Mit diesem Lied beantwortete ich all die Fragen, die mir die Reporter in den letzten Jahren stellten, um mich in die Enge zu treiben. Sie fragten nach meiner Meinung über die soziale Ungerechtigkeit, die sozialen Probleme und sozialen Vorurteile. All diese Reporterfragen, die ich nie vergessen konnte, wollte ich mit diesem Song beantworten:

»Fragt ihr mich, warum ich schwarze Kleider trag',
warum ich nicht mehr nach bunten Stoffen frag'
und warum ich den Eindruck mach', als wär' ich
nicht mehr ›in‹,
nun, es hat Gründe, daß ich so gekleidet bin.
Für die Armen trag ich das Schwarz, für den, der
kein Recht mehr hat,
der lebt in den finstersten Vierteln der Stadt.
Ich trage Schwarz für den Häftling im Knast.
Er hat längst gebüßt; doch gibt's keine Gnad',
weil er ein Opfer unserer Gesellschaft ist.

Ich trage Schwarz für den, der niemals las
und hörte, daß ihn Jesus nicht vergaß,

auch nichts vom wahren Glück, das niemals mehr vergeht,
weil uns Gott in seiner Liebe ganz versteht.
Noch ist unser Leben voll Erfolg und Lust.
Autonarren sind wir und sehr stilbewußt.
Doch daß man den nicht übersieht, der Not kennt statt Komfort,
hält euch der ›Mann in Schwarz‹ den Spiegel vor.

Ich trag's für den, der alt und einsam ist
und für den, der sich im Drogentrip vergißt.
Ich trage Schwarz für alle, die uns der lange Krieg wegnahm,
in jeder Woch' waren's hundert Mann.
Schwarz trag' ich für Tausende, die pflichtgetreu
ihr Leben gaben, weil Gott mit uns sei,
und für weit're Hunderttausend, die da sterben allein
und glaubten, daß wir alle bei ihnen seien.

In der Welt gibt es nichts, was vollkommen ist,
wo niemals dran geändert werden müßt'.
Doch solange wir nicht ernsthaft auf den Grund der Dinge sehn',
wird niemand etwas Weißes an mir sehn.
Lieber heut als morgen lief ich gern in Bunt
und sagte allen: Es geht wieder rund.
Etwas Dunkel abzutragen, sehe ich als Sinn und Zweck,
bis manches hell wird: I'm the man in black*.«

 Beim Schreiben dieses Liedes gelang es mir einfach nicht, die Zeile »Schwarz paßt am besten für die Kirche« irgendwo einzufügen.
 Die letzte Fernsehshow, die ich machte, war eine reine Gospelmusiksendung. Wir hatten die Oak Ridge Boys, die

---

* Von John R. Cash, © 1971 House of Cash, Inc.

Blackwood Brothers, Mahalia Jackson, Stuart Hamblin und Billy Graham zu Gast.

Diese ganze Show war ein Schlußgesang.

Das war im Frühjahr 1971, und wir erkannten klar, daß ein Kapitel unseres Lebens zu Ende gegangen war. Durch die mancherlei Erfahrungen waren wir im Glauben gewachsen und gegründet worden. Jetzt war es an der Zeit, auf neue Ziele loszusteuern.

17

Wer hütete die Schafe?

Während der Aufnahmen zu den Fernsehshows im Grand Ole Opry-Haus in den Jahren 1969 und 1970 bekam ich mehrere Male von Pastor Jimmy Snow Besuch. Ich kannte ihn seit 1956 und schätzte ihn sehr, obwohl ich ihn noch niemals hatte predigen hören. Ich lernte ihn kennen, als er ganz unten war, und auf der gleichen Stufe lernte er mich kennen, nachdem er zum Glauben gekommen war. In den späten Fünfziger Jahren hatte er dann seinen Predigtdienst aufgenommen.

In seiner Gegenwart fühlte ich mich wohl. Mit ihm zu sprechen, war mir eine große Freude. Die Musik war unser gemeinsames Interessengebiet. Er war nämlich vor seinem Ruf in den Predigtdienst als Country-Sänger aufgetreten.

Nun hatte er draußen in der Dickerson Road in Nashville eine kleine Kirche gebaut und nannte sie »Evangel Temple«. Seine Gemeinde hatte noch nicht einmal zweihundert Mitglieder, aber Pastor Snow war riesig stolz auf sie.

»Warum kommst du nicht einmal zu einem unserer Gottesdienste, John?« fragte Jimmy eines Abends hinter der Bühne des Opry-Hauses. »Bring deine Gitarre mit und mach ein paar Lieder für uns locker«, scherzte er.

»Ich dachte, du würdest mich nie darum bitten«, sagte ich. »Ich bin wohl nicht gerade der Geeignetste, um in deiner Gemeinde zu singen, aber ich will es versuchen. Wann soll ich kommen?«

»Wann du willst«, sagte er. »Wie wär's am Sonntagabend? Aber bring deine Gitarre mit!«

»Willst du damit sagen, daß man in deiner Gemeinde Gitarre spielen darf?« fragte ich.

»Gitarren, Banjos, elektrische Bässe, Schlagzeug, Piano, Orgel, Trompete – alles, was dir paßt«, sagte er. »Der 150. Psalm steht immer noch in meiner Bibel.«

»Was hat denn der 150. Psalm damit zu tun?« fragte ich.

»Er sagt dir, daß du deine Gitarre mit zum Evangel Temple bringen kannst«, antwortete Pastor Snow. »Also bis Sonntagabend!«

Als ich dann am folgenden Sonntag den Evangel Temple betrat, war ich für einen Augenblick wieder der kleine Junge von früher. Diesmal hatte ich jedoch keine Angst. Die Erinnerung an die Angst von damals wurde nun für mich der erste Schritt zum Verständnis, denn jetzt erkannte ich, daß diese Menschen tatsächlich Gott anbeteten. Da war nichts von jener Raserei, die ich nicht vergessen hatte. Sie waren einfach fröhlich.

Ich blieb schweigend stehen und beobachtete die einzelnen Menschen in dieser Gemeinde. Sie sangen mit leiser Stimme. Auf ihren Gesichtern spiegelte sich eine stille Glückseligkeit. Ich wußte, hier würde ich finden, was ich gesucht hatte: eine wirklich auf Gott ausgerichtete Anbetung. Es war, als hätten sie ihre Umgebung völlig vergessen. Es war wahre Anbetung.

Ich fand einen Platz ziemlich weit vorne an der Seite, legte meine Gitarre hin, blieb mit der Gemeinde stehen und genoß den Schluß des Liedes, das sie gerade sangen:

»Sanft ist hier der Geist, der zu mir spricht,
und ich spüre: Das ist Gottes Heil'ger Geist.
Ganz verklärt vom Geist ist mein Gesicht,
und ich spüre: Das ist Gottes Heil'ger Geist.

Die Himmelstaube, der Heil'ge Geist,
wirkt sich aus in uns,
füllt uns mit seiner Lieb.
Für allen Segen
soll unsern Dank er sehn.
Denn jeder von uns spürt,
daß wir erneuert sind
beim Auseinandergehn*.«

Ich sah mich um. Die freundlichen Gesichter um mich herum trugen dazu bei, daß ich mich wohlfühlte. Einige aus dem Showgeschäft waren auch darunter. Zum größten Teil waren die, die ich hier kannte, Leute, die Probleme mit Drogen oder Alkohol oder mit Schicksalsschlägen gehabt hatten. Jetzt sahen sie alle wie neugeboren aus.

Jimmy Snow forderte mich auf zu singen. Zum erstenmal fühlte ich mich als Sänger in einer Kirche wirklich wohl und war glücklich dabei. Da gab es kein verstimmtes Piano, mit dem ich hätte Schritt halten müssen. Ich hatte meine eigene Gitarre, bei der ich mich auskannte.

Zum Vortrag wählte ich ein Lied, hinter dem ich wirklich stand – »My Prayer« (Mein Gebet).

»Ist mein Weg auch hell,
seh ich doch oft schlecht.
Bring mit deiner Hand,

---

* »There's a Sweet, Sweet Spirit« von Doris Akers, © 1963 Manna Music Inc., 2111 Kenmere Ave., Burbank, CA 91504. Internationales Copyright gewährt. Alle Rechte vorbehalten.

Herr, meine Augen zurecht.
Zeig mir, worum es geht,
denn ich bin dein Knecht.
Gib meinem Weg die Richtung,
denn nur dann ist er recht.

Führ mich, Vater, mit dem Hirtenstab
und gib mir die Kraft für ein Lied,
daß es nicht nur klingt,
sondern neue Kräfte bringt
und arme Pilger aufwärts zieht*.«

Als Jimmy mit seiner Predigt begann, wurde ich noch einmal für einen kurzen Augenblick zum kleinen Jungen. So hatte ich ihn mir nicht vorgestellt. Zu Anfang betete er, daß ihm alles, was er zur Vorbereitung seiner Andacht gelesen hätte, doch gegenwärtig sein möge. Er betete auch für die Bekehrung Ungläubiger.

Ich glaube, daß seine Gebete erhört wurden. Seine Botschaft war eine einfache, leicht eingängige Predigt über die Erlösung durch Jesus Christus. Ich staunte über seine Bibelkenntnis.

Er hat ein Gedächtnis wie ein Computer, dachte ich. Die Bibelstellen sprudeln eine nach der andern einfach so aus ihm heraus, wie er es gerade wünscht.

Als ich nach der Predigt hinausging, drehte ich mich noch einmal um. Fast die ganze Gemeinde kniete vor dem Altar und betete andächtig. Es schien so, als hätten sie alle diesen Teil des Gottesdienstes mit Ungeduld erwartet, bei dem sie unter Gebet und Lobpreisung mit den Neubekehrten niederknien konnten. Manche beteten laut, andere still für sich. Einige saßen noch auf ihren Stühlen. Keiner beachtete den andern, auch mich nicht, und ich war dankbar dafür.

Von John R. Cash, © 1958 Southwind Music, Inc. Alle Rechte vorbehalten bei Hill and Range Songs, Inc.

Mehrere Monate lang kam ich nicht dazu, den Evangel Temple zu besuchen, denn an den Wochenenden war ich meistens unterwegs, um Konzerte zu geben. Aber ich vergaß diesen Gottesdienst nicht und den Geist, der dort herrschte. Ich wußte: Eines Tages werde ich zurückkehren.

Seit dem Jahre 1970 besuchte unsere Tochter Rosey regelmäßig die Gottesdienste im Evangel Temple, immer in Begleitung ihrer Freunde. Sie bat darum, daß June und ich sie einmal begleiten möchten, und wir versprachen es ihr. An einem Sonntag Ende 1970 war es dann soweit.

»Was hältst du von diesem Gottesdienst?« fragte ich June hinterher.

»Er erinnert mich an die altgewohnten Gottesdienste zu Hause«, antwortete sie.

Wir gingen nochmals hin, dann zum dritten- und zum viertenmal.

An einem Sonntag im Frühjahr 1971 war der Gottesdienst besonders bewegend. Die Kirche war dicht besetzt, und immer noch drängten Leute herein. Meine Schwester Joanne Yates sang im Chor mit. Ich weiß, daß sie sich über meine Rückkehr dorthin sehr freute. Das geistliche Wachstum, das sie hier erfahren hatte, war offensichtlich, und nun wollte sie auch mich daran teilhaben lassen.

Die Gemeinde sang einige mitreißende Lieder wie zum Beispiel »At the Cross« und »Standing on the Promises«. Das war etwas, was ich am Evangel Temple so sehr liebte. Sie waren mit ihrer Musik und mit der Auswahl der Lieder nicht zu neumodisch. Es waren die gleichen Lieder, die ich als Junge schon in der Kirche gesungen hatte.

Dann sang der Chor ein Lied. Ich hatte schon manchen Kirchenchor vorher gehört, aber dieser hatte eine eigene Note. Sie trugen alle die gleiche schöne Chorkleidung und stellten sich ordentlich auf, wie man das in der Kirche eben tut. Aber als sie zu singen begannen, war dies für mich etwas völlig Neues. Sie schnippten mit den Fingern, klopften den Takt mit den Füßen und klatschten in die Hände. Sie gingen in der Musik völlig auf. Ihre Gesichter strahlten. Sie waren wirklich geisterfüllt, und das wirkte ansteckend. Sie sangen wundervoll, und vor allem – sie glaubten, was sie sangen. Der Gastsänger dieses Tages war ein junger Mann namens Larry Gatlin. Er saß mit seiner Gitarre auf einem Stuhl neben der Kanzel und sang ohne einleitende Worte ein Lied, das er selbst geschrieben hatte, »Help Me«. Ich hatte Larry Gatlin vorher nie kennengelernt und wußte deshalb auch nichts von ihm. Noch nie hatte ich von einem Künstler eine bessere Interpretation eines Liedes gehört als hier. Alles lauschte gebannt auf Larrys Lied.

»Ach, komm doch von deinem Thron
zu mir. Ich bin schwach.
Gewähr mir, Herr, den Druck deiner Hand.
Nimm weg des Dunkels Ketten
und laß mich sehn, Herr, laß mich sehn,
nach welchem Plan du meine Wege lenkst.

Ich dachte nie, daß ich mal Hilfe brauch.
Ich dachte, ich wäre selber stark genug.
Doch jetzt weiß ich: Allein schaff ich's nie.
Mit Demut im Herzen und gebeugten Knien.
Herr, bitte ich dich, hilf du mir*.«

Ob er wohl ahnt, wie wahr diese Worte sind? dachte ich. Wie glücklich darf er sich schätzen, schon in seiner Jugend zu wissen, daß er aus eigener Kraft nichts tun kann. Es hatte lange gedauert, bis ich zu dieser Erkenntnis gekommen war. Manche Wunde zeugt davon, daß ich mich immer wieder gegen die Tatsache aufgebäumt habe, daß meine eigene Kraft zu gering ist. Wieviel Leid hätte ich mir und anderen in all den Jahren ersparen können, wenn ich mich schon in dem Alter, in dem Gatlin jetzt war, ganz an den Herrn gehalten

---

* Von Larry Gatlin, © First Generation Music.

und Selbsttäuschung, Stolz, Hochmut und all die anderen Dämonen aus meinem Leben verbannt hätte.

Als mich diese Gedanken während Gatlins Song bewegten, wußte ich mit einem Mal, daß ich nicht immer wieder voll Bedauern in die Vergangenheit zurückschauen sollte. Was geschehen war, ließ sich nicht mehr ändern. Jetzt kam es darauf an, nach vorn zu sehen. Nur das würde zählen, wie ich von jetzt an mein Leben gestaltete. Ich hatte den steinigen Weg kennengelernt und eine Menge aus meinen Fehlern gelernt.

Jimmys Botschaft war vollmächtig. Ich hatte mich mittlerweile an ihn und seinen Predigtstil gewöhnt und ließ mich von ihm »füttern«. Er sprach über die großen geistlichen Wahrheiten und legte sie so einleuchtend dar, daß sie jedes Kind verstehen konnte.

*

Durch meinen Schwiegervater Ezra Carter hatte ich Gottes Wort lieben gelernt. Ich hatte bei ihm oft die gleiche Begeisterung wie bei Jimmy festgestellt, wenn wir unsere ausgedehnten historischen und theologischen Gespräche hatten.

Ich erinnere mich, wie Pop Carter einmal aufsprang und aufgeregt nach einem Kommentar des Theologen Lange aus dem 19. Jahrhundert griff. »Wer hütete die Schafe?« fragte er mich wie ein Quizmaster.

»Welche Schafe, Pop?« entgegnete ich.

»Die Schafe, die die Hirten ihrem eigenen Schicksal überließen, als sie sich aufmachten, um das neugeborene Kind in Bethlehem anzubeten«, antwortete Pop aufgeregt.

»Keine Ahnung«, sagte ich nach kurzem Überlegen. »Wer hütete sie denn, Pop?«

»Niemand«, sagte Pop lächelnd. »Diese Schafe wurden auf den fettesten Weiden gehalten, um dann ohne Fehl auf dem Altar im Tempel von Jerusalem geopfert zu werden. Verstehst du das nicht, John?« fuhr er fort. »Mit Jesus war in Bethlehem das wahre Lamm Gottes geboren worden, das für die Sünden der ganzen Menschheit geopfert werden sollte. Er allein, der Sündlose, konnte das vollkommene Opfer sein. In Zukunft konnte man auf weitere Tieropfer verzichten, und darum brauchte auch niemand mehr die Schafe zu hüten.«

Ich habe die Freude an dieser und vielen anderen großen Wahrheiten mit Pop Carter erlebt und geteilt. Pop war kein eifriger Kirchgänger, aber sein Christsein war ihm am Montag genauso wichtig wie am Sonntag.

*

Während ich diesen Gedanken nachging, beendete Jimmy Snow den Gottesdienst. Er rief die Gläubigen und Ungläubigen auf, ihr Leben Jesus zu weihen. »Hört mit eurem Hinken auf beiden Seiten auf und bekennt euch öffentlich zu Jesus, wenn ihr es aufrichtig meint«, rief er.

Diese Einladung ging über ein paar Minuten. Ich dachte dabei an die Zeit, als ich mit zwölf Jahren zum Altar vorgegangen war und meine ursprüngliche Entscheidung für Jesus getroffen hatte. Siebenundzwanzig Jahre waren seitdem vergangen. Ich hatte die Langmut Gottes und seine vollkommene Vergebung erlebt und erfahren. Wie herrlich zu wissen, daß er die Schuld all dieser Jahre ausgelöscht hatte!

»Ich möchte meinen Glauben an Jesus ganz neu bekennen«, sagte ich zu Jimmy Snow. »Deshalb bin ich vorgekommen. Wenn ich bis jetzt noch irgendwelche Vorbehalte hatte, so verspreche ich, daß ich noch ernsthafter versuchen will, mein Leben nach Gottes Willen auszurichten. Bitte betet für mich, du und alle diese Freunde hier!«

In den folgenden Wochen überlegten June und ich, ob wir uns dieser Gemeinde anschließen sollten.

»Ich bin als Methodistin aufgewachsen«, sagte June. »Ich weiß gar nicht, ob ich alles genauso glaube, wie die Leute im Evangel Temple.«

»Ich bin als Baptist aufgewachsen«, sagte ich. »Und auch ich weiß nicht genau, ob ich mit all den Lehren übereinstimme; andererseits glaube ich aber auch nicht, daß dies entscheidend ist.«

Wir sprachen auch über die möglichen Nachteile, die uns als Künstler entstehen könnten, wenn wir einer bestimmten Gemeinde angehören würden.

»Wenn wir erst einmal anfangen, in den Krümeln zu suchen, was bei dieser oder jener Gemeinde richtig oder falsch ist, wissen wir bald gar nicht mehr, warum wir geistliche Gemeinschaft brauchen«, sagte ich. »Ich muß hier auf dieser Erde, auf der wir nun einmal leben, eine geistliche Heimat haben. Ich brauche einen Glaubensanker, nach dem ich greifen und an dem ich mich festhalten kann, wenn mich die Flut wegzutreiben droht. Ich bin nur ein Mensch und möchte jede erreichbare Hilfe in Anspruch nehmen. Ich hätte nie gedacht, daß mir die Zugehörigkeit zu einer Gemeinde einmal so wichtig werden könnte. Natürlich ist dies nicht so wichtig wie der Glaube selbst, denn Gott kann man überall anbeten. Aber ich muß alles haben, was er bereithält, um mir Hilfe und Mut zu geben.

Ich bin auch früher schon Verpflichtungen eingegangen«, fuhr ich fort, »aber ich verließ mich dabei zu sehr auf mich selbst. Wie wenig half mir meine Klugheit durchzuhalten, wenn es darauf ankam. Ich konnte es einfach nicht. Dies hier ist für mich kein Sandkastenspiel; diesmal ist es mir bitter ernst.

Um was es mir geht und was ich hiermit klar zum Ausdruck bringen möchte, ist dies: Es ist mir völlig Ernst damit, ein Gott wohlgefälliges Leben zu führen. Ich glaube an Jesus Christus und möchte ihm nachfolgen und ihn immer besser kennenlernen.

Ich brauche Jimmy Snows Fürbitte und die seiner ganzen Gemeinde, damit ich lerne, wie ich mit den Versuchungen und Lastern fertig werde, die in meinem Fleisch lauern. Durch meine Bitte um Fürbitte gebe ich zu, daß ich nichts aus eigener Kraft fertig bringe. Wir alle haben gesehen, was dabei herauskam, als ich es versuchte. Es geht mir wirklich um mein Verhältnis zu Gott. Das ist es, was ich sagen wollte.

Darüber hinaus ist es so, daß ich mich natürlicherweise in einem Gottesdienst mit Gescheiterten und Versagten wohl fühle. Man begegnet solchen Menschen in dieser Gemeinde auf Schritt und Tritt.

Da ist beispielsweise Larry Lee, der für uns im ›House of Cash‹ arbeitet. Er hat seinerzeit sicher eine Wagenladung Rauschgift geschluckt, und jetzt sitzt er da vorn neben dem Klavier, lächelt und spielt Rhythmusgitarre. Da sind wohl noch zwei Dutzend andere mit einer Vergangenheit, die der meinen und der Larry Lees ähnelt. Eine ganze Reihe von Musikern und Leuten aus dem Showgeschäft, die es ganz schrecklich erwischt hatte, sind auch hier. Sie sind in dem neuen Leben, das sie hier gefunden haben, wirklich glücklich.

Ja, ich denke, ich werde der Gemeinde hier im Evangel Temple beitreten«, fuhr ich fort. »Es gibt dort so viele Gescheiterte und für das Leben Wiedergewonnene, daß ich mich wohlfühlen kann. Mit ihnen verbindet mich so vieles. Übrigens ist meine Schwester Joanne auch in dieser Gemeinde.«

Bis zum folgenden Sonntag hatte sich auch June entschlossen, sich mit mir dieser Gemeinde anzuschließen.

18

Der Film »Gospel Road«

Im Leben eines jeden Menschen kommt der Zeitpunkt, an dem er das Bedürfnis verspürt, eine Sache so gut zu machen, daß er damit der Welt sagen kann: »Das ist das Beste, was ich zu bieten habe. Das bin ich selbst. Dies will ich mit meinem Leben bezeugen.«

Dieser Augenblick kam für June und mich während der Dreharbeiten zu dem Film »Gospel Road«. Es war die Geschichte Jesu, die wir in Wort und Lied gestalten wollten. Dieser Film war als Unterhaltungsfilm geplant und sollte die typischen Merkmale meiner Musik tragen. Er sollte aber gleichzeitig ein klares Zeugnis unseres Glaubens sein. Darüber hinaus sollten die Worte Jesu zu strahlender Geltung kommen.

Nur ein einziger Geldgeber in den USA zeigte an diesem Projekt Interesse. Aber er bestand darauf, vorher das Drehbuch einzusehen, um beurteilen zu können, ob sich der Film auch für's Fernsehen eignete.

»Es wird kein Drehbuch geben«, sagte ich. »Es wird ein

Film, der nicht nach den Gesetzen der Fernsehfilmemacher gedreht wird. Dieser Film soll eine Art Selbstdarstellung werden und ein Ausdruck unseres Glaubens sein. Er wird so aufgenommen, wie wir es für richtig halten, wenn die Kameras zu laufen beginnen.«

Wir waren glücklich, als wir sahen, daß dieser Geldgeber das Interesse an der Sache verlor. Nun konnten wir vorwärtsmarschieren und das tun, was wir wollten und mußten, nämlich vertrauensvoll im Glauben beginnen, ohne uns von finanziellen Fragen aufhalten zu lassen, und es dann auch im Glauben durchzustehen.

June und ich waren bereits zweimal in Israel gewesen, und es schien uns, als kämen wir nach Hause. Bei unserem ersten Besuch war June schon am ersten Morgen im König David Hotel in Jerusalem zu mir gekommen und hatte gesagt: »In dieser Nacht hatte ich einen Traum. Ich sah dich auf einem Berg in Israel stehen; du hieltest ein Buch in der Hand – vielleicht war es die Bibel – und hast zu Millionen von Menschen über Jesus gesprochen.«

Das erschreckte mich ein wenig, da ich für diese Aufgabe noch nicht bereit war. Mir war deutlich, daß ich weder physisch noch geistlich einer solchen Rolle gewachsen wäre.

Wir sprachen über diese Angelegenheit und einigten uns darauf, daß damit vielleicht die Aufnahme einer Schallplatte gemeint sein könnte. Doch damit war die Sache für uns noch nicht erledigt, denn dieser Traum, der uns wie eine Vision vorkam, hatte bei June einen starken Eindruck hinterlassen.

Als wir ein paar Tage später nach Galiläa kamen, dem Land, in dem Jesus gelebt hatte, zupfte mich June am Ärmel und sagte: »Dort ist der Berg, auf dem ich dich im Traum stehen sah.«

Ich antwortete: »Dann muß es sich doch wohl noch um etwas anderes handeln als nur um eine Schallplatte.«

Im Jahre 1968 waren wir zum zweitenmal in Israel, um das Album »John Cash im Heiligen Land« aufzunehmen. Mit dieser Musik erzählten wir die Geschichte Jesu. Aber das

Eigentliche hatten wir wohl nicht getroffen. Etwas fehlte noch.

June betrachtete sich die Plattenhülle und sagte: »Das war nicht mein Traum.«

Die Vision von damals war noch nicht erfüllt, aber mit der Zeit wurde uns immer deutlicher, was wir tun sollten. Wir sollten einen Israelfilm drehen.

Der Traum kam genau zu dem Zeitpunkt, als ich meine Entscheidung für ein neues Leben traf. Im Jahre 1969 kam ich zwar wieder zu Kräften, aber mein Zweijahresvertrag mit dem Fernsehen nahm mich voll in Anspruch. Nun, im Jahre 1971, war ich nicht nur im Blick auf die Zeit in der Lage, einen Film drehen zu können, sondern ich glaubte auch, einige wichtige Dinge gelernt zu haben, um über Jesus sprechen zu können.

Ich bereitete mich intensiv auf die Aufgabe vor, die Geschichte Jesu mit wirklicher Vollmacht zu erzählen. Ich sprach mit Menschen aus allen Bereichen des religiösen Lebens. Ich sprach mit Juden. Ich sehnte mich nach einem besseren Veständnis für das auserwählte Volk und entdeckte in ihrem Glauben genauso viel unterschiedliche Glaubensrichtungen wie im Christentum.

Auf einem Flug in Schweden sprach ich mit einem Professor für Staatskunde von der Yashiva-Universität in New York. Ich erzählte ihm von meinen Filmplänen. Daraufhin gab er mir einen guten Bericht über den Alltag der Menschen in Palästina zur Zeit Jesu. Das gab mir einen tiefen Einblick in die geschichtlichen Zusammenhänge meines Filmunternehmens. Er nannte mir auch die Namen einiger Mitglieder der israelischen Regierung, die unser Projekt unterstützen konnten.

»Ihr Jesus war ein berühmter Mann«, sagte der Professor.

»Was meinen Sie mit ›berühmt‹?« fragte ich.

Er lachte. »Sein Name steht an Kirchen und Gebäuden in der ganzen Welt, ich glaube, häufiger als der Name irgendeines anderen Menschen.«

»Herr Professor, glauben Sie mir«, sagte ich, »an vielen Kirchen möchte Jesus seinen Namen lieber nicht sehen.«
»Warum nicht?« fragte er.
»Jesus erhob für sich den Anspruch, der Sohn Gottes zu sein, der Messias«, antwortete ich. »Er hat sich als Opfer für die Sünden der ganzen Welt töten lassen, und als Beweis seiner Göttlichkeit ist er von den Toten auferstanden. Es hat seinen bestimmten Grund, daß er seinen Namen an vielen Kirchen lieber nicht sehen würde. Einige von ihnen erniedrigen ihn zu einem bloßen Propheten oder einem philosophierenden Wohltäter und leugnen seine Göttlichkeit. Angehörigen anderer Religionen gegenüber, die die Göttlichkeit Jesu sowieso ablehnen, kann ich mehr Toleranz entgegenbringen als denen, die behaupten, Christen zu sein, die Jungfrauengeburt Jesu, seine Auferstehung oder seine Wunder aber leugnen.«
»Viele Juden sehen in ihm einen Propheten und einen sehr weisen Mann«, sagte der Professor.
Das Flugzeug landete in Stockholm. So sagte ich noch: »Das war er tatsächlich. Aber er war weit mehr als das.«
»Viel Glück für Ihr Vorhaben«, sagte der Professor. »Israel wird Ihnen gefallen.«
Wir kamen auf unserer Tournee durch Schweden, Deutschland, Dänemark, Norwegen und England und gaben überall Konzerte. In jener Zeit studierte ich nachts im Hotel bis in die frühen Morgenstunden hinein die Bibel und eine Evangelienharmonie, die das Leben Jesu in chronologischer Reihenfolge nachzeichnete.
In Foyle's Buchhandlung in London kaufte ich eine ganze Reihe Bücher von den verschiedensten Verfassern über das Leben Jesu.
Das erste, das ich aufschlug, war von einem Theologen aus dem 19. Jahrhundert geschrieben. Er hieß Fleetwood. Ich blätterte wahllos darin herum, und das erste, was ich las, war: »Jedermann, der seine Gedanken der Öffentlichkeit zugänglich macht, möge sehr darauf achten, daß nichts –

auch rein zufällig nichts – aus seiner Feder fließt, was jemanden, der an den Erlöser glaubt, verletzen, ihn in seinem Glauben erschüttern oder sein Herz verderben könnte.«

Ich las vieles von Fleetwood und verglich seine Aussagen immer mit der Bibel. Ich las auch Stalker, Lange und andere. Manche Bücher warf ich sofort in den Papierkorb, wenn ich feststellte, daß ihr Verfasser an der Gottheit Jesu zweifelte. Ein Buch, das ein bestimmtes Ereignis im Leben Jesu als überlieferte Legende bezeichnete, warf ich aus dem Fenster auf das Dach eines benachbarten Hauses. Junge, dachte ich, die Bibel gibt doch viel Licht über diese Kommentare.

Zu Hause hatte ich lange Unterredungen mit Pop Carter und June.

»Die Lieder, die du in diesem Film singst, werden ungeheuer wichtig sein«, sagte June. »Es müssen Lieder sein, die das Leben Jesu veranschaulichen, damit man sich zum Beispiel wirklich vorstellen kann, wie Jesus das Kreuz trägt und sich kreuzigen läßt. Wenn du diese Szenen mit einem Lied darstellst, das die ganze Tragik und Wucht des Geschehens in das Bewußtsein der Zuhörer ruft, dann würde es wirklich überzeugend wirken.«

»Das stimmt genau«, sagte Pop. »Ich wußte immer, daß du in deinem Leben eine besondere Aufgabe ausführen solltest – und dies hier ist sie.«

»Ich will versuchen, mein Bestes zu geben, Pop«, sagte ich.

»Laß dich von Gott führen«, antwortete Pop.

Wir stellten Robert Elfstrom, der ein ausgezeichneter Dokumentarfilm-Macher ist, für das Unternehmen an. Er übernahm auch die Darstellung der Person Jesu. Eine israelische Filmgesellschaft wurde verpflichtet, die Elfstroms Technikerteam ergänzen sollte.

Insgesamt nahmen wir dreißig Leute mit nach Israel, darunter auch Jimmy Snow, Larry Lee, Larry Butler – der damals mein Plattenproduzent war –, meinen Sekretär, Herrn und Frau Kelley, John Carter und Rosey.

Von der Reise erschöpft, kamen wir im Hotel in Tiberias an, von wo aus man den See Genezareth überblicken kann. John Carter hatte sich im Flugzeug eine fiebrige Erkältung geholt. Ich schaute mit müden und geröteten Augen durch das Fenster auf den See hinaus.

»Welch einen Riesenberg haben wir uns da nur aufgeladen«, sagte ich zu June. »Wie sind wir bloß auf die Idee gekommen, einen Film zu drehen, wo wir doch überhaupt nichts davon verstehen!«

June antwortete schläfrig: »Wir sollten nicht von einem ›Film‹ sprechen. Wir wollen es einfach ›Unser Zeugnis‹ nennen, und da kennen wir uns doch aus.«

»Du hast recht«, sagte ich. »In fünf Stunden, genau um vier Uhr früh, geht es los. Wir müssen bei Sonnenaufgang am Nordende des Sees sein und mit den Aufnahmen beginnen. Gute Nacht!« Aber June war bereits eingeschlafen.

Ich sah noch zu den Kelleys hinein. Sie lagen auf ihren Knien und beteten für den kommenden Tag.

June stand jeden Tag mit mir hinter der Kamera. Sie ermutigte, begutachtete und lobte. Sie hatte viele gute Gedanken, von denen zwar nicht alle zu gebrauchen waren, jedoch wurden die meisten in die Tat umgesetzt.

June hatte in den Fünfziger Jahren im »Neighborhood Playhouse« in New York zwei Jahre lang Schauspielunterricht gehabt. Sie stellte ihr Können bei der Darstellung der Maria Magdalena meisterhaft unter Beweis. Sie spielte in einer Fünfminuten-Szene die Befreiung der Maria Magdalena. Diese Szene ist wohl der bewegendste Höhepunkt des Films geworden.

Meine Schwester Reba arbeitete überall dort mit, wo es nötig war. Reba ist einer jener seltenen Menschen, die eine Arbeit bereits erledigt haben, bevor man ihnen sagen kann, daß sie getan werden müßte. Die gemeinsam erlebte Kindheit und die gemeinsame harte Arbeit hatten ein Band der Liebe und des Verstehens zwischen uns entstehen lassen, das uns noch heute verbindet. Sie nahm den Film »Gospel

Road« als einen persönlichen Auftrag auch für sich selbst und setzte sich mit ihrem ganzen Herzen und ihrer ganzen Seele für sein Gelingen ein.

Dreißig Tage lang folgten wir unserer Eingebung und einem stichwortartigen Abriß des Lebens Christi, den ich mit Hilfe von Larry Murray, dem Texter meiner Fernsehshows, aufgezeichnet hatte.

Die dreißig Filmaufnahmetage verliefen ohne Störung. Die israelische Regierung regelte die örtlichen Belange. Die Armee sorgte für unsere Sicherheit und geleitete uns an viele Orte rund um Jericho, in die Wüste, um das Tote Meer, ins Jordantal, in die Wüste von Judäa, nach Nazareth und Kana, zu den Ruinen bei Kapernaum und zu anderen historischen Stätten.

Einer unserer Fahrer war ein Araber aus Jericho. Anfangs kam er mit den israelischen Fahrern nur schwer zurecht – als einziger Araber im Team war es auch nicht einfach für ihn –, doch ertrug er die Abweisung der Israelis mit einem Lächeln. Als besonders wertvoller Mitarbeiter erwies er sich, als er uns die Genehmigung für Dreharbeiten in einigen vorwiegend arabisch besiedelten Gebieten erwirkte.

Der Gipfel des Berges Arabel war mein Lieblingsaufenthaltsort. Dort habe ich manche Stunde allein verbracht. Man hat dort einen herrlichen Ausblick auf ganz Galiläa und auf das an seinem Fuße liegende Tiberias mit dem See Genezareth. In der Ferne sieht man den Hermon, den Tabor und die Gipfel des Hattin.

In den Drehpausen ging ich gern dort hinauf, setzte mich auf einen Felsen und suchte Klarheit darüber, wie es weitergehen sollte. Ich fühlte mich dort oben wunderbar wohl. Wie an vielen anderen Stätten, an denen ich die Gegenwart Jesu gespürt hatte, so war es auch hier. Jesus hatte wohl auf demselben Felsen gesessen und über den gleichen See geblickt wie ich jetzt. Ja mehr noch, er war wohl neben diesem Felsen zu einem seiner langen Gespräche mit seinem Vater niedergekniet.

»Dann«, sagte ich mir, »hat er vielleicht auch hier gestanden und seine Jünger gelehrt.«

»Lehre auch mich«, flüsterte ich. »Je mehr ich von dir lerne, um so mehr erkenne ich, daß ich nichts weiß.«

In die Kameras und Bandgeräte sprach ich dann alles, was ich wußte und empfand.

Elfstrom und die wirklich guten Schauspieler spielten die Rolle des Volkes in den Ereignissen, auf die es mir besonders ankam: die Taufe Jesu durch Johannes den Täufer, das Herabkommen der Taube als Symbol des Heiligen Geistes, das Wunder zu Kana, wo er Wasser in Wein verwandelte, die Begegnung mit Nikodemus, die Heilung eines Blinden, die Vergebung, die er der Frau zusprach, die man beim Ehebruch ertappt hatte, die Tempelreinigung, die Auseinandersetzung mit den Schriftgelehrten und Pharisäern und viele, viele andere Geschehnisse bis hin zur Kreuzigung, Auferstehung und Himmelfahrt Jesu.

Ende November kamen wir mit dem Bewußtsein nach Hause, daß unser Auftrag ausgeführt sei. Aber die wirklich harte Arbeit begann jetzt erst.

Wir gaben den Film in ein New Yorker Filmstudio, wo neun Monate lang an seiner Fertigstellung gearbeitet wurde. Während dieser Zeit wurden Lieder geschrieben und aufgenommen, die das Geschehen untermalen und verdeutlichen sollten. Sie wurden sehr sorgfältig zusammen mit meiner Erzählung des Lebens Jesu in den Film eingearbeitet.

Harold und Don Reid von den Statler Brothers schrieben »Lord, Is it I« (Herr, bin ich es?) für den Film und sangen es auch auf Band.

Dies war eines der letzten Projekte, das ich mit den Statler Brothers zusammen durchführte. Es waren jetzt bereits acht Jahre, daß sie in meiner Show als Sänger mitwirkten. Wir waren alle der Meinung, daß das nun lange genug sei und es Zeit für sie werde, ihre eigenen Shows zu veranstalten.

Und wie recht wir hatten! Die Fachzeitschriften, die Fans und die Plattenfirmen wählten sie zur Gesangsgruppe

Nummer eins in unserer Branche. Sie gewannen mehr Platten- und Gruppenpreise, als man zählen konnte. Sie wurden zu einem Bestandteil guter amerikanischer Tradition. Ihre Lieder erzählen von Mutter, vom Zuhause, vom Heimatland und von Gott. Die Statlers sind aus dem gleichen Holz geschnitzt wie unser ganzes Land, und ich bin stolz, daß ich ein wenig zu ihrem Erfolg beitragen konnte.

Ihre jährliche »Happy Birthday USA«-Feier am 4. Juli in ihrer Heimatstadt Staunton, Virginia, lockt alljährlich fünfzig- bis hunderttausend Besucher an.

Dabei denke ich gern an eines der schönsten Erlebnisse meines Lebens, das ich bei ihrer zweiten »Happy Birthday-Feier« hatte. Ich war damals ihr Gast in Staunton. Die Leute waren Hunderte von Meilen angereist und hatten ihr Essen in Picknickkörben mitgebracht. Tag und Nacht spielte man Country- und Gospelmusik. Der Auftritt der Statler Brothers war für mich der Höhepunkt des Tages. So gut hatte ich sie noch nie zuvor erlebt.

Als die Feier zu Ende war, hatte ich Gelegenheit, mit Harold Reid zu sprechen.

»Wie macht sich unser Lied ›Lord, Is it I‹ in ›Gospel Road‹?« fragte er.

»Wunderbar!« antwortete ich. »Es rundet die Szene des letzten Abendmahls hervorragend ab.«

»Ich hoffe, es veranlaßt die Leute, nach geröstetem Mais zu greifen, wenn sie das Lied im Film hören«, sagte er.

»Was meinst du damit?« wollte ich wissen.

»Je mehr gerösteten Mais sie essen, um so besser ist der Film«, antwortete Harold.

Doch unser Film war noch weit davon entfernt, die Nachfrage nach geröstetem Mais anzuregen.

Kris Kristofferson sah sich unsere noch im Vorstadium befindliche Fassung von »Gospel Road« in New York an.

Wir hatten schon beschlossen, Larry Gatlins »Help Me« in den Film einzubauen und außerdem noch das Lied »Last Supper«, das er speziell für uns geschrieben hatte.

Bevor sich Kris den Film ansah, besuchte er June und mich in unserem Hotelzimmer und sang uns zwei Lieder vor, die er gerade erst geschrieben hatte.

»Vor einiger Zeit ging ich mal in deine Gemeinde in Nashville«, fing Kris an.

»Meine Gemeinde? Du meinst Evangel Temple?«

»Ja«, sagte Kris. »Ich verstand zwar nicht viel von dem, was da vorging, aber dieser Prediger, Snow, fragte einfach, ob jemand seine Schuld erkenne und Jesus brauche. Dann solle er seine Hand erheben.«

»Und hast du deine Hand erhoben?« fragte ich.

»Nun – ja«, sagte er. »Mensch noch mal, ich hatte einen Katzenjammer. Und wenn mir Jesus all das anbietet, was Snow gesagt hatte, müßte ich auch etwas davon haben.«

»Und dann bat er dich, nach vorn zum Altar zu kommen?« fragte ich.

»Nun, ja«, sagte Kris. »Ich ging, und nachher schrieb ich einige Lieder über Jesus. Ich hätte vorher nie gedacht, daß ich so etwas tun würde.«

»Sing sie uns vor!« forderte ich Kris auf.

»Kennst du Larry Gatlin?« fragte Kris.

»Sehr gut«, sagte ich.

»Nun, eines der Lieder, das ich schrieb, heißt ›Why Me, Lord?‹ (Warum gerade ich, Herr?). Gatlin sang in der Kirche ›Help Me‹, als ich dort war, und das hat mich fast umgeworfen. Dann begann Snow mit seiner Predigt und sagte darin, wie sehr mich Jesus liebe, auch wenn ich noch so schlecht bin. Da mußte ich einfach das Lied ›Why Me, Lord?‹ schreiben.«

»Warum ich?
Womit hab ich verdient,
daß du so wohlgesinnt
und freundlich zu mir bist?
Sag mir, Herr,
was tat ich schon für dich,

daß du mich liebst und mich
zu beschenken nicht vergißt?*«

»Es ist wunderschön«, sagte June, als Kris geendet hatte.
»Sing das andere auch noch!«
Kris sang »Burden of Freedom« (Bürde der Freiheit), und während er sang, sah ich Jesus vor mir, wie er sein Kreuz trug, wie er fiel und kämpfte und den langen, qualvollen Weg nach Golgatha ging.

»Herr, hilf mir, die Bürde
der Freiheit zu tragen,
und gib mir die Stärke,
zu sein, was ich bin.
Und bin ich betroffen,
weil sie mich verstoßen –
Vater, vergib ihnen,
weil sie nicht verstehn**.«

»Burden of Freedom« bauten wir in unseren Film »Gospel Road« ein. »Why Me, Lord?« wurde von Kris und seiner Frau Rita auf Platte aufgenommen und gehört heute zu den Klassikern unter den Gospelsongs.
Als wir soweit waren, daß wir den Film Agenturen und Verleihfirmen vorführen konnten, schrieb man das Jahr 1973. Die Informationen und die Werbung für diesen Film hatten in Hollywood einiges Interesse geweckt.
Als wir dann eines Tages »Gospel Road« in einem Lichtspielhaus der »20th Century Fox« ein paar hundert interessierten Agenten, Verleihern und Filmtheaterbesitzern vorführten, erhielten wir ein Angebot von Fox, die den Vertrieb von »Gospel Road« übernehmen wollte.

---

* Von Kris Kristofferson, © 1972 Resaca Music.
** Von Kris Kristofferson, © 1967 Buckhorn Music Publishers, Inc. Alle Rechte vorbehalten.

»Aber einen solchen Film haben wir noch nie gehabt, und wir haben keine Ahnung, wie wir ihn auf den Markt bringen sollen«, gestanden sie.

»Ich werde dabei helfen«, sagte ich.

Zusammen mit Marshall Grant, der die Termine für meine Tourneen festlegte und mich begleitete, und manchmal auch mit June, meiner Tochter Rosanne, John Carter und dem ganzen Ensemble reiste ich Wochen und Monate kreuz und quer durch das Land und quetschte noch zusätzliche Veranstaltungen anläßlich von Film-Premieren in meinen Konzert-Terminkalender.

Als ich gerade glaubte, mit »Gospel Road« das letzte Tal durchschritten zu haben, kam ein neues Hindernis in Sicht. Von einigen Leuten erhielt ich den Rat, doch meine persönlichen Bemühungen aufzugeben und die Arbeit ganz der »20th Century Fox« zu überlassen. Doch jetzt begann die Sache, in die ich eineinhalb Jahre meines Lebens und mein ganzes Herz investiert hatte, erst richtig interessant zu werden.

Ich sah meinen Terminkalender für das Jahr 1973 durch und sprach mit Marshall. »Jeder Tag ist verplant. Sieh dir meinen Kalender an!«

Die Tage, die für Konzerte vorgesehen waren, hatte ich schwarz und die Tage für Erstaufführungen, zu denen ich persönlich erscheinen und den Film dem Publikum vorstellen wollte, rot gekennzeichnet.

»Ich werde jeden Tag bei dir sein, John«, sagte Marshall. »Wenn du das kannst, kann ich es auch. Aber mir scheint, als hättest du von der ›20th Century Fox‹ schon mehr Termine bekommen, als dir Tage zur Verfügung stehen. Das kostet dich ein Vermögen!«

»Ich werde eben einige der schwarzen Tage auf meinem Kalender rot übermalen müssen«, sagte ich.

So fegten Marshall und ich wie ein Wirbelwind durch Indianapolis, Grand Rapids, Charlotte, Atlanta, Memphis, Denver, Seattle, New York City, San Antonio, Dallas, San

Diego, San José, Jackson, Mississippi und viele, viele andere Städte. Manchmal reichte die Zeit kaum, um rechtzeitig an Ort und Stelle zu sein.

»Im Leben eines jeden Menschen kommt einmal die Zeit...«, begann ich jedesmal, sang dann ein, zwei Lieder, und die Leute sahen sich »Gospel Road« an. Dann Empfänge, Fotoaufnahmen und das Schütteln zahlloser Hände. Die Kinosäle waren fast immer ausverkauft.

*

June und ich luden Billy Graham ein, sich den Film bei uns zu Hause anzusehen.

»Wir haben noch nie einen Film in Verleih genommen, den wir nicht selbst produziert haben«, sagte Billy, »aber ›World Wide Pictures‹ sollte ›Gospel Road‹ in Verleih nehmen. Wir kennen das Publikum, das sich diesen Film ansehen wird.«

Billy fuhr von uns direkt nach Chicago. Die Mitglieder seines Missionswerkes wurden zusammengerufen und ihnen »Gospel Road« vorgeführt. Sie waren einmütig der Auffassung, daß mit der »Fox« sofort Verhandlungen wegen der Vertriebsrechte für den Film aufgenommen werden sollten. Der Vertrag kam zustande.

Durch »World Wide Pictures« hatte unser Film auf Anhieb Erfolg. Hunderte von Kopien wurden jede Woche in voll besetzten Kirchen vorgeführt. Und das ging Woche für Woche, das ganze Jahr hindurch. Viele Hunderte haben auf Billy Grahams Einladung am Schluß des Films ihre Entscheidung für Jesus Christus getroffen.

»World Wide Pictures« ließ den Film für die spanischsprechenden Länder synchronisieren und bat mich, alle Lieder in Spanisch zu singen. Mit Hilfe eines spanischsprechenden Assistenten konnte ich die Lieder phonetisch richtig singen und alle Lieder in Spanisch aufnehmen.

Scherzhaft meinte ich: »Wie wäre es mit deutsch, französisch, italienisch und skandinavisch?«

Aber sie antworteten in vollem Ernst: »Und japanisch und chinesisch, vielleicht eines Tages sogar russisch.«

Da mußte ich denken: Je mehr Berge ich besteige, desto mehr freut mich die Aussicht vom Gipfel.

Mein alter Freund, Pastor Floyd Gressett, ließ sich für mehr als ein Jahr von seinem geistlichen Amt in der Avenue Community Church in Ventura beurlauben – es war die Zeit, in der »Gospel Road« von der »20th Century Fox« überprüft wurde – und führte, als einen Dienst der Nächstenliebe, »Gospel Road« in jedem Gefängnis und Zuchthaus der USA auf, in dem es ihm erlaubt wurde. Er schätzt, daß über 150 000 Gefangene von New York bis Kalifornien unsere Filmgeschichte von Jesus gesehen haben.

Viele Hunderte kamen zu Jesus, wenn Pastor Gressett jeweils am Schluß des Films dazu aufforderte. Ich habe Hunderte von Briefen von Gefangenen bekommen, die den Film sahen, in denen sie sich herzlich bedankten.

So wurde Junes Traum doch Wirklichkeit – jener visionäre Traum aus dem Jahr 1966, ein Traum, in dessen Verwirklichung wir Gottes Auftrag und Führung sehen. Da gibt es für uns beide keinen Zweifel. Er ist wahr geworden, denn »Gospel Road« beginnt auf einem Beggipfel in Israel. Ich halte eine Bibel in der Hand und spreche von Jesus.

19

Alter Graubart

Ich habe die Erfahrung gemacht, daß es für einen Christen unmöglich ist, ein rein weltliches Konzert zu geben. Ob ich »A Boy Named Sue« oder »Folsom Prison Blues« oder »Precious Memories« singe, es geschieht immer in der gleichen Kraft. Das Reisen und Warten hinter der Bühne macht mir nun sogar Freude, und ich habe mich sogar an den dünnen Kaffee gewöhnt, den wir in manchen Hotels und Umkleideräumen bekommen.

Ich weiß, daß ich versuchen muß, ein Lichtträger zu sein, ein Mann, der durch sein Leben im Alltag in Bruderliebe und Toleranz ein Vorbild für die ist, mit denen er zusammentrifft, seien es nun Heilige oder Sucher. Doch dabei gilt immer: Duldsamkeit – ja, Kompromiß – nein!

Ich habe sehr wohl gelernt, daß man zwischen Himmel und Hölle nicht hin- und herpendeln kann. Da ist ein tiefer, breiter Abgrund, eine schreckliche Kluft, und diese Kluft kann kein Mensch überspringen. Darum kann ich die Leute nur bedauern, die sagen, daß sie nicht an Gott glauben. Sogar Satan glaubt an Gott.

Welch eine Verpflichtung ergibt sich daraus für die Christen denjenigen gegenüber, die Gott suchen – sogar gegenüber solchen, die Gott nicht suchen! Die Welt der Unterhaltungskunst ist eine Hauptkampflinie in der geistlichen Auseinandersetzung. Aber das Erfolgsrezept für den Sieg ist einfach. Sonny James formulierte es im Jahre 1955 so: »Ich gebe mich einfach so, wie ich bin – als Christ!«

Darum fühle ich mich bei einem Gespräch mit einem halbbetrunkenen Kollegen ebenso wohl wie bei einem Gespräch über geistliche Fragen mit Pat Boone. Ich kann meine Familie zu einem Essen bei McDonalds ausführen oder sie in einen Nachtclub mitnehmen. Überall genieße ich meine Mahlzeit.

Fühlt sich ein Christ erst einmal über die Welt erhaben, wird er in seinem Eifer »heiliger als die andern«, oder dünkt er sich zu fein für Leute mit zweifelhaftem Charakter, dann hat er sich gerade von den Menschen abgewandt, die das brauchen, was er ihnen anbieten könnte. Diese Überlegungen ließen mich das folgende Lied schreiben:

>»Hört zu, liebe Brüder,
>hört mich doch mal an!
>Wer müßig herumsteht,
>gerät aus der Bahn.
>Ihr leuchtet zwar hell,
>doch der Strahl fällt verkehrt.
>Wer nur den Himmel anstrahlt,
>ist hier unten nichts wert.
>
>Habt ihr Himmel im Herzen,
>dann breitet ihn aus,
>denn die Hungernden winken
>aus der Tiefe heraus.
>
>Gebt dem einen Trank,
>der nach Wasser begehrt.

Wer nur den Himmel im Sinn hat,
ist hier unten nichts wert.

Hört zu, liebe Schwestern,
ihr Salz dieser Erd'.
Wenn das Salz erst fad' ist,
ist's nichts mehr wert.
Helft jedem zu sein
am Platz, den ihr selbst begehrt.
Nur himmlisch gesinnt sein,
ist hier unten nichts wert*.«

Ich erinnere mich sehr gut an die Lehre, die mir erteilt wurde, als mir die Hosen platzten. Ich bin nicht so selbstsicher, daß ich mich für so stark halte, daß ich nicht fallen könnte. Ich weiß, daß ich nicht immer jeder Versuchung widerstehen kann und will. Ich kenne die Gefahren in dunklen Tälern. Und wenn ich drin bin, ist der gute Hirte nicht allzu weit entfernt.

Ich weiß, wie leicht ich mich von meiner Umgebung beeinflussen lasse. Ich rechne damit, daß ich in meinem privaten und beruflichen Leben immer wieder einmal eine Fehlentscheidung treffen werde, wie es auch in der Vergangenheit geschah, aber ich erwarte auch, daß ich aus meinen Fehlern lernen werde.

Satan hat immer neue Tricks auf Lager. Er ist der große Nachahmer und Betrüger und bringt es fertig, daß einem alles wunderbar und richtig vorkommt, was man tut. Ich möchte aber Satans Täuschung durchschauen, meine Fehler und Unzulänglichkeiten eingestehen und das radikal verurteilen, was ich als falsch erkenne. Das kann ich aber nur, wenn ich mich auf die Weisheit von oben stütze – wie wenig ich auch davon erfaßt haben mag – und täglich im Kontakt mit meinem göttlichen Ratgeber bleibe. Erst dann werde ich

---

* »Come hear me« von Johnny Cash, © 1974 House of Cash, Inc.

ein besseres Verständnis für das bekommen, was in Wahrheit schön und richtig ist.

Meine Rückkehr in die Gemeinschaft mit Jesus ist nicht durch eine besondere Gefühlsbewegung gekennzeichnet, wie ich sie bei anderen Leuten erlebt habe. Und doch ist er immer bei mir. Das spüre ich, wenn nach Tagen, ja nach Wochen, an denen ich nicht an Tabletten gedacht habe, plötzlich in einem Moment der Anspannung oder des Ärgers das vertraute Verlangen zurückkommt, diese Sehnsucht nach dem alten Gift.

Gewöhnlich kämpfe und bete ich es in einem Augenblick nieder. Doch jedes Mal erinnert mich ein solches Erleben daran, daß die Dämonen niemals aufgeben. Ich weiß dann, daß ich alle geistlichen Werkzeuge einsetzen muß, um das Schiff auf Kurs zu halten. Der »große Zimmermann« zeigt mir, wie ich einige seiner Werkzeuge einsetzen kann.

Zwischen ihm und mir hat sich eine enge Gemeinschaft entwickelt. Man könnte sagen, es besteht ein direkter Draht, eine Art Band zwischen uns. Und dieses Band hat in vielen ernsten Versuchungen standgehalten. Wir wissen beide, daß viele weitere Prüfungen kommen werden. Aber weil ich mich ihm ausgeliefert habe, ihn als meinen Herrn bekenne und mich von ihm abhängig weiß, sichert er mir zu, daß er mich nicht zu tief fallen oder zu weit abgleiten läßt, sondern daß ich in seinen Händen geborgen bin.

*

Ein Ereignis am Tag der Arbeit 1974 veranlaßte mich, das mörderische Tempo meiner Arbeit zu drosseln. Dieses Ereignis führte mich zu einer Überprüfung meines Lebensstils. Jeder Tag und jede Stunde meines Lebens war mit Arbeit, Konzerten, Schallplatten- und Fernsehaufnahmen, Veranstaltungen aus diesem oder jenem Anlaß ausgefüllt. Tag für Tag, Woche um Woche, bis ich merkte, daß ich kaum noch Kraft hatte.

Es kam so weit, daß ich nur mit Furcht an gewisse Termine

auf meinem Kalender denken konnte, bis ich schließlich am Tag der Arbeit einen Fernsehauftritt absagen mußte, weil ich körperlich und geistig völlig erschöpft war.

June und ich waren nach Bon Aqua, unserer Farm, etwa eine Stunde westlich von Nashville gefahren, um für ein paar Tage auszuspannen. Dort erfuhren wir durch einen Anruf, daß John Carter und einige andere Kinder einen Unfall erlitten hatten und im Krankenhaus lagen.

Meine Schwester Reba war mit meinem Jeep ausgefahren. Sie hatte das Verdeck zurückgeschlagen und acht Kinder in den Wagen geladen – John Carter, seine Vettern und Freunde. Sie fuhren durch Wald und Feld spazieren. Auf der Straße in der Nähe meines Hauses gerieten die Vorderräder auf losen Untergrund. Der Jeep überschlug sich und begrub John Carter und seinen Vetter Kevin Jones unter sich.

Ein Grand Ole Opry-Touristenbus, der Fans zu unserem Haus bringen sollte, fuhr unmittelbar hinter dem Jeep, als es passierte. Der Bus hielt, die Leute stürzten heraus und stellten den Jeep sofort wieder auf die Räder.

John Carter und Kevin hatten geringfügige Schnittwunden, die bluteten. Blut und Schlamm zusammen ergaben gewiß einen schrecklichen Anblick, und so war der erste Bericht, den ich über das Telefon erhielt, äußerst besorgniserregend.

Man sagte mir, daß die Kinder zum Madison-Hospital gebracht worden seien, und als June und ich eineinhalb Stunden später dort ankamen, erwarteten meine Eltern sowie einige Freunde und Verwandte uns schon in der Aufnahme des Krankenhauses.

Mir erschien es wie eine Ewigkeit, bis uns endlich jemand einen Bericht gab. Schließlich sagte mein Vater: »Sie haben John Carter ins Vanderbilt Kinderhospital gebracht.« Wir konnten also nicht einmal etwas über seinen Zustand erfahren. Meine Knie zitterten. June brach zusammen und sank auf den Boden.

Ich war mir bewußt, daß ich eine schlechte Nachricht wohl

kaum verkraften könnte, wenn wir nach einer halbstündigen Fahrt im Vaderbilt-Hospital ankommen würden.

Da fühlte ich mich von zwei starken Armen umschlungen, und eine vertraute Stimme sagte: »Gott sei Dank. Er lebt. Laß uns gleich zum Vanderbilt-Hospital fahren!« Ich drehte mich um. Es war Roy Orbison. Mein alter Freund war sofort hergekommen, als er die Nachricht von dem Unfall gehört hatte.

Roy hatte bei einem Motorradunfall seine erste Frau verloren. Nicht lange danach brannte sein Haus ab, und zwei seiner drei kleinen Buben kamen in den Flammen um.

Roys Frau Barbara stützte June und führte sie zum Wagen.

Unter Tränen rief ich aus: »Gott sei Dank, daß er dich gerade jetzt zu uns geschickt hat, Roy Orbison!«

Roy und Barbara sprachen uns Mut zu, so daß wir gleich vom Wagen in die Aufnahme eilen konnten, als wir in Vanderbilt angekommen waren.

Dann hörten wir John Carter weinen.

Roy Orbison sprang auf und ab. »Er weint! Hört ihr?« rief er aufgeregt. »Das ist ein gutes Zeichen! Oh, wunderbar!«

Wir platzten in den Operationssaal. Der Arzt konnte uns die freudige Nachricht geben, um die wir gebetet hatten.

»So ernst, wie wir zunächst dachten, war es nicht«, sagte er. »Wie Sie hören können, ist er jetzt wieder wach, und die Röntgenaufnahmen lassen nur auf eine Gehirnerschütterung und möglicherweise auf eine geringfügige Fraktur des Schädels schließen. Diese kleinen Kerle erholen sich sehr schnell wieder.«

Sie brachten John auf die Intensivstation, weil man sichergehen wollte, daß keine weiteren Komplikationen einträten. Dort sollte er einen Tag bleiben.

Ich ging ins Wartezimmer und traf dort Kristofferson, Larry Gatlin und Vince Matthews.

»Ich brachte John Carter an eurer Stelle in die Aufnahme«, sagte Kris. »Ich glaube, ich habe einen richtigen Auf-

ruhr im Aufnahmebüro angerichtet. Ich wußte nämlich nicht genau, ob er am 2. oder am 3. März geboren ist. Ich fragte die junge Dame, warum denn das so wichtig wäre.«
»Ich bin euch allen sehr dankbar dafür, daß ihr gekommen seid«, sagte ich.
»Wir waren schneller als die Ambulanz«, sagte Vince.
»Wir hörten im Radio von dem Unfall, und da haben wir uns sofort auf den Weg gemacht.«
»Eine der Schwestern hat Gatlins Micky-Maus-Armbanduhr«, sagte Kris.
Ich dachte an John Carter und konnte der Unterhaltung nur schwer folgen.
June stand am Ende der Halle vor der Tür zur Intensivstation.
»Was sagtest du von Gatlins Micky-Maus-Armbanduhr?« fragte ich.
»Die Schwester da vorn hat sie«, sagte Kris. »Sie hat sie sich ausgeliehen, um John Carters Puls zu messen, weil sie einen Sekundenzeiger hat.«
»Ich werde sie dir zurückbringen«, sagte ich zu Gatlin.
»Wenn du willst, kannst du sie behalten«, entgegnete Gatlin.
»O ja, ich möchte sie behalten«, sagte ich. »Ich möchte sie von heute ab zur Erinnerung daran tragen, daß hier und heute ein Wunder geschehen ist.«
»John Carter würde sich freuen, wenn er wüßte, daß die Micky-Maus-Uhr sein Doktor war«, sagte Kris.
»Wirst du sie wirklich tragen?« fragte mich Vince.
»Bis sie auseinanderfällt«, sagte ich.
»Johnny Cash mit einer Micky-Maus-Uhr«, sagte Kris. »Damit geht dein Image als Mann aber flöten.«
Die anderen Kinder wurden entlassen. Wir ließen John Carter drei Tage im Hospital zur Beobachtung. In diesen Tagen war mein Herz voll Lob und Dank. Ich benutzte diese Zeit zu einer ernsten inneren Einkehr.
Ich begriff, daß ich kurztreten, Prioritäten setzen und

Verpflichtungen streichen mußte, die ich nicht wirklich in seinem Namen übernehmen konnte.

»Außerdem muß ich mir Zeit nehmen, mit meinem Jungen Angeln zu gehen, wenn er es gern möchte«, sagte ich mir.

Rosanne war die ganze Nacht mit uns im Krankenhaus geblieben. Als sie dann sah, daß es John Carter wieder besser ging, reisten sie und Kathy mit einer Gruppe nach Israel.

Rosanne hatte im Wartezimmer gesessen, ihre Bibel im Schoß – eine abgegriffene Bibel voller Eselsohren. Durch die Nachricht vom Unfall zu Tode erschrocken, hatte sie sofort nach ihrer Bibel gegriffen und gebetet. Als sie hörte, daß ihre Gebete erhört seien, hielt sie immer noch die Bibel voller Siegesfreude fest in ihren Händen.

Weder ihr noch irgend jemandem sonst hatte ich etwas gesagt, nachdem Kris, Vince und Gatlin wieder gegangen waren. Ich überdachte mein Leben ganz neu. In meinen Überlegungen dachte ich an Rosanne, Rosey, Carlene, Kathleen, Cindy und Tara. Welche Freude bereiteten sie June und mir dadurch, daß sie Christinnen waren. Und das in einer Welt, in der es nicht gerade selbstverständlich ist, Christ zu sein.

Welch wertvollen Einfluß June durch ihre Erziehung im Leben unserer Mädchen gespielt hat, wurde vor kurzem auch durch eine öffentliche Anerkennung zum Ausdruck gebracht. »Youth for Christ International« ehrte sie vor kurzem ganz überraschend bei einem Bankett in San Diego und verlieh ihr den Titel »Frau und Mutter des Jahres 1974«.

Rosanne, Carlene, Rosey, John Carter und ich waren dort gewesen, um die Überraschung für sie mit vorzubereiten.

*

Im Jahre 1973 machte Rosanne an der High School in Ventura ihr Examen und wohnte seit dieser Zeit bei uns in Hendersonville. Sie und Rosey haben oft in unseren Konzerten mitgewirkt. Kathleen hat sich, jetzt 18 Jahre alt, unserer Mannschaft im »House of Cash« angeschlossen. Sie zog von Kalifornien zu uns nach Tennessee.

Carlene trat mit uns auf, bis sie den Komponisten Jack Ruth heiratete, einen talentierten jungen Mann, der seinen Weg im Musikgeschäft sicher machen wird. Erst kürzlich hat er einen Schallplattenvertrag mit der Firma RCA Victor unterschrieben.

June hatte oft zu mir gesagt: »Unsere Mädchen werden alle ihren Weg machen. Ich habe sie Gott anvertraut.«

*

In der dritten und letzten Nacht im Krankenhaus mit John Carter griff ich nach der dort liegenden Gideon-Bibel und schlug einen Vers auf, der meine Gefühle so recht zum Ausdruck brachte: »Ich habe keine größere Freude als die, daß ich höre, wie meine Kinder in der Wahrheit wandeln« (3. Johannes 4).

Ich nahm einen Federhalter und eine Genesungsglückwunschkarte, die John Carter bekommen hatte, und verfaßte in wenigen Minuten das Lied »I Prayed for Greater Joy in my Salvation«.

»Ich bat um mehr Freude über meine Rettung.
Doch dann erkannte ich, wie selbstsüchtig das ist,
denn was wirklich froh macht, ist nicht Nehmen,
sondern Weitergeben.
Gib deinen Kindern Brot des Lebens
und sieh, wie sie wachsen.

Meine größte Freude ist, daß meine Kinder in der Wahrheit wandeln
und daß jedes weiß, es ist mit aller Lebenskraft
dein Kind.

Ja, mein allergrößter Rettungsjubel
ist, Herr, daß meine Kinder in der Wahrheit wandeln*.«

*

Im Januar 1975 ereignete sich wieder einmal etwas gleichzeitig in meinem Leben und im Leben von Carl Perkins. Sein Vater ging nach langer, schwerer Krankheit heim. Aber June und ich konnten an der Beerdigung nicht teilnehmen, da wir am gleichen Tag an einem anderen Begräbnis teilnehmen mußten – dem meines Schwiegervaters Ezra J. Carter.

Jimmy Snow berichtete der Gemeinde, wie sehr Gottes Wort immer für Ezra Carter Schwert, Schild und Zuflucht gewesen sei und wie er sein ganzes Leben lang von diesem Schwert nicht lassen konnte und wollte.

»Ihr, die ihr diesen Mann gekannt und geliebt habt, bedenkt, daß er nicht zufällig in euer Leben getreten ist«, sagte Jimmy Snow. »Er war ein Mann Gottes, und wenn euch sein Leben beeindruckt hat, geschah es nach Gottes Plan.«

In den Monaten vor seinem Tod hatte Pop Carter drei Herzattacken und einen Schlaganfall erlitten. Der Aufenthalt im Krankenhaus dauerte lange und war qualvoll, aber seine Familie gab ihm starken Rückhalt. Mutter Maybelle wich nicht von seinem Krankenbett. Helen und ihr Mann, Glen Jones, lebten praktisch fünf Monate lang im Krankenhaus. Als Pop dann nicht mehr sprechen, wohl aber noch zuhören konnte, las ihm Helen aus der Bibel vor.

Da ich wußte, wie sehr mein Schwiegervater die Propheten des Alten Testaments liebte, las ich ihm oft daraus vor, besonders aus Jesaja. Tiefen Frieden empfand er beim Hören von Jesaja 53, wo vom leidenden Messias erzählt wird.

»Ezra Carter hatte sich seit Jahren auf die Ewigkeit eingestellt«, sagte Jimmy Snow. »Er war vorbereitet. Er war bereit, die Belohnung, über die er so lange nachgedacht und für die er gelebt hatte, zu empfangen.«

Ich hörte auf Jimmys Predigt und konnte meine Gedanken doch nicht daran hindern, zu den Gelegenheiten zurückzuwandern, wo Pop und ich so manche Stunde gemeinsam verbracht hatten. Er hatte nicht nur den Reichtum der Bibel über alles geliebt, sondern auch seine Freude an ihren Geheimnissen und Kostbarkeiten gehabt.

»Wußtest du, daß Mose ein Sänger war?« fragte mich Pop einmal.

»Wirklich?« scherzte ich. »Bei welcher Plattenfirma war er unter Vertrag?«

»Nein, im Ernst«, sagte Pop. »Im ersten Vers des 15. Kapitels vom 2. Buch Mose heißt es: ›Dann sangen Mose und die Kinder Israels dieses Lied dem Herrn und sprachen: Ich will dem Herrn singen, denn er hat eine herrliche Tat getan, Roß und Mann hat er ins Meer gestürzt.‹«

Pop hinterließ mir seine ganze Bibliothek mit Büchern über die Bibel und die Geschichte. Sie enthält eine unbezahlbare Sammlung vieler vollständiger Ausgaben von Kommentaren und archäologischen Nachschlagewerken und sogar einige der weniger bekannten Schriften der frühen Kirchenväter des 2. und 3. Jahrhunderts. Am Aufbau dieser Bibliothek hatte er sein Leben lang gearbeitet.

Aber das Größte, was er hinterließ, war die Erinnerung an ihn. Ich liebte sogar seine menschlichen Schwächen. Er hatte zum Beispiel keine Geduld für Leute, die ihm seine Zeit mit unwichtigen Plänen oder lächerlichen Dingen stehlen wollten.

Er war ein harter Arbeiter und wollte mit Leuten, die das nicht waren, nichts zu tun haben.

Pop hatte Temperament. Sein Gerechtigkeitsgefühl war so ausgeprägt, daß er sich immer furchtbar aufregte, wenn er von einem Einbruchdiebstahl oder von einem politischen Skandal hörte. Er war sozusagen ein Schwarz-weiß-Maler. Für ihn gab es keine Grautöne.

*

Carl Perkins war während einiger Tourneen nicht bei uns gewesen, da er seinen Vater während der Krankheit gepflegt hatte. Darum waren wir froh, daß wir ihn Ende Februar 1975 für eine Tournee zwischen Florida und Maine mit je einer Veranstaltung pro Abend wieder bei uns hatten.

Jerry Hensley hatte Carls Platz während dessen Abwesenheit eingenommen. Da sich Jerry in dieser Zeit sehr gut bei uns eingelebt hatte und bei allen beliebt war, nahmen wir ihn als weiteres Glied in unsere Musikfamilie auf, als Carl wieder zu uns kam.

*

Las Vegas, Nevada, April 1975.

Wir waren wieder einmal in Las Vegas, um das erste von drei zehntägigen Gastspielen, die für 1975 im Hilton Hotel mit uns geplant waren, aufzuführen. Die Oak Ridge Boys, eine Gospelgruppe, wirkten dort zum drittenmal bei uns mit.

Wir erhielten Dutzende von Briefen von Leuten, die mit ihren Familien zu unseren Konzerten ins Hilton kamen und uns für diese »saubere Show« dankten. Wir geben in Las Vegas das gleiche Programm wie überall sonst auch, obwohl es uns klar ist, daß das Publikum dort nicht unbedingt das für uns typische ist.

Am elften und letzten Abend unseres Engagements stand ich mit Gordon Terry hinter der Bühne, während die Oak Ridge Boys das Lied »The Baptism of Jesse Taylor« sangen.

>»Sie tauften Jesse Taylor im
Cedar Creek am Sonntag.
Jesus gewann eine Seele,
und Satan verlor seine rechte Hand.
Alle schrien ›Halleluja‹,

als Jesses Kopf verschwand.
Denn dieses Mal verschwand er für den Herrn*.«

Es war Mitternacht, als wir die zweiundzwanzigste Show dieser Reihe begannen, denn wir hatten zwei in jeder Nacht, um acht und um zwölf Uhr. Um acht Uhr fand die Dinner-Show statt, bei der das Publikum gewöhnlich etwas zurückhaltend, aber doch begeisterungsfähig und aufnahmebereit war. Einige aus diesem Kreis waren langjährige Fans, Leute, die uns durch all die Jahre hindurch treu geblieben waren, die uns gut kannten und das zu schätzen wußten, was wir taten.

Das mitternächtliche Publikum war ganz anders. Diese Leute kamen, um sich zu amüsieren. Und wenn sie bereit waren, mir zuzuhören, war das um so besser. Es waren Männer, Frauen, Trinker und Spieler, eben Nachtschwärmer, die jede Show in der Stadt mitnahmen, ein buntgemischtes Publikum.

Das Publikum im Hilton war für mich immer so etwas wie eine Herausforderung, die ich gern annahm.

Das Theater selbst ist wahrscheinlich das schönste, in dem ich jemals aufgetreten bin, mit einer beinahe perfekten Akustik und Beleuchtungsanlage. Dreitausend Menschen haben darin Platz.

Gordon und ich warfen einen Blick durch die Vorhänge, um zu sehen, wieviel Leute anwesend waren.

»Was heute abend dort draußen versammelt ist, macht nicht gerade den Eindruck, als sei es der Fan-Club der Oak Ridge Boys, wie sie ihn zu Hause gewöhnt sind«, sagte Gordon.

»Mein Fan-Club ist es auch nicht«, sagte ich. »Aber jetzt, wo einundzwanzig Shows hinter uns liegen und noch eine vor uns, soll mir das auch Freude machen.«

In etwa fünf Minuten sollte Gordons Auftritt kommen.

* Von Dallas Frazier und Sanger D. Shafer, © 1972 Acuff-Rose Publications, Inc. Mit freundlicher Genehmigung. Alle Rechte vorbehalten.

»Wie steht es mit dir und der großen Welt von Las Vegas, Gordon?« fragte ich.

Gordon wußte genau, was ich meinte, denn es war jetzt gerade 13 Monate her, daß er Jesus Christus sein Leben ausgeliefert hatte.

»Bei allem, was diese geistlich tote Welt hier anzubieten hat«, sagte er, »bleibe ich ständig in meinem Zimmer und gehe nur zum Essen aus. Ich lese meine Bibel. Aber du weißt ja, wie schwer es ist, sich in dieser Umgebung auf die Bibel zu konzentrieren.«

In dem, was er sagte, lag viel Wahrheit. Ich wußte, daß er, der sehr viel allein war, es sehr schwer hatte. Auch ich brachte weder die Zeit noch die Energie für ein aufmerksames Bibelstudium oder eine tiefe geistliche Besinnung auf, obwohl ich mit meiner Familie in einem netten Appartement wohnte, das das Hotel für uns reserviert hatte, und ich nur zwei Konzerte am Abend gab.

»Jetzt bin ich dran«, sagte Gordon. »Ich werde sie dir ein wenig aufheizen.«

Die Oak Ridge Boys kamen lachend, rufend und händeklatschend zurückgelaufen. »Es ist ein großartiges Publikum, John. Es ist wirklich eine tolle Sache!«

Die Oaks reißen mich immer wieder zu neuer Bewunderung hin. Sie treten mit einer solchen Begeisterung auf, daß für sie jedes Publikum gleich ist. Sie strahlen in Las Vegas die gleiche Freude aus wie bei einem »Alabama Camp Meeting« in einer Kleinstadt.

»Wißt ihr, daß dies hier unsere fünfzigste gemeinsame Show ist?« fragte ich sie.

»Alle Achtung!« sagte Bill Golden von den Oaks. »Fünfzigmal haben wir also gemeinsam vor diesem Publikum von Jesus gesungen!«

»Und ihr seid jedesmal angekommen«, sagte ich. »Das kann nicht jeder.«

»Man fühlt sich da draußen einfach wohl«, fügte Duane Allen hinzu.

»Ihr Burschen bringt überall eine gute Stimmung zuwege«, sagte ich.

Als ich an diesem Abend auf die Bühne trat, fühlte ich mich sehr wohl. Nur meine Gewohnheit ließ mich wünschen, zu dieser Nachtzeit im Bett zu liegen. Ich nahm mir vor, daß diese letzte Show wenn möglich meine beste werden sollte.

Mein Eröffnungslied war »Ring of Fire«, und diesem folgten all die Lieder, die ich während der letzten drei Jahre in meinen Konzerten gesungen hatte – »Sunday Morning Coming Down«, »I Walk the Line«, »These Hands«, »I Still Miss Someone«, »Peace in the Valley« und »A Boy Named Sue«.

Ich hatte eine »amerikanische Auswahl« zusammengestellt; es waren die Lieder unserer ABC-TV-Serie »The Great American Train Story – Ridin' the Rails«. Das war etwas Ähnliches wie unsere »Ride This Train«-Serie, die wir früher schon im Fernsehen gebracht hatten. Sie enthielt Lieder wie »The Night They Drove Old Dixie Down«, »Mr. Garfield«, »Ballad of Ira Hayes«, »City of New Orleans« und »Ragged Old Flag«.

Dann leitete ich über zu einem Potpourri von schnellen Liedern, sogenannten »Railroad-Songs« mit aufregenden Licht- und Schaueffekten – »Hey Porter«, »Folsom Prison Blues«, »Wreck of Old '97« und »Orange Blossom Special«.

Ich lachte und sang und kämpfte gegen meine Müdigkeit, die mich zu übermannen drohte.

June kam zu mir auf die Bühne, und das brachte mich wie immer wieder in Schwung. Mit ihren Liedern wie »Jackson« und »If I Were a Carpenter« kamen wir immer gut an.

Nach unseren gemeinsamen Liedern trat Mutter Maybelle auf. Las Vegas war ihr erster Auftritt seit Pops Tod. Ich stellte sie mit den Worten vor: »Ihre Plattenkarriere begann sie im Jahre 1927. Sie, ihr Schwager und seine Frau Sarah waren die Original Carter-Familie. Sie nahmen ungefähr 350 klassische Country-, Folk- und Gospelsongs auf. Sie ist Mitglied der Country Music Hall of Fame. Meine Damen und Herren, hier ist meine legendäre Schwiegermutter Maybelle Carter.«

Ich habe nie ein Publikum erlebt, das Maybelle Carter nicht geliebt hätte. Las Vegas war keine Ausnahme. Sie spielte die Harfe, eines ihrer vielen Instrumente, und sang das zeitlose Lied »Wildwood Flower« mit spürbarer Würde und Anmut.

Als Mutter Maybelle ihr Lied beendet hatte, kamen Anita Carter, unsere Töchter Rosey und Rosanne, Gordon Terry, Jerry Hensley und die Oak Ridge Boys mit mir zum Finale. Wir sangen »Old Kentucky Home« und »Daddy Sang Bass«.

Die Zugabe, der letzte Song des Abends, war Arthur Smiths »The Fourth Man«, ein rhythmisches, anregendes Lied, das von Sadrach, Mesach und Abednego im Feuer erzählt. Die Beleuchtung erweckte den Eindruck, als stünde die ganze Bühne in Flammen.

Als das Lied zu Ende war und wir unsere Verbeugungen gemacht hatten, ging ich in die Garderobe zurück, um mich auszuruhen. Ein paar Minuten lang fehlte mir jede Kraft, um in mein Hotelzimmer zu gehen.

June und unsere Freunde und Begleiter, die für unsere Veranstaltungen verantwortlich sind – Marty Klein von der Agentur für Vortragskünstler und Lou Robin von der Künstlervermittlung –, setzten sich zu mir.

»Zu Hause ist es jetzt vier Uhr morgens«, sagte June. »Onkel Ermine Carter steht jetzt auf, um die Kühe zu melken und die Hühner zu füttern.«

»Onkel Ermine hat auch keinen Vertrag mit dem Hilton«, stichelte Marty.

»Und will auch keinen«, fügte Lou lachend hinzu.

»Wann haben wir hier wieder einen Termin?« fragte ich.

»Im Juli und November dieses Jahres«, sagte Marty. »Jedesmal zehn Tage.«

»O Schreck!« sagte June.

»Marty«, sagte ich, »wenn wir die Geschäftsleitung hier

dazu bewegen können, möchte ich die Termine auf später verlegen lassen.« Dabei dachte ich an das, was ich mir in den stillen Stunden nach dem Autounfall am Tag der Arbeit im vergangenen Jahr im Krankenhaus versprochen hatte, daß ich doch bedächtiger arbeiten wollte.

»Die Leute hier vom Hilton behandeln uns wie Könige«, sagte ich, »und ich werde meinen Vertrag erfüllen. Aber mein Terminkalender ist einfach zu voll. Ich arbeite gern hier in diesem Theater, und was wir bisher hier erreicht haben, gefällt mir. Dennoch möchte ich diese beiden zehntägigen Engagements gern auf 1976 verschieben, wenn die Hilton-Leute einverstanden sind.

Es hört sich vielleicht eigennützig an, aber ich glaube, wir verlieren hier einfach zuviel Kraft. In geistlicher Hinsicht kann ich hier in Las Vegas nicht wachsen. Ich kann hier kaum halten, was ich habe und möchte doch gern wachsen.«

»Nun, morgen früh werde ich mit dem Unterhaltungsdirektor sprechen, und dann werden wir weitersehen«, sagte Marty. »Ich kann dich gut verstehen. Du tust niemandem einen Gefallen, wenn du dich selbst umbringst.«

»Wenn wir mit einem neuen Auftritt hier bis 1976 warten können, werde ich auf jeden Fall auch besser vorbereitet sein«, sagte ich.

»Vorbereitet auf was?« fragte June.

»Ich weiß es noch nicht«, sagte ich. »Aber in den drei Jahren, in denen wir hierherkommen, haben wir immer unsere Vorsätze verwirklichen können. Ich denke auch daran, wieviel Freude uns das Maisfest auf der Ohio-Ausstellung gemacht hat. Denkt auch daran, wie wir uns alle darüber gefreut haben, wie bei einigen anderen Ausstellungen ganze Familien als Zuhörer kamen.

Außerdem komme ich hier in Las Vegas mit meinen Hausaufgaben für mein Bibelstudium in Verzug. Wenn ich aber draußen jeden Tag auf Achse bin, kann ich im Bus oder im Flugzeug studieren.

Ich bin nicht wie andere Leute der Meinung, dies hier sei

eine Stadt des Teufels. Denn als Gott die Erde geschaffen hat, hat er auch Nevada erschaffen. Auf jeden Fall lebt aber Gottes Geist in uns. In der mir neu geschenkten Kraft kann ich Kopf und Herz klar behalten – hier in Las Vegas oder auch überall sonst. Doch geistlich wachsen kann ich hier einfach nicht, und das möchte ich.

Wenn wir aber bis 1976 warten können, haben wir vielleicht Gelegenheit, unsere Rückkehr nach hier in Verbindung mit der Zweihundert-Jahrfeier zu einem besonderen Erlebnis zu machen.«

»O Junge«, lächelte June, »sag dem Unterhaltungsdirektor, daß ich ihn ganz herzlich bitte. Bei der Zweihundert-Jahrfeier werde ich dann auf seiner Bühne ein besonders schönes Lied singen.«

Am nächsten Tag rief ich zu Hause an und sprach mit meiner Mutter. »Ich werde nicht gleich nach Hause kommen, Mama«, sagte ich. »Wir wollen uns ein paar Tage ausruhen.«

»Wann hast du in der letzten Nacht Schluß gemacht?« fragte sie.

»Um zwei Uhr«, antwortete ich. »Um vier Uhr nach deiner Zeit.«

»Kein Wunder, daß du so fertig bist«, sagte sie. »Du bringst dich noch um, wenn du so weitermachst, mein Junge. Du wirst immer den kürzeren ziehen, wenn du dich gegen die Natur auflehnst. Und Gott ist der Vater und Schöpfer der Natur.«

Alles, was mir Mama sagte, hatte sie als junges Mädchen schon von ihrem Vater gehört. Ihr Gedächtnis ist eine Schatzkammer, in der Edelsteine der Weisheit liegen. Sie hat sie sich durch ein Leben in der Verbundenheit mit der Natur und mit Gott erworben.

Marty Klein kam lächelnd ins Zimmer. »Deine Termine hier im Hilton sind auf Juli und November 1976 verlegt worden.«

Ich gab einen Seufzer der Erleichterung von mir. Jetzt

hatte ich mehr Zeit für viele Dinge: Zeit und Energie, um Lieder zu schreiben, um zu studieren, für Aufnahmen, Zeit für einige Fernsehsendungen, vielleicht sogar für eine Serie, wenn wir uns dazu entschließen konnten. Zeit für die Familie, Zeit, um auch mal einen Tag zum Nachdenken darüber zu haben, wohin mein Lebensweg führen soll. Zeit für alles, was mein Herr von mir verlangen würde.

Als Marty Klein hinausgegangen war, setzte ich mich hin und schrieb einen Brief an Billy Graham. ». . . June und ich sprechen oft von der Woche, die Ihr, Du und Ruth und Euer Sohn Ned und Neffe Mel am letzten Weihnachtsfest bei uns verbracht habt. Wir schätzen uns glücklich, daß wir so lange mit Euch zusammensein durften.

Wenn Du Dich erinnerst – ich bat Dich zu erwägen, ob Du irgendwann in diesem Jahr während unserer Veranstaltungen einmal hier nach Las Vegas kommen könntest, um unsere Show anzusehen . . .

Ich weiß, daß Du den besonderen Zustand meines geistlichen Lebens, in dem ich mich gelegentlich befinde, sehr wohl kennst. Ich bin dankbar, daß ich genug Weisheit habe, um zu erkennen, daß ich innerlich nicht so wachse, wie ich sollte . . .

Wir werden in diesem Jahr nicht, wie ich es Dir gesagt hatte, nach hier zurückkommen. Darum werde ich Dich schon bald wiedersehen, denn ich werde bei Deinem Kreuzzug in Jackson, Mississippi, in ein paar Wochen Dein Gastsänger sein . . .«

*

Einige Tage später kamen wir nach Hause. Es war höchste Zeit, wieder mit John Carter zum Angeln zu gehen. Die Sonne lachte vom Himmel. Es war ein herrlicher Frühlingstag. Wir nahmen unsere Angeln und machten uns zum Teich auf, der jenseits des Feldes lag.

Wir legten unsere Katzenfisch-Angel in der Hoffnung

aus, einen dicken Brocken zu fangen. Ich hatte in diesem Frühjahr einige große Katzenfische im Teich ausgesetzt. Einer von ihnen wog vier Pfund. Wir nannten ihn »Alter Graubart«.

Wir angelten ein paar Stunden, während die Nachmittagssonne langsam sank. Wir holten ein paar Barsche an Land, aber die Katzenfisch-Angel bewegte sich nicht.

»Wir gehen besser nach Hause«, sagte ich. »Mama wird schon mit dem Essen auf uns warten.«

»Daddy«, entgegnete John Carter, »wir lassen einfach die Angel draußen. Vielleicht beißt der alte Graubart doch noch an.«

»Einverstanden«, sagte ich. »Nach dem Essen werden wir kommen und nachsehen.«

Als wir uns zum Abendbrot hinsetzten, sprach June ein Dankgebet. Ich dankte schweigend für den Tag, den Jungen, das Heim und das, was ich hatte lernen dürfen.

Es kam mir der Gedanke hinzuzufügen: »Und laß doch bitte den alten Graubart anbeißen, während wir hier zu Nacht essen.« Aber dann dachte ich: Komm Gott lieber nicht mit so kleinen selbstsüchtigen Bitten.

Als wir aber nach dem Essen zum Teich zurückkamen, war die Angelschnur gespannt und ruckte wie wild.

»Hol ihn an Land, mein Sohn!« sagte ich. »Zieh! Zieh!«

»Er ist zu schwer, Daddy! Er ist's! Er ist's! Es ist der alte Graubart!«

Er war es tatsächlich. Als wir ihn endlich am Ufer liegen hatten, wußte ich: Es ist der Riesenfisch.

Wir nahmen ihn auf, indem John Carter das eine und ich das andere Ende hielt. So machten wir uns auf den Weg über das Feld nach Hause.

»Weißt du, mein Junge«, sagte ich, »ich hatte schon überlegt, ob ich Gott beim Nachtessen darum bitten sollte, den alten Graubart anbeißen zu lassen.«

John Carter war genauso aufgeregt wie ich, als wir den Fisch an der Angel hatten. Jetzt war er still und dachte über das, was ich gesagt hatte, nach und freute sich über das besondere Erlebnis, das wir hier miteinander hatten.

»Aber weißt du was?« fragte ich.

»Was denn, Daddy?«

»Ich glaube, Gott hat ihn anbeißen lassen, gerade weil ich ihn nicht darum gebeten habe.«

20

Ein kleines Fleckchen Grün

Ich war gerade von Kalifornien zurückgekommen und hatte noch nicht einmal meine Koffer ausgepackt, als ich einen Anruf von Evangelist James Robison bekam. Sein Evangeliums-Feldzug in Fort Worth sollte zu Ende gehen, aber falls ich kommen könnte, würden sie ihn verlängern.

Meine Mutter hatte mir von James Robison erzählt, und nachdem sie einen seiner Gottesdienste in der Nähe von Nashville besucht hatte, erzählte sie mir dauernd von ihm.

Als ich ihr jetzt sagte, daß mich James gebeten hätte, nach Fort Worth zu kommen, sagte meine Mutter: »Da mußt du hingehen, mein Sohn.«

»Ich bin müde, Mama«, sagte ich.

»Der Herr hat nicht gesagt, daß wir es leicht haben sollen«, sagte sie.

So kam es, daß ich noch am gleichen Abend nach Fort Worth fuhr. Es war eine Blitzreise, und früh am nächsten Morgen saß ich schon wieder im Flugzeug. Diesmal von Dallas nach New York, wo ich mich mit meiner Familie treffen wollte.

Wir flogen in einer Reisehöhe von 10 000 Metern, und ich war dankbar, daß keine Wolken da waren. Der Flug war ruhig und angenehm.

Ich stellte den Sitz nach hinten, legte mich mit geschlossenen Augen zurück und dachte über die Evangelisation des vergangenen Abends nach.

Meine Botschaft an die Zuhörerschaft war einfach gewesen. Ich hatte ihnen gesagt: »Ich bin heute abend nicht hier, um Johnny Cash oder James Robison zu verherrlichen, ich stehe als Unterhaltungskünstler hier, als Darsteller, als Sänger, der die Verkündigung des Evangeliums von Jesus Christus unterstützen möchte. Ich bin hier, um euch einzuladen, auf die Frohe Botschaft zu hören, die euch hier vorgelegt wird, sie zu prüfen und zu sehen, ob dies nicht auch für euch der richtige Weg ist, den ihr gehen solltet.«

Dann sang ich »Man in Black« und »I Walk the Line«. Danach erzählte ich ihnen, daß ich ein verlorener Sohn gewesen und »nach Hause« gekommen sei. Ich berichtete von der Herstellung des Films »Gospel Road« und der Lieder, die mir Gott geschenkt hat, seitdem ich mein Leben im Glauben führe. Ich sang »Over the Next Hill«, »We'll Be Home« und schloß mit dem Lied »Help Me«.

Fünfzehn Minuten lang verkündigte James Robison dann das Evangelium und rief die Leute anschließend auf, zur Entscheidung für Jesus nach vorn zu kommen. Über zweihundert Menschen folgten seiner Einladung.

Ich trat zur Seite und sah zu, wie er die Menschen mit ihren glücklichen Gesichtern empfing.

Als ich dort so stand und James und die Hunderte von Menschen beobachtete, die seiner Einladung gefolgt waren, dachte ich darüber nach, wie sehr er sich doch von anderen Männern unterschied – hier vor dieser Versammlung oder auch in einer persönlichen Unterredung. Sein einziges Interesse war auf Gott und alle göttlichen Dinge gerichtet.

Warum werden Männer wie Robison so bitter kritisiert und von so vielen Menschen abgelehnt? dachte ich. Warum halten so viele Ungläubige diese Männer für eine Art Irre?

Die Antwort kam mir sofort: »Diese Männer waren auf dem Gipfel des Berges gewesen. Sie hatten den Himmel offen gesehen. Vielleicht sind ihnen Dinge offenbart worden, die für uns andere unzugänglich sind. Der Wind des Geistes hat sie angeweht. Das war es – der Wind! Der Baum!

Ich mußte an die alte Zypresse auf unserer Farm denken, die in meiner Kindheit so ganz allein im Gelände gestanden hatte. Der Wind hatte ihre Zweige zerrupft und zerrissen und ihr Aussehen verschandelt. Aber sie stand da, und ihre Spitze berührte fast den Himmel.

Diese Männer, diese Prediger, deren Stimme Millionen Menschen erreichen, sehen etwas eigentümlich aus. Ihre Worte klingen in den Ohren der Welt fremd. Aber sie haben von der Spitze des Berges aus mehr gesehen als die andern. Der Hauch des Geistes hat ihnen ein überirdisches Aussehen gegeben. Sie sind ein besonderer Schlag.

Das Summen der riesigen Düsenmotoren hatte mich fast eingeschläfert, als ich in meinem Liegesitz zusammenzuckte. Meine Gedanken eilten zu meinem Bruder Jack zurück, und ich dachte daran, wie sehr es ihm gefallen hätte, wenn er am vergangenen Abend hätte dabei sein können. Diese Lieder, die ich für die Leute gesungen hatte! Und wie hatte ich in den Chor eingestimmt, als sie sangen: »Just As I Am« (So wie ich bin)! Wie hätte er sich darüber gefreut!

Ich dachte an meine Bekehrung, damals, als ich zwölf Jahre alt war. Den gleichen zeitlosen Frieden hatte ich am Abend vorher in Fort Worth wieder gespürt.

Und ich dachte an Jack, damals in der Nacht meiner Bekehrung. Wie froh und dankbar hatte er seine Arme um mich gelegt, nachdem ich vom Altar zurückgekommen war. Ich glaube, es war das einzige Mal, wo er mich seine innere Bewegung sehen ließ. Er war so stark, so zäh und doch so gut. Wie wichtig war dieses besondere Verhältnis zu Jack für mein Leben geworden, diese Liebe, die zwischen uns bestand, ohne daß wir viel darüber reden mußten!

Plötzlich spürte ich einen gewaltigen Schlag – ein Luftloch, das den Kaffee von allen Tischen fegte.

Ich sprang auf und sah hinaus. Noch immer war keine Wolke zu sehen. Ich konnte kein anderes Flugzeug oder irgendeinen anderen triftigen Grund für diese Störung erkennen. So legte ich mich wieder zurück. Aber in meinem Magen spürte ich einen Druck von diesem unheimlichen Stoß.

Ich schaute noch einmal aus dem Fenster und sah rechts von mir Memphis, Tennessee, etwa vierzig Meilen entfernt.

Und dann erfaßte mich plötzlich eine tiefe Ergriffenheit, denn auf einmal wußte ich genau, wo wir waren. Direkt unter uns lag ein kleines grünes Fleckchen, der Bassett Friedhof, wo mein Bruder Jack begraben liegt.

Meine Augen füllten sich mit Tränen. Aus ungefähr 10 000 Meter Höhe hatte das grüne Fleckchen die Größe einer Postkarte, tief unter uns. Ich konnte es vom Flugzeug aus genau erkennen.

In demselben Augenblick, in dem uns der Stoß traf, waren wir direkt über Jacks Grab in Bassett, Arkansas, gewesen.

Ich überlegte, wie und warum dieser Stoß wohl zustandegekommen war. Für mich war es ganz klar: Auf diese Weise sagte mir Gott, daß ich auf dem richtigen Weg sei. Meine Lebensaufgabe ist auf das ausgerichtet, wozu ich in diese Welt gestellt worden bin: Menschen zu unterhalten, ihnen etwas Wertvolles zu bieten, ein Vorbild zu sein, einen guten Einfluß auszuüben, stark zu sein und keine Kompromisse einzugehen.

Ich weiß wirklich nicht, wie mein Leben im einzelnen von heute ab weitergehen wird. Was Gott auch immer mit mir vorhat, ich will auf seinen Ruf hören. Ich bin bereit zu versuchen, ihm nachzufolgen.